숨겨진 지식

후천풍수

자운 신종원 지음

목차

책을 쓰기 시작하며   9

제1부. 숨겨진 지식 (Hidden knowledges)   17

1장. 지식 간 통합과 새로운 지식에 대한 갈망   19
1. 필사적인 인문학   19
2. 신화를 아우르는 빅 히스토리(Big History)   21
3. 편견 없는 빅데이터(Big Data)   24
4. 마법 같은 스토리텔링(Storytelling)   26

2장. 과학과 도의 만남   29
1. 물리과학의 발전사   29
2. 고전역학과 양자역학   35
3. 불확정성의 원리   37
4. 보어의 상보성 개념   38
5. 플랑크의 양자도약   39
6. 아인슈타인의 유령   41
7. 코펜하겐의 해석   42
8. 코펜하겐 해석에 대한 비판   43
9. 슈뢰딩거의 고양이   45
10. 다세계 해석(여러 세계 해석)   46
11. 마음과 물질 결합 이론   47
12. 양자역학 관련 여러 실험   48
13. 마음과 물질의 매개자인 미립자   58

3장. 우주에 관하여　　　　　　　　　　　　　63

　1. 우주의 나이　　　　　　　　　　　　　　64
　2. 우주는 우연적인 것인가?　　　　　　　　65
　3. 우주는 계획된 것인가?　　　　　　　　　70
　4. 우주의 구조　　　　　　　　　　　　　　74
　5. 신으로부터의 스토리텔링　　　　　　　　78
　　우주의 창조　　　　　　　　　　　　　　79
　　우주의 진화　　　　　　　　　　　　　　82
　　우주의 구조　　　　　　　　　　　　　　82
　　과학의 한계　　　　　　　　　　　　　　83
　　숨겨진 지구 역사　　　　　　　　　　　　84

4장. 정신과학의 딜레마　　　　　　　　　　86

　1. 무의식적인 추론(준비전위)　　　　　　　87
　2. 시냅스　　　　　　　　　　　　　　　　90
　3. 소녀의 대뇌 따라 하기　　　　　　　　　92
　4. 도와 정신과학의 만남　　　　　　　　　95
　5. 유독 사람을 통제하는 이유　　　　　　　96
　6. 기도와 수도　　　　　　　　　　　　　　97
　7. 자신을 키우는 도　　　　　　　　　　　　99

5장. 사람에 관하여　　　　　　　　　　　　105

　1. 사람의 구성　　　　　　　　　　　　　　105
　2. 진정한 나(윤회 주체)　　　　　　　　　113
　3. 영의 윤회 과정　　　　　　　　　　　　114

6장. 역사학의 과제　　　　　　　　　　　　126

7장. 후천에 입각한 제반 이론 130

  1. 원죄(原罪) 130

  2. 창조론과 진화론 133

  3. 성선설과 성악설 135

  4. 음양과 오행체계 136

  5. 이기론 140

  6. 유물론(唯物論)과 유심론(唯心論) 144

  7. 주자학(朱子學)과 양명학(陽明學) 147

  8. 사람과 관련한 신들 150

    조상신 151

    주신 152

    띠신 152

    성신과 악신 154

    사람신과 분신 155

  9. 관(觀)의 종류 157

  10. 채식과 살생 162

  11. 조상제와 천도제 164

  12. 수호신 167

  13. 사람의 운명에 작용하는 요인 169

제2부. 후천 풍수 173

1장. 후천 풍수관의 정립 175

2장. 감응론 178

  1. 동기감응론의 한계 179

    공명현상 180

동기감응의 유래 181
동기감응론의 한계 182
2. 인연감응설 183
가묘와 초혼묘 184
3. 영혼감응설 187
4. 연기론 190
5. 연신감응설 192
풍수의 대상 192
권선징악 193
연신감응의 이치 194

3장. 장례에 관한 넋지 201
1. 효와 발복 202
2. 장례 문화에 관한 편견 203
3. 납골(納骨)과 자연장 205
4. 혈처의 후천적 활용 209

4장. 풍수지리의 명칭 211

5장. 산천을 해석하는 시각론 214
1. 물형론 214
물형론의 원리 214
물형론의 정혈법 216
물형론의 한계 217
2. 형기론 221
형기론의 원리 221
간맥법 221

    장풍법 223

    정혈법 223

    형기론의 한계 224

  3. 이기론 226

    이기론의 원리 226

    이기론의 이론 226

    이기론의 한계 228

  4. 본디에 관한 시각론 229

    본디의 시각에서 본 각 이론의 한계 229

    생각의 본디(느낌) 231

    이치의 본디 234

      물형의 호칭 234

      수맥파 234

      지전류 235

      기의 흐름 236

      음양오행 238

      괴교혈 240

      혈 241

    본디적 시각론 242

제3부. 풍수 이야기 243

  생각과 느낌 245

  세 개의 '나' 250

  네 종류의 관(觀) 255

  윤회의 대차대조표 258

  음양과 오행을 다시 생각함 266

  탈신공 개천명(奪神工 改天命) 274

'터'의 길흉이 바뀐다.	277
풍수로 본 행복도시(세종시)	282
청계천과 4대 강 사업	287
구름 속에 사는 새의 지혜	300
자연미인 부석사	311
알프스의 체(體)와 용(用)	317
베네치아의 물과 부(富)	328
동방국과 서방국 사람들	337
광양 옥룡사지	343
풍수 주변 분야의 통섭을 위하여(지전류)	349
마음이 흐르는 강(Moon River)	355
착한 황사	360
교(巧)와 졸(拙)	366
프랑스의 농룡(壟龍)	372
경주, 천 년 번영의 비밀	376
잘 가시오(送), 어서 오시오(迎)	381
마치는 글	385
주석	390

책을 쓰기 시작하며

우주는 과거와 함께 현재 우리네 삶의 장이다. 그리고 미래에도 마찬가지일 것이다. 그러나 그렇게 만물을 품은 우주이지만, 그 시작과 끝이나 크기도 모르며 우주의 운행 시나리오 같은 것은 우리에게는 더욱더 미지의 영역일 뿐이다.

우주의 한 모퉁이에서 가끔은 흥미롭게 밤하늘의 별들을 보며 그 아름다움에 취하여 호기심 어린 눈빛을 반짝인 적이 있을 것이다. 이어서 쫓기듯 시야를 축소해 아래를 내려다보면 또 다른 의문의 벽이 견고하게 나를 가로막는 경험도 하였을 것이다. 나는 어디에서 와서 어디로 갈 것인가? 나의 근원은? 진정한 나는 누구란 말인가? 피부로 둘러싸인 몸을 굽어보며 중얼거릴 수밖에 없지 않은가?

우리는 자신이 처한 환경이나 자아에 대하여 통찰해 볼 기회조차 얻지 못한 채 출생 시부터 무엇인가에 쫓기듯 생을 살아간다. 반면, 극히 소수는 끊임없이 통찰하는 좀 별난 사람들이 있다. 물리학자, 생명과학자, 심리학자, 철학자 등등 두더지처럼 지속해서 전문분야의 터널 길이를 늘려가는 학자들이 때로는 우리를 한 걸음씩 이끌기도 한다. 그러나 한참을 파다 보면 정작 자기의 현재 위치와 바깥 환경을 파악해둘 필요를 느끼며 지상으로 머리를 내밀고 주위를 살펴야 하는 상황에 부닥치곤 한다. 이어서 터널을 파다가 서로 다른 터널과 왕래하고 정보를 주고받을 통로를 만들 필요가 있음을 비로소 깨닫기 시작한다.

그러나 과학과 신학 같은 극히 이질적인 영역끼리는 선입견과 고정관념이라는 거대한 장벽에 막혀 그 통로를 만들 생각조차 하지 못하는 고질적인 '지식의 제한'이 존재한다. 가시적이고 논리적인 과학 지식과 불가시적이고 비논리적인 신학 지식 간 갈등은 거의 모든 분야의 발전에 채워진 족쇄이다. 앞으로는 이 둘의 화해와 상호 보완만이 우리의 장래를 밝힐 희망이라고 강조하고 싶다.

또한, 모두가 태어나면서부터 부모나 선생과 같이 기존 지식을 가진 사람으로부터의 배움을 시작하게 된다. 그리고 추호의 의심도 없이 그 배움을 각자 지적 토양의 기초로 하여 자신의 학문 체계를 수립해 나아간다. 이처럼 그 진위를 검토하지 않은 채 오랜 시간에 걸쳐 확고한 기반을 다진 기존 지식을 맹신함은 또 다른 '지식의 제한'으로 작용한다.

과거 인류의 발자취를 기록한 역사 자료는 현재나 미래의 인류 문명 발전에 꼭 필요한 진실의 거울이 되어야 한다. 그러나 문자로 기록한 역사는 대부분 힘 있는 개인이나 집단 또는 강대국에 의하여 자신들에게 유리하도록 꾸며져 왔다. 이처럼 물리적 또는 사회적으로 힘이 센 집단 또는 국가와 같은 강자들이 치장하고 숨긴 기록 또한 우리에게는 '왜곡된 지식'이 되고 있다. 차라리 문자가 없었던 석기나 청동기의 선사시대에는 왜곡된 역사기록은 없지 않았겠는가?

역사 속에서 인류는 매우 더딘 진보를 하여왔다. 두 걸음 전진한 후 한두 걸음 후퇴하는 발전단계를 지속하고 있다. 인간의 수명이 다른 생명체에 비하여 길다고 하지만, 자신이 평생 이룩한 결과를 후세들에게 온전히 전수하여 지속성 있게 발전시킬 조건을 갖추기에는 지식 주체로서의 수명이 너무 짧아 2보 전진 1보후퇴와 같은 '지식의 제한'이 있었다. 마치 건전지가 직렬 대신 병렬로 연결되어 기전력을 키우지 못하는 현상과 같다. 역사는 수레바퀴와 같다는 말을 기억할 것이다. 지식의 단절로 동일한 시행착오를 반복한다는 의미를 내포하고 있다.

개미는 앞서 간 동료가 남겨 놓은 냄새를 따라 이동하고 시행착오를 조금씩 개선하면서 최적의 이동 경로를 확보하는 행동패턴을 가지고 있다. '스마트 스웜'은 이처럼 별도의 통제 없이 집단지능으로 조직을 효율적으로 운영하고 발전을 꾀하는 집단을 의미한다.

마찬가지로 현대의 인터넷 네트워킹은 수많은 사람 간 소통이 가능해짐으로써 지식의 단절을 극복하고 전문가보다 우월한 군중의 창작을 가능하게 한다.

이에 따라 여러 분야의 지식을 격의 없이 모으고 융합하여 진보를 이루어 나아가야 함에도 불구하고 최근에서야 지식의 장르 간 통섭(通涉)과 융복합 시도가 이루어지고 있다. 여러 가지 재료를 섞어 전혀 다른 오묘한 맛을 내는 비빔밥 만들기가 우리가 지향해야 할 이상적인 표준모델이라 하겠다.

지식이나 정보 고갈에 직면한 아사 상태의 서양 학계에서는 상대적으로 열등하게 분류하였던 동양의 사상을 뒤지기 시작하였다. 그렇게 함으로써 극심한 공복감을 충분히 해소할 가능성은 희박해 보이지만, 여하튼 비빔밥을 만들기 전의 각 재료만을 고집하여온 방식의 '지식 제한'은 필연적이라 하겠다.

과학은 참신성이 있지만, 보이지 않으며 증명이 불가능한 종교 지식을 수용하지 못하는 한계를 드러내 왔다. 또한, 종교는 고대의 지중해 알렉산드리아에서 과학의 꽃이 열매 맺기 전에 꽃대를 자르는 과오를 범하여, 고대에서 중세에 이르는 천 년 간의 암흑시대-보편적 절대자인 신을 통하여 자기를 해석하였던 시기-를 겪게 한 결과 우리가 알아야 할 지식에 제한을 가하였다. 과학이 신성을 훼손한다는 이유에서 말이다.

그러나 결국은 그 대가로 종교는 오랫동안 사람들로부터 불신의 대상이 되었으며, 지금까지도 과학이 종교를 극심하게 배척하는 하나의 원인이 되었다.

그 후 1400~1500년대에 와서야 콜럼버스, 레오나르도 다 빈치 그리고 코페르니쿠스를 필두로 철저히 파괴당한 고대 이오니아의 과학 지식을 복원하기 시작하였다. 즉 신이 우리 세상을 지배한다는 사고에서 점차 벗어나 인간의 독립성을 확립하는 르네상스 휴머니즘이 출현하기에 이르렀다.

한편, 모든 사람이 간과하는 가장 중요한 포인트는 신의 세계가 상상하기 힘들 정도로 다양하고 복잡하다는 점이다. 이 모두를 같은 부류의 신으로 보고 모든 종파로부터 흘러나오는 신화적 자료를 과학의 톱니바퀴를 돌리는 데 필요한 윤활유 정도로 치부하여 왔다. 또한, 여러 신화로부터의 자료를 그 가치와 진위를 따지지 않은 채, 모조리 한 바구니 안에 담고 뚜껑을 닫아버리는 스스로 '숨겨진 지식'을 만들고 있는 것이다.

이와 같이 인류 스스로 초래하는 지식에 관한 장애는 우리를 둘러싼 외부 환경과 우리 내부의 두뇌 속에 이르기까지 모든 것에 걸쳐 장구한 세월 동안 지속하였다. 너무도 오래 지속하였기에 그 현상이 비정상이라는 외침이 비정상이라고 단호하게 배척할 수밖에 없는 지경에 이르고 있다. 그럼에도 불구하고 가로막혀 그늘진 부분으로 말미암은 왜곡되고 제한된 지식을 이 책을 통하여 공허로운 심정으로 담담하게 알려 드려야겠다는 생각이다. 그리고 왜곡된 지식, 제한된 지식, 숨겨진 지식을 통틀어 '숨겨진 지식(Hidden knowledges)'이라 칭하여 이 책의 제목으로 하였다.

이제까지의 첨단 지식을 초월하여 상상력을 키워주는-앞으로 과학이 나아가야 할 방향을 제시하여 줄-신화(神話)라는 지식을 알린다는 것은 자칫 어떤 종교를 포교하고 믿음을 강요하는 듯 오해를 불러일으킬 수 있어 종교나 신앙에 관하여는 될 수 있으면 기술하지 않기로 한다. 종교는 다수이지만 하나의 신앙만이 있을 뿐이니 종교를 논할 당위성이 없다는 뜻도 있다.

이 책에서는 하늘을 통하여 알게 된 자료 즉 신의 스토리텔링을 '신화'라고 부르고 지식 출처의 혼돈을 피하고자 글씨체를 구분하여 인쇄하기로 한다. 신화라는 의미가 꼭 들어맞지는 않지만, 사람들에게 좀 더 다정하고 친밀한 단어이기 때문이다. 신화의 사전적 의미는, 기원이 확실치 않은 우주의 기원, 신앙, 영웅의 사적(事蹟), 역사나 설화 따위가 전승되어온 내용으로 주로 자연 또는 인문(人文) 분야 신화가 있다고 하여, 일반인의 뇌리에 각인된 신화에 대한 어떤 허구성도 배제하는 태도를 보여준다. 모든 신화가 허구적이라는 사실이 증명되지 않았기 때문이다.

이제까지 잘 알려지지 않은 신화를 지식화하여 물리학, 철학, 심리학 등의 기존 지식과 함께 오버랩하고 통합하고자 한다. 그리고 그 통합자료를 활용하여 우리가 처한 지식의 제한을 없애고 연구발전의 이정표로 삼아 '우주'와 '나 자신'에 관한 의문의 답을 도출하는 시도를 하고자 한다. 바꾸어 말하면 사람들 마음속 깊이 깔린 근본적인 고뇌를 해결할 실마리를 제공하려 한다. 그러므로 그 자료가 입증된 자료이냐 아니냐는 따질 필요가 없지 않은가? 물론 '숨겨진 지식'이 있게 된 뒤안길의 스토리도 당연히 귀뜸해 드리려 한다.

믿지 못한다면 상상이라도 하라. 상상을 담고 있으면 언젠가는 깨닫는 바가 크고 신속하다. "지구가 공 모양일 수도 있겠구나."라는 이미지를 가졌던 중세시대 사람은 배가 출항할 때 수평선 바닷속으로 가라앉는 듯한 현상을 보고 "지구가 둥글다"라는 진리를 훨씬 더 빨리 알 수 있지 않았겠는가?

  - 생사의 기로에서 필사적이고 무차별적으로 통찰하는 최근의 인문학 태도에서
  - 현재의 우리가 살고 있는 우주 외에 수많은 다른 우주가 있을 것이라는 '초끈이론'이 추측하는 우주를 상상하면서
  - 물리학이론이면서도 문학, 철학, 예술 등 여러 장르에 영향을 주고 의식세계와도 교감하는 양자역학을 접한 후
  - 생각의 뇌파에 앞서는 '무의식적인 추론 현상'을 발견한 정신과학의 업적을 만난 후
  - '생각으로부터 자유로운 초월적인 나'의 존재를 파악한 심리학의 발전을 보고

한층 고무되어 이 책을 쓰기 시작한다.

또한, 덩샤오핑의 흑묘백묘론(黑猫白猫論) 및 선부론(先富論)과 맥을 같이 한다. 검은 고양이(과학)이든 하얀 고양이(신화)이든 쥐만 잘 잡으면(대중이 진리를 알게 되면) 된다. 그리고 일부 소수가 먼저 부유해진 뒤(깨우친 뒤) 점차 대중이 잘사는(깨닫게 하는) 가장 실효성

있는 논리에 따르고자 한다.

선천-지금은 후천이 된 지 20년이 채 지나지 않았다.-선천의 종교 최고 신들은 적어도 수조 억 년을 살았다. 그리고 우주는 과학자들이 추정하고 있는 규모보다 수십 배에 달하는 광활한 영역에 걸쳐 있다. 중요한 점은, 대부분 사람도 선천 신들과 마찬가지로 수조 억 년 동안, 하나의 우주가 아닌 여러 우주 안에서 윤회하는 삶을 지속하였다는 진실이다. 이처럼 우리는 무지 탓에 스스로 극심하게 축소한 시공간 속에서 자기 비하를 하며 하릴없이 살아가는 존재로 전락하였다.

위의 기술이 어렴풋이 왜 '지식의 제한'이 있게 되었는지를 짐작할 실마리가 될 수도 있으리라 본다. 숨겨진 지식 중 가장 근본인 '나'와 그 삶의 장인 '우주'에 대한 진실을 기술하여 인간 본연의 고귀한 모습을 알리고자 한다. 또한, 진정한 '나'가 추구하여야 할 삶의 목표에 관한 힌트를 귀띔해 드리고자 한다. 그런 후 살포시 여러분의 눈동자를 바라보고 싶을 뿐이다.

이 책에서 '숨겨진 지식'이란 우리가 응당 알아야 할 세상의 모든 지식에 관하여, 의도적으로 숨기거나, 왜곡되거나, 원래에는 없었으나 새로이 만들어 낸 날조 지식 그리고 어떤 이유로 알 권리를 제한받고 있는 지식을 모두 포함하는 의미이다.

진리를 바로 옆에 두고도 깨닫지 못하는 세월이 수조 억 년이니 만물의 영장이라는 호칭이 무색하지 않은가? 그 원인은 바로 보이지 않는 세계, 즉 기와 신의 영역을 너무나도 외면하여 왔기 때문이다. 다만 불가시 영역 중 우리가 손을 휘젓고 더듬어서 잡히는 중력 이론이나 양자이론 등 극히 일부의 과학 지식만을 신뢰

하였을 뿐, 더 이상의 빈약한 상상력을 키우는 것조차 꺼려 왔다고 할 수밖에 없다.

　불과 십수 년 전의 선천시대까지만 해도 지식을 가로막는 장벽을 제거할 수 없는 시기였으나, 이제는 감춰져 있던 지식을 알릴 때이다.

　저자의 스승께서 가르쳐 주신 태천, 선천, 후천 세계를 기본 지식으로 하여 감사하는 마음과 함께 이 책의 집필을 시작한다.
　그 지식은 세상 모든 것의 근저를 이루니 과거의 학문이나 어떠한 장르를 불문하고, 그 기초를 새롭게 다진 후 발전시켜 나아가야 하는, 역사상 전무후무한 과제에 우리는 직면하여 있다.

　저자 역시 기(氣)를 중시하는 풍수이론을 연구하여 온 바, 동기감응론, 생기·응기론 등 불가시 영역의 이치에 골몰하다가 뜻밖에 숨겨진 지식에 관한 실마리를 쥐게 되었다. 그런 이유로 베일이 벗겨진 지식을 기초로 한 새로운 풍수 지식을 이 책의 후반부에 후학을 위하여 새로이 기술하고자 한다.
　그리고 풍수 이외의 분야가 방대하고 다채·다양하지만 각 분야의 선도자가 앞으로 새로운 토대를 만들고 전개할 때, 이 책이 미약하나마 선례 자료가 되었으면 하는 바람이다.

2013년 봄부터 가을까지
자운 신종원

제1부 숨겨진 지식

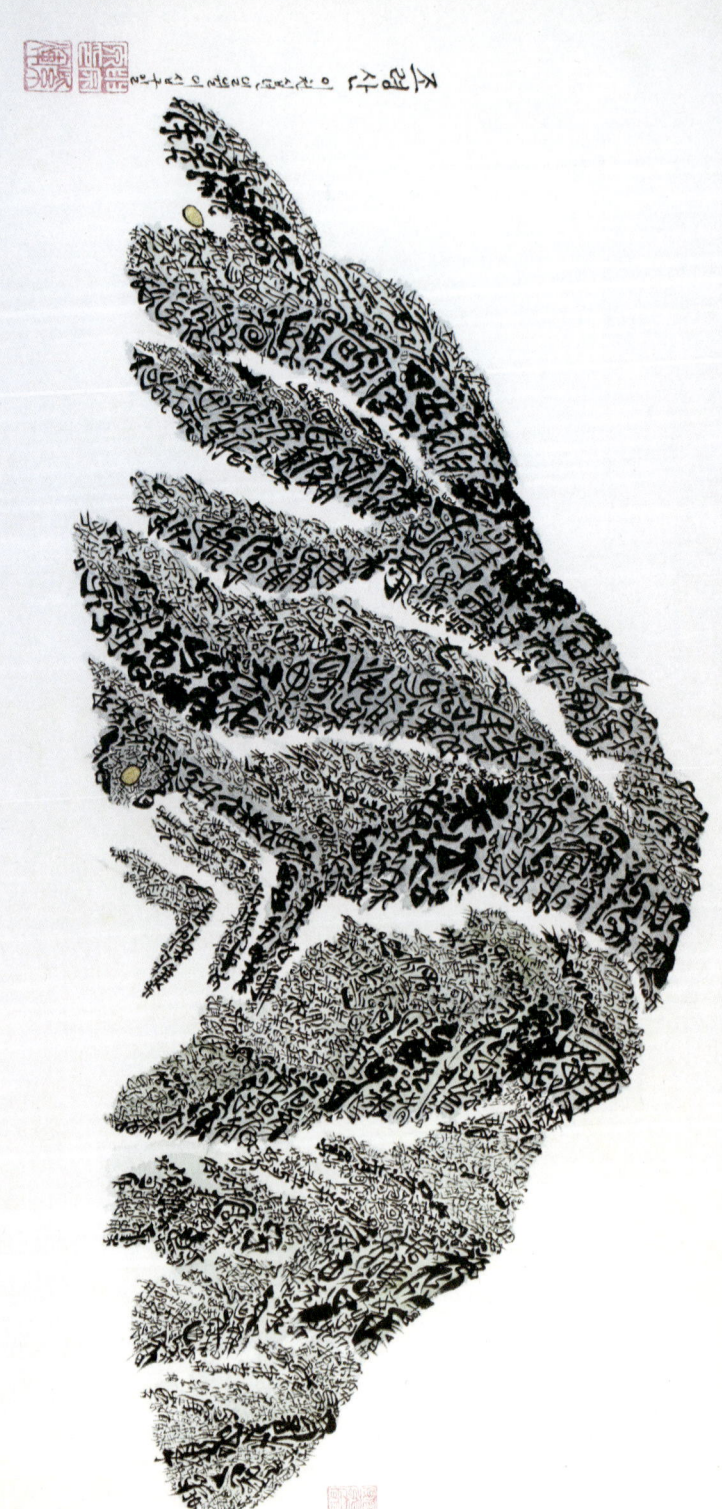

1장. 지식 간 통합과 새로운 지식에 대한 갈망

 시간이 흐를수록 '우주'와 '나'에 대한 지식 범위를 확장하려는 수고의 강도가 높아질 것이다. 또한, 그 강도에 비례하여 지식 자원의 고갈 현상도 그 정도가 심해질 것이고, 더 이상의 발굴이 불가능해 보이는 한정된 지식 자원으로는 더 이상의 진보를 어렵게 할 것이다. 그리고 세상에 대한 사람의 시각을 주변의 여러 각도로 다양하게 확대해야만 하는 절실함을 느낄 것이다. 이러한 이유로 지식 자원의 유한함을 타개해 보려는 다양한 시도들이 여러 분야에서 나타나고 있다.

1. 필사적인 인문학

 흔히들 언어, 문학, 역사, 철학 등 사람을 주제로 연구하는 학문을 인문학이라 한다. 얼마 전까지는 자기의 주관적인 시각으로 정지 상태에서 인문학을 바라보는 태도로 말미암아 항상 멈춰 있고 고정된 비인기 학문이었다.
 그러나 생사의 절박한 경계에 서서 판단을 하여야 하는 의사결정자들에게는 인문학이 창의적이어야 하고 상상력이 있어야 하는 생존의 틀이 됨으로써 현재의 견고한 기반을 구축하게 되었다. 사람들이 남기는 흔적을 알아챈 후 앞으로의 유행이나 흐름을 예측하는 데 있어, 인문학은 의사결정자들에게 반드시 필요한 도구가 되고 있기 때문이다.

　기업경영인들은 앞으로의 세상 흐름을 예측하여 경영에 반영할 수만 있다면 설령 그것이 신화를 통한 자료이든 꿈속에서 얻은 정보이든 가리지 않는 무차별적이고 필사적인 통찰을 한다. 또한, 미시세계의 마법에 관하여 물리학적 해석을 제시하고자 한계선상에서 고심하는 양자물리학자들에게도 인문학은 없어서는 안 되는 사고의 틀이다. 그 마법을 우리와 연관 짓고 어떻게 바라보고 이해하여야 하는지를 설명해야 하기 때문이다.

　인문학을 이해하는 데 중요한 핵심은 '우리'라는 범주에서 '나'를 철저히 분리하고 차별화하여야 한다는 점이다. 내가 우리라는 무리에 섞이는 순간 독창성을 잃고 화석화하여 모든 변화에 대한 신속한 통찰을 불가능하게 하는 틀에 갇히게 된다.
　인문학이 일러주는 또 다른 팁은 그 통찰의 대상을 사람끼리의 관계에만 국한하지 말라는 것이다. 우주, 자연, 신, 동식물, 과학, 각 나라와 같은 특정 지역 그리고 중세 또는 21세기 등 과거나 미래의 특정 시대의 휴머니즘과 사람이 살아가는 의미와 사연을 주고받을 수 있어야 한다는 것이다. 즉, 서로 다를 수밖에 없는 시각을 각각의 영역과 사람이 공유하며 서로 관계하고 예측하는 활동을 하라고 한다.
　인문적 통찰은 대상을 이해하고 분석하는 학문적인 고정틀 방식이 아니라 각자의 고유 감각과 거침없는 질문능력을 발휘하여야 한다. 인문적 통찰의 경우 선택의 기로에서 한쪽을 택한 후에는 의사결정자의 주체성을 잃어버린다. 그러므로 선택하기 전의 불안감과 두려움을 견디어 내는 힘이 있어야 한다. 이미 한쪽을 선택한 후에는 그 시스템 속에서 모호함은 사라지고 모든 모습이 뚜렷하게 다가오게 된다. 즉, 더 이상의 질문이나 사고를 하지 못하고 통찰 능력을 상실하는 것이다.

　인문적 통찰은 무차별적이고 필사적인 통찰을 하고, 각자의 독창성을 잃지 않으며, 교감 대상을 전혀 국한하지 않고, 경계에서 버틸 수 있는 주체성을 가진 '생존의 틀'이다. 또한, 인문적 통찰은 이미 알려진 지식과 이 책이 알리는 숨겨진 지식의 경계 선상을 배회하게 될 우리에게 시사하는 바가 크다. 왜 우리는 자유롭게 상상할 수 없는가? 답은 바로 우리가 지식이나 믿음을 진리로 알고 있기 때문이며, 나아가 그것을 신봉하기 때문이다. 그 지식이나 믿음의 끈적한 늪을 분연히 빠져나와 창의성을 재배하는 인문적 농업을 해야 할 때이다.

　모두가 알고 있는 지식에 너무도 익숙한 상태에서 오랜 세월 동안 숨겨졌던 지식을 접한다는 것은 황당함의 극치를 경험할지도 모르기 때문에 고도의 통찰력이 필요하다. 결국, 지식의 제한을 타파할 유용한 도구는 인문적 통찰이라고 말하고 싶다.

2. 신화를 아우르는 빅 히스토리(Big History)

　세상의 주인공은 누구일까? 대답은 응당 '인간'이라고 해야 할 것이다. 그러나 이 답은 극히 주관적인 반응일 뿐이다. 그 주인공은 개미일 수도 있고 군무하는 후미의 특정 가창오리 한 마리일 수도 있다. 또 중생대에 출현하여 그 모습 그대로 진화하지 않고 살아남은 바퀴벌레 처지에서는 세상의 원래 주인이 자기 조상이라고 주장해도 반론을 제기하기가 어렵지 않겠는가? 인간은 불과 수천 년짜리의 짧은 역사 기록물을 차지하였지만, 바퀴벌레는 약 일억 년 이상의 생존이라는 생명체의 중요한 개념을 소유하고 있으니 말이다. 더구나 바퀴벌레는 머리를 상실한 상태에서도 10일을 살 수 있는 생존의 귀재이다. 다만 힘 있는 자인 인간이 어떤 요긴한 위치를 차지하고 있다는 생각을 하고 있을 뿐이다.

그러므로 고대, 중세, 근대, 현대라는 역사 연대의 분류가 맞는 것인지, 역사상의 강자였던 유럽 중심의 역사 기록들이 객관성이 있다 할 수 있는지 그 당위성부터 검토해야 할 것이다.

지금까지의 역사는 사람만의 스토리를 엮은 편린적인 뒷골목 담소임에 다름이 없다. 우주 만물이 모두 그들의 역사를 가지고 있으니 인류의 역사도 그들과 융합시킨 후 다시 기록하여야 할 숙제를 안고 있는 것이다. 특히 인간의 관심 밖이었던 보이지 않는 세계-신의 세계-의 역사를 포함해서 말이다.

불과 수십 년 전만 해도 생물학자들은 인간의 생명현상을 규명하는 초미의 관심사에 매달려 왔다. 그러나 그들은 생물학적인 지식의 한계에 직면하였고, 그 공은 어쩔 수 없이 물리학자들에게 넘어간 상태이다. 그래서 역설적으로 현대물리학은 고유 영역을 확장하여 생명이나 의식과 영혼 그리고 자아에 대하여 고민하기 시작하였다.

또한, 하나의 과학적 대상 연구에 대하여 지난 3세기 동안에는 과학자들은 주로 환원주의(還元主義)에 의한 분석 방법을 채택하여 왔다. 즉, 어떤 특성이 분석될 때까지 연구 대상을 끝까지 분리하고 쪼개어 보는 방식이다. 그러나 생명현상은 낱낱의 조각들이 아닌 그것들을 다시 꿰맞춘 시스템 상태에서만이 분석 가능한 것이다. 우리는 이것을 통합주의(統合主義)라 한다.

우주의 역사는? 지구의 역사는? 우주탄생 시점부터의 역사로 볼 때 인류의 역사가 극히 짧은 찰나의 순간이어서 고려할 대상이 얼마나 되는지? 생명체는 창조되었는가 진화하였는가? '나'는 무엇을 말함인가? 또한, 지금까지의 연구 방법이 적절한 것인지? 지금까지 우리가 이미 실험이나 가설을 통하여 증명해 낸 지식은 모순이나 오류가 없는지? 이러한 한계와 모호함에 직면하며 고뇌하는 모습이 과학이 진보함에 따라 자수 나타나고 있다.

지금까지 알려진 모든 지식을 모으고 재분류하여 상호 관계 또는 인과 관계를 규명하려는 시도가 바로 빅 히스토리(Big History)의 흐름이다. 따라서 기록물에 의존하였던 역사의 시작을 우주가 처음 태동한 시점으로까지 거슬러 올라가야 하는 과제를 안고 있다. 또한, 그 범위를 인류의 역사만이 아닌 이제까지 존재하였던 세상 모든 것의 역사로 확대하고, 역사를 바라보는 시각을 인간 기준에서 그 모든 것에 상응하는 각도로 넓힐 필요도 있다. 따라서 환원주의와 통합주의 둘 다 숨겨진 지식을 발굴하는 유용한 지침이 될 것이다.

지구상에서 2억 년이나 집단생활을 하고 있는 꿀벌을 살펴보자. 종자식물은 예외 없이 수분(受粉)을 곤충에 의존하고 있으며, 그중 80%가 꿀벌이 역할을 한다고 한다. 최근에 이슈화하고 있는 꿀벌의 떼죽음이 대재앙의 예고라는 주장이 설득력을 얻기 시작하였다. 이는 곧 심각한 식량위기로 이어지고 종자식물의 번식을 불가능하게 하는 생태계의 괴멸로 이어진다는 주장이다. 꿀벌의 떼죽음을 여러 분야에서 연구하고 있지만, 아직 이렇다 할 원인 규명을 못 하고 있다.

만약 빅 히스토리가 요구하는 꿀벌의 자료를 갖추려면 적어도 2억 년 동안의 꿀벌의 히스토리가 필요한 것이다. 그리고 그동안 꿀벌이 생존해 왔던 주변의 역사-식물, 대기, 기후, 토양, 천적 등-에 대한 자료도 당연히 포함해야 할 것이다. 여기에 덧붙여 인간이 알아낸 2억 년의 꿀벌 히스토리는 더 먼 과거로 거슬러 올라가야 하지 않을까 아니면 그보다 짧을까 하는 의문도 당연히 제기해야 할 것이다.

이처럼 빅 히스토리가 앞으로 우리 자신과 우주를 이해하고 목표를 설정하는 데 도움이 될 많은 자료를 제공해 줄 것이라는 하나의 바람을 조성하고 있다. 그러나 빅 히스토리의 사조가 신화(神話)와의 관계에서는 여전히 그 경계를 넘지 못하는 태도를 지니고 있음이 안타까운 점이라 하겠다. 첨단에 서 있다는 빅 히스토리마저도 과학적 사고라는 수단을 맹신하는 결과이리라 본다.

과학자들은 우주의 탄생을 빅뱅이라는 가설로 추측하고 있다. 반면, 신화가 전하는 스토리는 우주 만물은 신의 창조물-어찌 보면 오컬트(occult)적으로 보이지만-이라는 구체적인 내용을 말한다. 이 신화적인 설명은 어쩐지 쉽게 버리지 못하고 마음 한구석에 간직할 수밖에 없지 않은가? 앞으로 과학의 업적 중 많은 부분은 그 훈장만을 남긴 채 박제하여야 할 내용들이다. 그러나 신화는 옛날부터 꾸준히 명맥을 유지하고 있는 이유를 생각해 볼 때이다. 신화는 현실 세계를 뛰어넘는 상상력을 자극하고 우리의 욕구에 대응하는 스토리를 들려주기 때문이다.

3. 편견 없는 빅데이터(Big Data)

인터넷과 CCTV 또는 센서 같은 감지시스템의 발달과 보급으로 수집, 저장, 검색 및 분석하여야 할 자료가 방대해짐에 따라, 그리고 종전 아날로그적 방법의 한계를 극복하고자, 빅데이터의 개념이 등장하였다. 빅데이터는 문자, 영상 및 수치화된 자료를 포함하는 방대한 데이터를 말하며 생성되는 자료가 초대용량이고 그 형태가 다양하며 생성 속도가 빠른 특징이 있다. 그리고 자료 대부분이 비정형적이어서 데이터의 가치 창출의 중요성을 강조한다.

몇몇 학자들은 빅데이터를 통하여 인간 행동을 예측할 수 있는 세상을 열 수 있으리라고 주장한다. 또한, 빅데이터를 통하여 사회적인 흐름의 변화와 법칙을 기존과는 다른 각도에서 읽고 대처할 수 있으리라고 기대하고 있다. 기업에서는 방대한 고객 데이터를 분석하여 종래에 해오던 고객층별 분석이 아닌, 고객 개인별 수요분석을 하여 개인의 요구에 맞추는 마케팅 기법을 구사할 수 있다고 한다. 또한, 이제까지는 CEO나 의사결정자가 보유한 데이터나 감각에 의하여 기업의 의사결정이 이루어졌으나, 앞으로는 방대한 축적 데이터가 CEO의 편견과 직감을 대신하게 될 것이라고 한다.

무엇보다 중요한 점은 빅데이터가 기존의 정형화된 데이터는 물론 미처 이용하지 못하고 있는 정형화가 덜 된 데이터나 이미지-활용이 어렵던 멀티미디어 자료-와 같은 비정형 데이터를 포함한다는 것이다. 예전에도 슈퍼컴퓨팅을 활용하여 거대한 양의 자료를 처리할 수 있었지만 막대한 비용과 시간을 내야 하는 문제가 있었다. 반면, 빅데이터는 저렴한 비용으로 종전보다 신속하게 다양한 가치를 만들어내고 있다. 이런 이유로 일부 사람들은 빅데이터를 '원유'에 비유하기도 한다.

빅데이터라는 용어는 단지 방대한 자료 그 자체만을 뜻하는 것이 아니라 그 데이터를 요구에 맞게 효율적으로 처리하고 분석할 수 있는 가능성에 그 의미를 둔다. 빅데이터를 방치하지 않고 활용함으로써 그 가치를 창출하기 때문에 수학과 공학 능력을 갖춘 빅데이터 전문가의 손길이 그 가치를 극대화할 수 있을 것이다. 오늘날의 빅데이터 분석은 사람 뇌의 정보 처리 방식을 모방한 것이다. 국가 차원에서의 탈세와 범죄 예방, 방대한 의학자료를 바탕으로 한 환자의 병명 진단, 치료법 제시와 처방 등 공공이나 민간부문을 가리지 않고 그 활용 범위를 넓혀가리라 본다.

앞에서 말한 인문학이나 빅 히스토리를 포함하는 모든 데이터는 물론이고 창고에 버려두어 먼지가 수북이 쌓인 자료에 이르기까지 빅데이터는 이를 선별하고 깨끗이 단장을 시켜 우리에게 귀중한 선물로 배달하여 줄 것이다. 그것이 과학지식이든 철학이론이든 신화이야기이든 공상과학소설이든 빅데이터는 비감성적이면서도 편견을 가지지 않기 때문이다.

4. 마법 같은 스토리텔링(Storytelling)

스토리텔링이란 말 또는 음성과 동작을 통해 이야기하는 사람과 이야기를 듣고 상상력과 감성을 자극받는 사람들 사이에 상호작용을 하는 과정이라고 한다. 즉 알리고 싶은 바를 설득력 있고 흥미롭게 이야기로 전달함과 동시에 새로운 사실에 관한 이해 동기를 마련해 주는 행위이다. 원래는 문학이나 교육 분야, 영화 등에서 주로 활용하였으며, 현재 대인관계나 비즈니스 등 우리의 일상에서 스토리텔링은 유용하고 다양하게 설득력을 발휘하고 있다.

듣는 자에 따라서 자기의 견해나 느낌을 가미하여 내용을 재구성함으로써 상호 교류를 이끌어내기도 한다. 더 넓은 의미로는 듣는 사람들의 견해도 경청하는 행위를 포함한다. 따라서 스토리텔링은 사람의 감성에 호소하여 공감대를 이끌어내는 아주 효과적인 소통방식이다. 우리는 이미 다량의 스토리를 접하고 있으며 여러 분야에서 스토리텔링 기법을 차용한 매체들에 둘러싸여 있다.

오랜 옛날부터 인간은 자기 자신과 자기가 속한 세상의 본디를 알고 싶어 했으며, 세상과 자기의 정체성에 관한 탐구를 계속하였다. 그 결과 여러 가지 신화와 설화가 전해 내려오며 우리의 상상력을 키우는 고유의 스토리텔링을 지속하여 왔다.

과거의 스토리텔링은 과학적 방법이든 철학적 접근이든 신화에 의한 상상력이든 사람과 세상을 아우르고 관계를 설정하던 전통을 지니고 있다. 따라서 전통적인 스토리텔링은 우리에게 남겨진 가장 가치 있는 유산임과 동시에 인간의 사고 구조에 가장 적합한 방식이다.

이러한 고유의 스토리텔링이 문학, 철학, 심리학, 물리학, 생물학, 임상병리학 등과 같이 학문이 점차 세분화하여감에 따라 똑같이 세분되어 세상의 공통적인 관심사 즉 '나의 정체성'이나 '세상의 본디'와 같은 물음을 할 수 없게 되었다. 이러한 스토리텔링의 변천 속에서 사람들은 본래 자기 자신이 세상과 긴밀하게 관계하는 대단히 유의적인 존재임을 망각하고, 소외감 속에서 방황하는 존재로 전락하여 있다.

크게 보면 전통적인 스토리텔링의 많은 영역을 과학적 형식의 스토리텔링이 대신하고 있다. 결과적으로 지금의 과학적 스토리텔링은 세분화한 지식을 체계화하는 등 많은 역할을 하고 있지만 분할된 지식을 다시 모아서 통찰하려는 노력에 대하여는 장애가 되고 있는 것이다.

따라서 인문사회학적 또는 자연과학적 형식을 불문하고 각 분야의 스토리텔링을 재구성하는 시스템이 필요하다는 결론에 도달한다. 그리하여 스토리텔링의 가장 중요한 기능인 상상력 키우기를 극대화할 필요가 있다. 왜냐하면, 상상력은 과학을 이끄는 탐사선의 방향키 역할을 하기 때문이다.

어린 시절 할머니가 이야기해주던, 예를 들어 천둥·번개나 밤하늘의 별자리에 관한 동화나 신화를 반짝이는 눈과 함께 상상의 나래를 펼치며 들었던 시절을 회상해보라. 그때의 스토리는 가슴 한 구석에서 우리 생애 내내 상상력을 제공하고 있는 것이다.
바로 스토리텔링의 마법 같은 능력만이 서로 외면하고 있는 과학과 신화를 설득하고 이해시키는 계기를 마련할 수 있으리라 예측한다. 그리고 더 나아가서 지식을 은폐하는 장막이나 지식을 제한하는 장벽을 제거하는 역할도 하리라 생각한다.

2장. 과학과 도의 만남

1. 물리과학의 발전사

현재까지 우리가 우주 만물의 근본에 접근할 수 있는 효과적이고 정교한 도구를 과학이라고 알고 있다. 과학이란 보편적인 원리나 법칙을 알아내고 해석함을 목적으로 한 체계적인 지식 또는 학문을 의미한다. 넓은 뜻으로는 모든 학문을 포괄하는 학(學)을 이르고, 좁은 범위로는 자연 과학을 말한다. 그리고 과학주의란 자연 과학에 기초한 지식만을 근거로 하며, 과학적 방법만이 올바른 방법이기 때문에 모든 지식 중 가장 바람직한 인식 방법이라고 한다.

위 정의로 보면 과학적인 지식이 온전하고 영속성이 있을 것 같지만, 지금까지의 과학 이론들은 대중의 주목을 받으며 떠오른 후 사라지거나 새로운 이론에 흡수되는 과정의 연속이었다. 어떤 이론은 새로운 이론의 발전 요소로 작용하지만, 이와는 달리 아예 비과학적 이론으로 판명된 후 하나의 전설로 남기도 한다.

사람들은 지구가 평평하지 않은 구의 형태임을 기원전 3세기경에 알게 되었다. BC 280년에 그리스의 아리스타르코스(Aristarchos)는 이미 지동설(地動說)을 최초로 제창한 사람이었으나, 같은 시기 프톨레마이오스(Ptolemaios)의 천동설을 지지하는 세력에 밀려, 16세기 코페르니쿠스의 지동설이 나오기까지 오랫동안 빛을 보지 못하였다. 천동설은 인간을 중심 기준으로 하는 세계관으로 고대로부터 16세기까지 우주를 전지전능한 자가 만들어낸 것이라 믿는 신학적 권위를 부여받으며 널리 인정되었다.

프톨레마이오스 체계(Ptolemaic system)는 태양, 달, 수성, 금성, 화성, 목성, 토성이 지구를 중심으로 회전하는 반면, 기타 별들은 고정된 채로 있다는 우주관을 바탕으로 하였다. 이 이론은 오랫동안 확고한 지위를 고수하여 왔으나 1543년 코페르니쿠스가 지동설(heliocentric theory)을 주장한 후에야 점차 틀린 이론으로 인식되었다. 이처럼 진리는 다수의 잘못된 인식체계로 인한 힘의 논리에 의하여 '마녀 사냥감'이 되는 경우가 허다하였다.

천동설 시계(베네치아)

1665년 뉴턴(Issac Newton, 1642~1727)은 만유인력 법칙-두 물체 사이에 작용하는 인력은 질량의 곱에 비례하고 둘 사이 거리의 제곱에 반비례한다는 법칙-을 발견하였다. 당시에는 '물체에 다른 물체가 접촉하지 않은 상태에서 힘이 미칠 수 없다'는 관념이 지배적이었던 반면, '물체가 중력에 의하여 낙하하듯이 어떤 물체와의 접촉이 없이도 힘이 미칠 수 있다'는 만유인력의 개념은 쿨롱의 법칙-전하를 띈 두 물체 사이의 작용력은 두 전하의 곱에 비례하고 거리의 제곱에 반비례한다는 만유인력과 유사한 전기장 이론-이라는 지원군이 출현하기까지 한 세기 동안 완강하게 거부당하였다.
  그 후 많은 지지를 받던 뉴턴의 만유인력은 하늘에 수많은 별이 떠 있는 현상 등을 과학적으로 설명하지 못하는 한계에 봉착한다. 또한, 시간과 공간이 절대성을 띄고 있다는 뉴턴 역학도 아인슈타인(Albert Einstein, 1879~1955)의 상대성이론을 만나면서부터 속도에 따라 변하는 상대적인 값으로 바뀔 수밖에 없었다. 빠르게 움직이는 우주선 내부의 시계는 지구에 있는 시계보다 느리게 움직인다거나, 지구가 직진하려 하지만 태양 질량 때문에 만들어진 휘어진 공간을 따라서 회전할 수밖에 없는 현상이 일반상대성 이론의 예이다.

  일반 상대성 이론은 등속으로 움직이는 관찰자에 대한 이론인 특수 상대성 이론을, 가속 운동을 하는 관찰자의 경우까지 확장하고자 하는 이론이었으나 주로 중력에 대한 이론으로 발전하였다. 일반 상대성 이론에 따르면, 물질이 갖는 질량 때문에 시공간이 휘게 되는데, 이러한 시공간의 휘어짐이 뉴턴의 중력 이론에서의 중력에 해당한다. 이 시공간의 휘어짐은 공간 자체의 속성이라 볼 수 있기 때문에 빛조차도 이 휘어짐을 따라서 진행하여 휘어지게 되며 모든 물질을 흡입하고 다시 내놓지 않는 블랙홀이 극단적인 예이다. 뉴턴의 만유인력의 법칙으로는 설명할 수 없는 여러 현상을 아인슈타인의 일반 상대성 이론은 예견하고 있다.

아인슈타인의 중력 이론을 입증하기 위해 질량이 큰 태양이 별빛을 휘게 하는지를 관측하였는데, 일식일 때 촬영한 태양 주변의 별들 위치와 태양이 없는 밤하늘의 같은 영역의 별들 사진을 비교한 결과 아인슈타인의 예상치-중력으로 빛이 굴절되므로 별들의 위치가 일식일 때는 태양으로부터 더 멀어진 위치-와 오차범위 내에서 일치하는 결과를 얻었다.

이 결과로 뉴턴의 이론은 물체가 광속보다 훨씬 느릴 때나 질량이 작은 경우에만 적용되는 한계를 드러낸 반면, 아인슈타인의 새로운 중력 이론은 '과학의 혁명'이라는 찬사를 받으며 등장하였다.

지난 20세기의 현대물리학의 기초는 아인슈타인의 상대성 이론과 양자역학이다. 그러나 두 이론 모두 일정한 영역에서는 보편적인 관념에 맞지 않는 현상이 있게 된다.

예를 들면, 물체가 빠른 속도로 움직일 때는 시간이 느리게 간다든가 물체의 길이가 짧아 보인다는 현상을 들 수 있고, 시간과 공간이 별개가 아니고 밀접하게 관련되었다는 점을 들 수 있다. 따라서 상대성 이론은 시간과 공간 사이의 긴밀한 관계를 보여주기 위하여 3차원 공간에 시간을 결합한 4차원 시공간이 필요하였다. 아인슈타인은 특수 상대성 이론으로부터 $E=mc^2$이라는 유명한 공식을 유도하였는데 질량이 곧 에너지라는 놀라운 사실을 밝혀내었고 이는 곧 실험으로 사실임이 입증되었다.

한편, 원자 이하의 미시세계의 물리현상에 관하여 기술하는 이론이 양자역학이다. 미시세계에서는 통상의 개념들이 맞지 않게 된다. 보통은 연속적일 것으로 생각했던 물리량이 미시세계에서는 불연속적인 양들로 나타나며, 일상의 세계와는 생소한 '입자'와 '파동'이라는 두 가지 속성을 동시에 가지는 물리적 대상이 미시세계에 존재한다.

이밖에 미시세계에서는 물체의 위치와 속도를 동시에 측징하는데 근원적인 한계가 있음을 밝혀낸 이론인 베르너 하이젠베르크(Werner Heisenberg, 1901~1976)의 불확정성의 원리가 있다.

초기 양자역학은 물체의 움직임이 광속처럼 빠른 경우는 고려하지 못하였으나 폴 디락(Paul Adrien Maurice Dirac, 1902~1984)은 특수 상대성 이론을 도입하여 상대론적 파동방정식인 디락의 방정식을 유도하였고 이를 이용하여 반입자의 존재를 예측하였는데 1932년 양전자의 발견으로 입자와 반입자가 실제로 존재한다는 사실이 증명되었다. 또한, 디락은 이 방정식으로부터 진공이 아무 것도 없는 빈 공간이 아니라 음의 에너지로 채워진 물리적 실체임을 예측하였다.

자연계를 이루는 모든 입자는 질량이 같으면서 전하가 반대인 반입자가 존재할 수 있으며, 입자와 반입자가 만나면 빛에너지를 내며 소멸한다. 반대로 에너지가 충분하면 입자와 반입자가 동시에 생성될 수 있는데, 물체가 광속에 근접하게 움직일 때는 이 둘이 동시에 생성되거나 소멸할 수 있다고 한다.

따라서 특수 상대성 이론과 양자역학을 결합한다면, 입자와 반입자의 수가 무제한으로 많아질 수 있는 경우도 설명할 수 있어야 하는 난관에 부닥치게 된다.

이러한 필요에 따라 양자장론-무한 개수의 입자와 반입자들의 생성과 소멸을 기술할 수 있는 이론-이 출현한다. 이른바 표준 모델(standard model)이라고 하는 이론으로 입자물리학이 발전함에 따라 양자장론의 범위에서 중력을 제외한 전자기력, 약력, 강력의 3가지 힘을 모두 설명할 수 있게 되었다.

 일반 상대성 이론은 중력에 관한 거시세계이론으로서 미시세계를 대상으로 하는 양자역학과는 상호 보완 대상이지만, 양자장론 범위 밖의 중력 영역을 고려해야 하므로 일반 상대성 이론과 양자역학을 포괄하는 새로운 개념이 필요하였다.
 새로운 이론의 필요에 따라 자연계에 존재하는 전자기력, 약력, 강력, 중력의 4가지 힘을 하나의 원리로 설명하려는 노력의 결과로 끈이론(string theory)이라는 가설이 출현하였다. 여기에서 끈이란 극히 미세하여 더는 나눌 수 없는 구조를 가진 가장 기본적인 단위의 끈을 말한다.
 끈이론은 만물을 이루는 최소 단위가 0차원의 점(point) 입자가 아닌 '끈'이라는 개념으로 끈의 모양과 진동에 따라 모든 물리적 성질이 결정되며 우주도 마찬가지 이치로 구성된다는 내용이다. 다시 말해 자연계를 이루는 기본입자가 하나의 자유도를 가지는 점이 아니고 무한 자유도를 지닌 1차원의 끈(string)이라 한다.
 진동하는 끈이라는 성질 때문에 끈이론은 점입자 이론이 설명할 수 없는 문제를 해석할 수 있게 되었다. 끈의 진동이 커질수록 에너지와 질량도 커지며 진동 형태에 따라 힘의 종류-전자기력, 약력, 강력, 중력-가 결정된다는 설명이다. 즉 중력을 매개하는 중력자도 끈의 진동에 따라서 나오게 되므로 끈이론을 바탕으로 일반 상대성 이론의 양자적 설명이 가능하게 된다는 것이다.
 결과적으로 뉴턴 이래로 과학자들의 숙원이고 꿈이었던 자연계의 전자기력, 약력, 강력, 중력의 4가지 힘을 하나의 원리로 설명하려는 노력이 끈이론을 통하여 이루어질 수 있음을 예상하게 되었다.

이와는 별도로 일부 물리학자들은 2차원의 막(membrane)이론-자연계의 기본 입자들을 막으로 가정하는 이론-을 고안하여 끈이론과 함께 중력과 양자론의 결합을 시도하는 만물이론(Theory of Everything)이라고 부르기도 하였다.

거시세계와는 달리, 양자역학의 규칙을 적용받는 미시세계에서는 상상하기 어려운 현상들이 많이 일어난다. 모든 남자와 여자가 각기 자신의 짝이 있듯이 자연계를 이루는 소립자도 서로 성질이 다른 짝을 가진다는 초대칭성(super symmetry) 가설-현재까지 초대칭 입자는 발견되지 않았다.-이 대표적인 예이다. 그리고 초대칭성 개념을 가진 끈이론을 초끈이론(super string theory)이라 한다.

광자나 중력자 등을 하나의 끈의 원리로 설명하기 위하여 처음에는 초끈이론이 26차원의 자연계를 가정하였으나, 이론물리학자 위튼(Edward Witten, 1951~) 박사는 초끈이론의 다섯 가지 하위 이론이 차이가 없음을 규명하고 각 이론을 통합시킬 수 있는 단일한 체계인 11차원의 'M(Mother)이론'을 발표하였다.

2. 고전역학과 양자역학

전술한 바와 같이 뉴턴 이후 물리학자들은 거시세계의 현상을 설명하기 위하여 뉴턴의 고전역학(classical mechanics)에 매진해 왔으나, 물체의 움직임이 광속에 가까울 때 나타나는 현상을 설명할 수는 없었다. 이 한계를 1900년대 초에 아인슈타인이 상대성이론(theory of relativity)을 내놓으면서 극복하였다.

한편 뉴턴의 고전역학은 미립자와 같은 극히 작은 물체의 물리 작용을 기술하는 미시세계의 현상을 해석할 수 없는 이론이었다.

이를 타개하고자 아인슈타인, 플랑크, 보어, 하이젠베르크, 슈뢰딩거 등 다수의 물리학자가 새로운 역학체계인 양자역학(quantum mechanics)을 발전시켜 1930년경에 완성하였다.

현대의 고전역학은 뉴턴 물리학과 상대성이론을 포함하며, 확률과 같은 우연성을 부정하고 인과성을 인정한다. 즉 현재 모든 조건을 파악하고 있다면 미래의 특정 시간에 일어날 사건을 정확하게 예측할 수 있는 결정론적인 이론이다.

반대로 양자역학은 우연성을 인정하는 이론인데 현재의 모든 자료를 정확히 파악하고 있다 해도 미래에 나타나는 결과를 정확하게 추정할 수 없고 다만 확률적인 가능성을 알 수 있을 뿐이다. 더욱이 하이젠베르크의 불확정성 원리에 의하면 현재의 자료를 정확히 파악하는 것도 불가능하다.

실험으로 알 수 있는 측정 결과는 양자물리학에서 허용하는 여러 가지 고유의 값을 모두 가질 수 있으며, 측정함으로써 비로소 특정 고유의 값 하나를 가진 상태로 결정된다는 이론이다.

양자물리의 확률적 해석을 가장 심하게 반대한 아인슈타인은 1935년 포돌스키(Podolsky) 및 로젠(Rogen)과 함께 양자역학이 완전한 물리 이론이 아님을 증명해 보이기 위해 EPR 역설(EPR Paradox)-입자의 물리적 성질은 국소성이 있어야 하며, 만약 비국소성을 가지려면 상대성 이론에 의하여 빛보다 빠른 속도로 정보 전달이 이루어져야 한다.-을 발표하였다. 또한, 아인슈타인은 자연 현상을 확률적으로 설명하는 양자역학은 불완전한 이론으로, 실험에 고려하여야 할 알려지지 않은 변수를 발견하면 확률적인 요소를 배제할 수 있다는 숨은 변수이론(Hidden variable theory)을 주장하였다.

하지만 숨은 변수 이론이 실제 실험 결과와는 상반되게 나타났으며, 아인슈타인은 양자론적 측정 결과들에 대하여 "신이 미래를 결정하기 위하여 주사위를 던지지 않는" 해석을 찾아내기 위해 생명이 다하는 날까지 노력하였다. 그러나 결과적으로는 아인슈타인의 반론이 오히려 양자역학의 발전에 이바지한 효과로 나타났으며, 고전역학-우연성을 부정하고 인과관계만을 인정하는 의 수호자인 그의 외로운 퇴장을 막지 못하였다.

3. 불확정성의 원리

양자물리학은 불연속성인 물리량을 지닌 입자를 파동방정식으로 계산하고, 그 결과를 확률로 나타내는 물리 과학이다. 불확정성의 원리란 단어의 의미 그대로 확정할 수 없다는 원리를 말함인데, 물리학자 베르너 하이젠베르크가 제안하였다. 이 원리는 코펜하겐 해석의 핵심 내용 중의 일부로 그 해석의 발전에 크게 이바지를 하였다.

특정한 전자의 위치를 실제와 가깝게 측정하려면, 파장이 짧고 에너지가 큰 빛을 사용하여 오차를 줄여야 하지만 측정 과정에서 전자의 운동량이 크게 변화한다. 반대로 운동량의 측정 오차를 줄이고자 긴 파장의 빛을 이용하면 운동량의 변화를 최소화할 수 있지만, 위치의 오차가 커질 수밖에 없다. 그러므로 불확정성의 원리에 따르면 위치와 운동량 또는 시간과 에너지를 동시에 정확히 측정함이 불가능하다.

앙상블 해석(Ensemble Interpretation of Quantum Mechanics)은 코펜하겐 해석과 동일하게 파동함수에 따른 해석을 제시한다. 그러나 단일 입자에 대한 개별적 설명을 하는 코펜하겐 해석과 달리 다수

입자를 가정한 통계학적인 설명을 한다. 그러므로 앙상블 이론의 특성상 입자 하나에 대한 수학적 해석은 불가능하다는 한계가 있다. 아인슈타인은 이와 같은 앙상블이론의 한계를 토대로 숨은 변수이론을 제안하였던 것이다.

이처럼 불확정성의 원리에 대한 반론으로 숨은 변수이론을 아인슈타인이 주장하였으나, 코펜하겐의 닐스 보어(Niels Henrik David Bohr, 1885~1962)는 측정 장치나 측정 기술 때문에 불확정성 원리가 발생하는 것이 아니라, 측정하고자 하는 입자 자체가 가지고 있는 물리적 성질에 기인한다는 사실을 입증하여 아인슈타인의 반론에 반론을 내기도 하였다.

4. 보어의 상보성 개념

1905년에 아인슈타인은 당시에 확고한 이론이었던 빛의 파동설에 입자설을 절충해서 보완할 필요가 있다고 하였다.

그 후 1924년 보어는 상보성(complementarity) 개념을 처음 제기하였는데, 빛의 성질은 오직 상보성의 개념을 통해서만 파악될 수 있는 현상이라고 하였다. 즉 태양광선은 광파뿐만이 아닌 광양자로도 이루어져 있으나, 실험을 하면 빛의 두 가지 성질 중 오직 한 가지만 관측되는 이유로 상보성 개념이 필요하였다.

빛이 입자성을 보이는 실험 결과가 있지만, 빛은 이중슬릿을 통과하여 파동의 고유한 성질인 회절무늬를 남길 때도 있다(이중슬릿 회절). 그렇다면 빛은 입자인가 파동인가에 대한 코펜하겐 해석은 빛은 둘 다일 수 없다는 것이다. 즉 실험을 통해 빛은 입자이거나 파동으로서의 성질을 보인다. 하지만 동시에 입자이면서 파동일 수는 없다. 빛을 파동으로 인식한다면 파장을 측정할 수 있고, 입자로 인식한다면 관측 결과는 입자로 나타난다.

  비단 빛뿐만 아니라 원자나 전자 또는 물질도 입자와 파동의 이중적 행태를 보이므로 상보적 개념을 통해야만 비로소 포괄적인 이해를 할 수 있다. 상보성 개념을 받아들이는 것은 참으로 어려운 일이어서 현재까지도 여전히 수긍하기 곤란한 개념이 되고 있는 듯하다.

  하지만 이후에 이루어진 여러 실험은 이것이 증명 가능한 물리적 현실임을 과학자들이 인정하는 추세이다. 결론은 과학이 모든 것을 다 설명하지는 못한다는 것이다.[1]

5. 플랑크의 양자도약

  양자도약(Quantum Leap)은 막스 플랑크(Max Planck, 1858~ 1947)가 제안한 이론으로 고전물리학의 관련 체계를 완전히 무너뜨린 이론이다. 당시 고전물리학은 물질을 구성하는 원자가 파동을 통해 에너지를 전달한다는 가정에서 출발하고 있었다. 따라서 물체에 열을 가해도 당연히 색깔이 변하지 않아야 하지만, 실제로는 색이 변하는 현상을 고전물리학의 규칙으로는 설명할 수 없는 문제에 봉착하였다.

  플랑크는 물체에 점점 더 강한 열을 가함에 따라 물체가 빨간색, 노란색, 하얀색의 순서로 변하는 원인을 밝히려고 노력하였다. 이 경우 빛을 내는 원자가 에너지를 연속적인 흐름의 형태가 아닌 조각조각 단절된 형태로 방출하는 경우에만 이 같은 현상을 설명할 수 있다고 생각하였다.

  따라서 원자에서 내보낸 에너지는 불연속적이고 서로 같은 요소들을 모두 합한 것이라고 규정하였다. 만약 에너지가 연속적으로 분배된다면 어떤 가시적인 색깔도 나타나지 않게 된다. 즉 원자는 양자도약을 통해서만 양자 에너지를 방출하며 가시적 영역에서 가열된 물체의 색깔을 단계별로 변하게 한다. 우리가 추측해온 사실과는 달리 자연계의 현상에서는 이처럼 많은 도약이 일어난다.

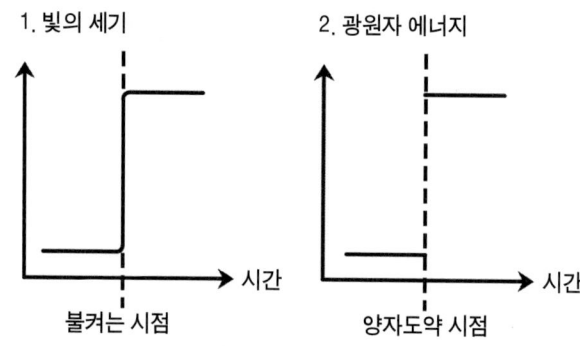

1. 불 켜는 순간의 빛 강도   2. 광자의 양자도약

 빛과 원자의 불연속적인 에너지 교환은 세 가지 기본단위들에 관한 접근방식을 전혀 새롭게 바꾸었다. 먼저 빛은 입자와 파동의 이중성 안에서만 이해되었고, 에너지의 값은 어느 순간에서나 확실하게 구할 수 있는 대상이 아니었으며, 원자는 더 이상 사물로서의 대상이 아니었다.
 이처럼 물리학의 영역이 확실한 대상에서 불확실한 원자 세계로 옮겨지며 심리학의 도움이 필요하게 되었다. 무의식의 작용에 의한 양자역학은 관찰자와 관찰대상이 서로 결합하는 새로운 물리학의 바다로 항해하기 시작하였다.[2]

6. 아인슈타인의 유령(Einstein's Spooky Action)

아인슈타인 자신이 수립한 이론에 의하면, 빛의 속도는 물리적인 신호에 대하여 제한적인 작용을 한다. 따라서 물리적 작용은 빛보다 절대로 빠를 수 없다는 주장이다.

또한, 아인슈타인은 EPR 역설에서 입자의 물리적 성질은 국지성(Principle of locality)을 가지고 있으므로 시공간의 특정 지점에 국한되어야 한다고 주장하였다. 즉 서로 거리가 떨어진 두 입자는 상호 영향을 줄 수 없으며, 상대성 이론에 따라 서로 영향을 주기 위하여는 빛보다 빠른 정보의 전달이 이루어져야 한다는 것이어서 실제는 두 입자가 서로 영향을 줄 수 없다는 설명이다.

그러나 양자역학으로 불리는 새로운 물리학에서는 원자와 같은 구조물이 서로 거리에 구애됨이 없이 원격작용을 한다고 한다. 더욱이 이 상호작용은 전달되는 시간을 전혀 필요로 하지 않는다는 점이다. 즉 시간 개념이 필요하지 않은 원격작용은 항상 같은 위치에서 동시에 발생한다.

아인슈타인은 이러한 현상을 심각한 오류로 규정하며 유령스러움에 비유할 정도로 거부하였지만, 과학자들은 최근에까지 이 원격작용을 실증하는 실험 결과들을 지속해서 내놓고 있다. 더 나아가, 실험 단계를 넘어서 사실로 이해되는 이 현상이 우리에게 전하는 메시지가 무엇인지를 알아내려고 고심하고 있다.

무한하게 빠르고 거리에 구애받지 않는, 즉 시간이 전혀 필요하지 않고 공간을 초월하는 무엇이 존재한다는 것은 물리학의 한계를 초월한 형이상학(metaphysics)적인 현상이 명확하게 존재하며 이를 과학적으로도 입증하기 시작하였다는 의미이다.[3]

7. 코펜하겐 해석

보어를 주축으로 한 코펜하겐 그룹이 제안하였던 코펜하겐 해석의 내용을 요약해 보면,

1. 양자계의 상태는 파동함수에 의해 결정되며, 그 결과는 확률적으로 기술된다.
2. 모든 물리량은 관측이 가능할 때만 의미가 있다. 그리고 물리량은 측정과 무관한 객관적인 값이 아니라 측정 작용의 영향을 받는 값이다.
3. 입자의 위치와 운동량 또는 시간과 에너지와 같은 상호 관계 있는 물리량들은, 하이젠베르크의 불확정성의 원리에 따라 동시에 정확한 측정이 불가능하다.
4. 전자와 같은 입자들은 파동의 성질과 입자의 성질을 모두 가지지만 동시에 두 가지를 가지지는 않는다. 이러한 상보성 원리는 모든 물리적 대상이 가지는 공통적 현상이다.
5. 양자물리학에 따른 상태에서는 불연속적이면서 특정한 물리량만을 가진다. 그러므로 입자의 어떤 상태가 변하기 위해서는 하나의 상태에서 사라지는 동시에 다른 상태에서 나타나야 한다. 즉 양자 도약이 이루어져야 한다.
6. 양자역학적 기술은 거시세계에 가까워질수록 고전역학의 설명에 가까워진다.
7. 입자는 물리적으로 비국지적 성질(non-local property)을 가진다.

얽힘 상태(entanglement)란 하나의 입자가 지닌 물리량에 따라 다른 입자가 가지는 물리량이 결정되는 관계를 뜻하는데, 북아일

랜드 출신의 물리학자 벨(John Stewart Bell, 1928~1990)은 1964년에 벨의 부등식(Bell's inequality)을 제시하여 얽힘 상태에 관한 입자의 비국지적 성질과 국지적 성질의 진위를 실험으로 확인할 수 있게 하였다.

과학자들은 800미터 떨어져 있는 두 실험실 간의 광섬유를 통한 실험과 600미터 거리에서 공간을 통한 망원경 간 실험에서 두 광자가 얽힘 상태를 유지하고 있음을 밝혀냈다. 즉 하나의 광자에 가한 작용의 효과가 다른 광자에 동시에 나타나는 '양자 전송'이 발생하였다. 이 실험의 결과로 아인슈타인 등이 제안한 EPR 이론이 '패러독스'로 전락하고 코펜하겐 해석이 완전한 승리를 거두게 된다.

코펜하겐 해석에서의 중요한 점은, 특정한 대상의 어떤 상태를 측정함과 동시에 그 대상은 측정이나 측정자의 의도에 해당하는 고유 상태로 돌변해 버린다는 것이다. 그리고 얽힘 상태를 유지하는 양자 전송은 광속으로 도달할 수밖에 없는 아주 먼 거리에서도 측정할 수 있다는 것이다.

8. 코펜하겐 해석에 대한 비판

양자물리학은 거시세계에서의 경험으로는 이해할 수 없는 미시적 현상들을 다루기 위한 물리학이다. 코펜하겐 해석에 따르면, 여러 가지의 중첩 상태로 나타내는 체계는 측정하는 순간 하나의 상태로 결정된다. 또한, 코펜하겐 해석은 과학의 관점만이 아닌 철학적 관점을 포함하고 있어 명확하게 정의하기가 매우 어려운 내용으로 이루어져 있다.

고전물리학이나 양자물리학 모두 수학을 이용해 자연을 기술한다. 그러나 고전물리학에서는 수학 그 자체가 가진 의미가 명확하므로 별도의 해석이 필요하지 않았지만, 양자물리학에서는 우리가 경험해 보지 못한 생소한 영역-우연적이고 확률적인 측정 결과-을 다루기 때문에, 수학 그 자체가 무엇을 뜻하는지를 설명하는 해석이 필요해졌다.

그러나 양자역학에 대한 보어의 설명은 아인슈타인의 반론과는 무관한 근본적인 결함이 있다. 2005년도에 미국의 물리학자인 스티븐 와인버그(Steven Weinberg, 1933. 5.3~)는 "아인슈타인의 실수(Einstein's mistakes)"라는 제목의 글을 기고한 바 있다. 그 기고문에서 와인버그는 코펜하겐 해석은 관측자의 측정행위는 결정론적인 고전적 방법에 따라 파동함수로 다루고 기술하는 반면, 측정 결과는 확률에 따른 가능성으로 표현한다는 점을 지적하였다. 즉, 측정행위는 고전물리학적인 규칙에 따랐지만, 측정 결과는 양자 물리학적인 설명을 하여 앞뒤가 이치상 서로 맞지 않았다는 주장이다.

그러므로 관측자를 포함한 모든 양자계는 언제 어디서나 일관된 양자역학 법칙을 적용하여야 한다. 따라서 양자역학에 관한 보어의 설명은 처음부터 모순점을 가지고 출발하였다고 하였다.

철학적 견해를 보면, 영문학 교수인 C. S. 루이스는 양자역학의 비결정(확률)론이 자신의 철학적 신념에 맞지 않는다는 이유로 불완전한 이론이라고 하였다. 그는 하이젠베르크의 불확정성 원리는 관측자와의 상호 작용에 의한 인식론적인 한계를 보여줄 뿐이며 존재론적(객관적 사실) 비결정성이 아니라는 의견을 제시하였다.

실증주의 성향이었던 보어는 실험 결과를 설명하는 그 이상의 것은 과학의 영역을 벗어난 형이상학의 문제라고 하였다. 따라서 양자물리학의 해석 문제는 결론을 보지 못하고 과학의 딜레마로 남게 되었으며, 동시에 철학적인 숙제로도 남은 상태이다.

9. 슈뢰딩거의 고양이

1935년 슈뢰딩거는 양자역학의 불완전함을 증명해 보이려고 밀폐된 상자 속에 갇혀 있는 슈뢰딩거의 고양이(Schrödinger's Cat)라는 사고 실험을 고안하였다.

고양이가 있는 상자에는 방사성 핵이 들어 있는 알파입자 가속기와 청산가리 통이 연결되어 있다. 실험을 시작할 때 한 시간 내에 핵이 붕괴할 확률을 50%가 되도록 한다. 만약 알파입자가 방출되고 청산가리 통의 센서가 그것을 감지하면 청산가리 통은 깨지고 고양이는 죽게 된다.

슈뢰딩거는 이 실험에서 파동함수의 설명이 고양이가 살아 있는 상태와 죽은 상태의 결합으로 나타나는 것을 비판하며 "죽었으면서도 동시에 살아 있는 고양이"는 현실로 존재하지 않는다는 사실로 보아 양자역학이 불완전하며 현실적이지 않다고 생각했다. 고양이는 반드시 살아 있거나 죽은 상태의 어느 한쪽이어야 하므로 양자 역시 붕괴했거나 붕괴하지 않았거나 어느 한쪽이라는 것이다. 이 실험은 고전역학의 입장에서 양자이론을 거시세계에 적용하면 어떻게 될까를 보여 준다.

또한, 코펜하겐 해석에서는 측정이 무엇인지에 대한 확실한 해석을 하지 않았기 때문에 여러 반론에 부딪힐 수밖에 없었으므로, 슈뢰딩거의 고양이 실험은 양자물리학자들로 하여금 측정을 어떤 식으로든 정의해야 하는 필요성이 절실함을 느끼게 하였다.

10. 다세계 해석(여러 세계 해석)

다세계 해석(Many-World Interpretation, MWI)은 앞에서 설명한 양자이론-코펜하겐 해석-에서 나타나는 여러 역설적인 상황을 해결하기 위해 고안된 이론으로, 1972년에 휴 에버렛(Hugh Everett III, 1930~1982)이 주장한 가설이다.

이 이론에 의하면, 실험 결과는 코펜하겐 해석에서처럼 서로 다른 중첩 상태로 존재하지 않고, 서로 다른 여러 세계에 실재한다고 한다. 즉 세상은 여럿으로 나뉘어있고, 측정은 그중 하나를 선택하는 과정이라고 주장한다.

이 해석은 관측자를 특별한 존재로 규정하지 않는다는 점에서 다른 이론과는 근본적인 차이가 있다. 또한, 다세계 이론에서는 파동함수를 인정하지만, 코펜하겐 해석에서처럼 관측으로 일어나는 파동함수의 붕괴는 고려하지 않는다. 모든 사건에 대한 모든 결과가 각각의 세계에 실재한다고 본다. 즉, 관측하기 이전의 입자는 확률적으로 동시에 서로 다른 여러 우주에 분포하고 있다는 것이다. 관측자는 이 중에서 어느 하나의 우주에 존재하는 입자만을 관측할 뿐이다. 달리 표현하면, 측정할 때마다 서로 다른 여러 갈래의 세계로 가지를 친다고 볼 수 있다.

예를 들면, 슈뢰딩거의 고양이 실험에서는 상자 속의 고양이가 살아 있을 수도 있고 죽어 있을 수도 있는 중첩 상태에 있으나, 다세계 해석에 따르면 한 우주에는 살아 있는 고양이가 있고 또 다른 우주에는 죽어 있는 고양이가 있다는 것이다. 바꾸어 말하면, 관측자가 비로소 상자를 열고 확인하는 순간에, 관측자와 살아 있는 고양이가 함께 한 우주를 형성하거나 죽어 있는 고양이와 함께 다른 우주를 형성한다고 한다.

양자역학은 확률론적인 입장에서 출발하였으나 다세계 해석에서는 각각의 세계에서 '모두 이루어진다'는 해석으로 양자역학의 확률론적인 해석이 무의미해진다. 또한, 다세계 해석에서는 현실적으로 다른 세계의 존재를 확인할 수 없으며, 다른 세계가 생길 때마다 에너지와 물질도 증가하여야 하는 문제를 안고 있어 물리량 보존 법칙에도 상충하는 가설이다.

상식선에서 과연 다세계 해석에 동의하는 사람이 얼마나 있을까에 대해 의문이지만, 1997년의 여론조사 결과는 많은 물리학자가 이 해석을 지지하고 있는 것으로 나타났다.

다세계 해석의 중심 결론은 우주가 엄청나거나 무한한 수의 독립적인 평행 우주들로 이루어져 있다는 것이다. 현재는 코펜하겐 해석과 함께 양자역학의 주류 해석 중 하나로 자리 잡고 있다.

11. 마음과 물질 결합 이론

마음과 물질 결합이론은 위그너(Wigner), 사르파티(Sarfatti), 워커(Walker), 무지스(Muses), 베이넘(Beynam) 등이 주장하였다. 관찰의 주체는 사람이며, '사람의 마음'이 관측의 결과에 큰 영향을 끼친다는 이론이다.

이 이론의 제안자들은 관찰자가 입자(粒子)를 관측하는 순간 관찰자의 마음이 발현 가능한 입자에 작용하여 '발현 가능한 상태'를 '현실로 존재하는 상태'로 나타나게 하는 역할을 한다고 하였다. 즉 관측하기 이전의 입자 상태가 바로 '마음' 그 자체라고 워커 및 무지스 등은 주장하였다.

위의 주장은 이 세상에 '물질'과 '마음'이 별개로 존재하는 것이 아니고, "모든 것이 다 마음이다."라는 동양사상(불교)의 개념을 원용하였으리라는 생각이다.

중요한 점은 과학자들이 양자역학 등 과학과 철학의 경계에서 종교나 동양 철학의 연구에 매달리는 사례가 점차 많아지고 있다는 사실이다.

12. 양자역학 관련 여러 실험

전자의 위치와 운동량 또는 시간과 에너지를 동시에 정확히 측정할 수 없다는 불확정성의 원리, 전자는 입자이거나 파동으로서의 성질을 지니지만 동시에 입자이면서 파동일 수 없으니 빛을 파동으로 인식한다면 파장을 측정할 수 있고 입자로 인식한다면 관측 결과는 입자로 나타난다는 철학적인 상보성 원리와 관찰자 효과, 물리학의 영역이 확실한 대상에서 불확실한 원자 세계로 옮겨지며 심리학적인 해석을 초래한 양자도약, 자연계를 이루는 소립자도 서로 성질이 다른 짝을 가진다는 초대칭 이론, 광속으로 도달할 수밖에 없는 아주 먼 거리에서도 양자 간의 얽힘 상태 측정이 가능하다는 비국지적 성질 등 물리학의 한계를 벗어나는 현상들을 과학자들은 기정사실로 받아들이고 자신의 전문 분야 외의 사람 의식과 우주를 통한 해석의 연구에 몰두하는 추세이다.

특히 마음과 물질 결합 이론은 관찰의 주체는 사람이며, '사람의 마음'이 관측의 결과에 큰 영향을 끼친다는 설명이다. 이 이론은 지금까지의 도(道)의 세계를 비현실적인 속성을 가진 분야로 보고 과학과는 전혀 별개로 인식하던 경계를 허무는 단서가 된다. 학자들은 이제 양자역학의 미시세계 영역에서 우리가 오감으로 인지할 수 있는 거시세계에 이르기까지 같은 현상들을 실험하여 많은 사례를 제시하고 있다.

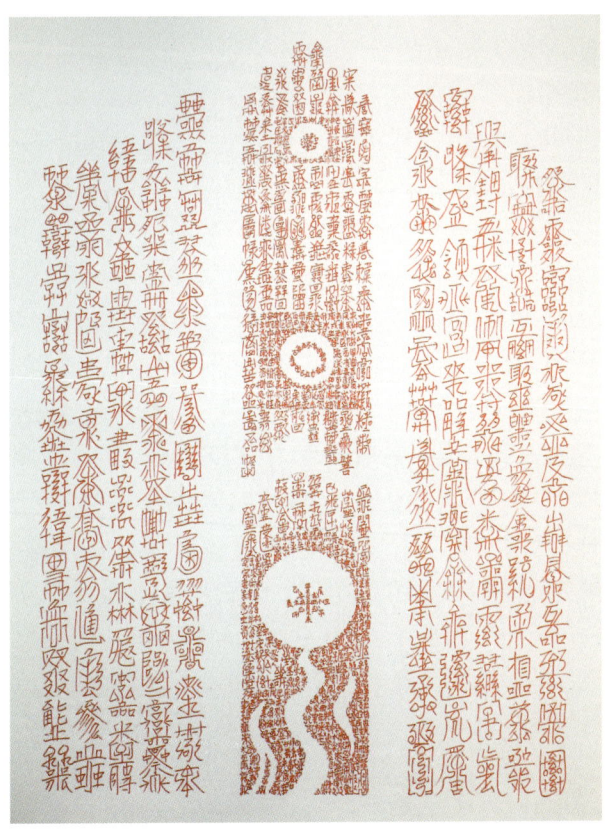

천문도 - 기원

(마음가짐에 대한 실험)
호주의 음악심리 연구가인 게리 맥퍼슨(Gary Mcpherson)의 1977년도 연구 결과는 잘 알려졌다. 그는 같은 조건에서 음악 교습을 받아도 개인별로 진도의 격차가 크게 나타나는 원인을 밝히고자 하였다.

『무작위로 뽑은 157명의 7~8세의 음악학교 학생들을 고등학교를 졸업할 때까지 추적하기로 하고 첫 9개월간의 관찰 결과를 분석하였다.
일부 학생들은 실력 향상이 비약적이었으며(A그룹), 대다수는 중간 정도의 발전이 있었고(B그룹) 소수는 거의 변동이 없는 상태(C그룹)로 나타났다.
맥퍼슨 박사는 그 원인을 분석해보기로 하였다. 개인별 격차가 벌어지는 원인 분석 결과는 지능 지수나 타고난 음악적 재능도 아니고 기타 유전적 형질 또는 가정의 빈부 수준도 아니었다.
이어서 맥퍼슨 박사는 교습을 시작하기 전의 학생들이 품었던 생각을 조사해 둔 자료를 토대로 다시 분석하였다. 그 결과 실력 향상이 비약적인 A그룹은 악기를 장기간 연주하겠다는 응답이었고, 중간 정도 기간 연주를 배우겠다는 B그룹은 수행 능력이 중간 정도, 단기간 배우겠다는 C그룹은 수행 능력 진보가 거의 없었다.
더욱이 장기 연주 계획을 세운 A그룹은 단기 계획을 세운 C그룹보다 연주 실력이 한층 더 향상되었으며, 1시간씩 연습한 C그룹보다 20분씩만 연습한 A그룹이 오히려 더 빠른 발전을 보였다.』

교사의 능력이나 연습량보다도 교습을 시작하기 전 학생들의 마음가짐이 훨씬 중요하다는 분석 결과이다. 따라서 각자의 미래 모습을 어떻게 보느냐에 따라 최대 4배의 재능 차이가 난다는 게리 맥퍼슨 박사의 연구 결과이다.
　장기적인 계획을 세워 자신을 미래의 음악가로 상상한 학생들과 자기를 그 밖의 다른 모습으로 바라본 학생들은 바라본 그대로 실현되어 간다는 관찰자 효과(Observer effect)의 한 사례이다.

　(생각을 배제한 판단 실험)
　정신분석가이며 의사인 데이비드 레이먼 호킨스(David Ramon Hawkins, 1927. 6. 3~2012. 9. 19.) 박사는 "몸은 두뇌보다 더 영리하다."라고 하였다. 보통 지능이 뇌에서 나온다고 알고 있으나 뇌의 불합리함 때문에 눈 동공의 크기 조절, 침 분비, 심장 박동, 장기의 소화 작용 등은 자율 신경의 통제를 받으며 우리 몸의 중요한 생명 유지 기능을 하고 있다. 예를 들면, 우리의 뇌가 심장에게 잠깐 동안만 박동을 멈추라고 명령하여도 전혀 개의치 않고 심장은 생명을 유지하기 위하여 움직이고 있다.
　생각으로 사물을 판단하고 대처하는 뇌는 지식의 제한을 받게 된다. 즉 뇌 속의 일정한 회로를 거쳐 표현되는 논리는 막힌 생각을 많이 하거나 실상과는 다른 생각을 하게 된다는 의미이다.

　저자는 지하 수맥 탐사에 관심이 있는 사람으로서, 3~4명 정도를 조력자 겸 참관자로 하여 '생각을 배제한 상태에서 몸으로 느끼는 실험'을 때때로 한 바 있다.

　『먼저 실험자(저자)를 실험 장소와는 다른 방에 격리시켜 실험 준비에 관한 정보를 알지 못하게 한다.
　그 후 똑같은 모양의 종이컵 5~7개를 준비하여 무작위로 컵 1~3개에 물을 반쯤 채운 후 똑같은 종이로 덮어 놓고 1미터 간격으로 바닥에 놓아둔다.

격리 상태에서 나온 실험자는 물이 들어 있는 컵에 몸이 반응하도록 입력한 후, 한 걸음 정도 떨어져서 컵들을 지나치며 물이 있는 컵을 골라내는 실험을 한다. 수차례 컵의 위치를 바꾸고 물이 있는 컵의 개수를 달리하여 반복 실험하였으나, 그 결과는 90% 이상(사실은 100%)의 적중률을 보였다.

이와는 달리 실험자로부터 반원형에 3미터 거리에 물을 부은 컵과 빈 컵을 1미터 간격으로 무작위로 놓고 실험자가 움직이지 않는 상태에서 각 컵을 주시하며 물이 담긴 컵을 선별하도록 하는 실험을 하였다. 그러나 이와 같이 생각으로 판단하는 방법에 따른 실험의 적중률은 30% 내외로 나타났다.』

물컵 실험 사진

결론은 미립자로 이루어진 몸은 생각하는 두뇌와 다르다는 것이다. 더구나 우리 체중의 70%가 물로 이루어져 있다. 실험자가 물이 있는 컵을 가까이에서 지나치며 아무 생각 없이 몸으로 받는 느낌은 틀림이 없었으나, 한 자리에서 컵을 주시하며 생각에 의존하여 판단하는 실험은 여러 주변 상황을 논리적으로 파악하여 정리한 혼란스러운 자료이거나 몸이 우리의 생각을 알아채고 변화-생각에 따라 몸이 반응하기도 함-한 자료를 바탕으로 한 것이다. 가령 실험 준비자가 맨 처음의 컵에는 물을 담지 않았을 것이라는 추측, 컵 주변에 작은 물방울이 있음을 단서로 한 판단, 중간 어디쯤의 컵에 물을 담았을 것이라는 추정 등 알지 못하는 영역을 뇌의 닫힌 회로를 따라 추론한 결과는 신뢰할 수 없는 자료로 나타난다.

우리가 매일 이용하는 우물이나 지하수를 개발할 때 그리고 어느 지점에 대한 풍수적인 판단을 할 때 위 실험과 같은 원리로 수맥을 찾아낸다. 단지 지금은 전자 장치가 사람 몸의 역할을 대신하기도 한다. 왜 생각으로 판단한 결과가 몸을 통한 느낌의 정확성에 훨씬 못 미치는가에 관하여 이 책의 4장 정신과학의 딜레마 편에 설명할 예정이다.

(문자의 기록 효과에 관한 실험)
저자는 2013년 7월 11일부터 동년 9월 12일까지 부패가 왕성한 여름철 두 달 동안 또 다른 실험을 하였다.

『(사진 A)와 같이 똑같은 두 통에 같은 우유를 동시에 붓고 한쪽에는 '사랑합니다.'라는 글을 쓴 종이를 붙이고, 다른 쪽에는 '증오합니다.'라고 쓴 종이를 붙인 후 두 달 후 어떻게 변하는지를 관찰하는 실험이었다. 처음 문구를 붙일 때 외에는 관찰자의 의식이나 생각을 일체 배제하기 위하여 눈에 띄지 않는 곳에 두 통을 내버려두었다.

　두 달이 지난 후의 관찰 결과는 (사진 B)에서 보듯이 '사랑합니다.'라고 붙인 통 안의 우유색은 거의 변함이 없으나, '증오합니다.'라는 종이를 붙인 통 안 우유가 상대적으로 훨씬 심하게 부패하여 어두운 갈색으로 변해 있었다.』

(사진 A)

(사진 B)

이 실험에서 알 수 있었던 사실은 사람의 염력, 의지, 의식 또는 선입견 등이 배제된 상태에서, 단순히 뜻을 가진 문자의 기록만으로도 물체에 미치는 영향이 뚜렷하다는 것이다. 다만, 실험 기간 내내 사람 마음이 작용하는 때보다, 글을 기록만 하고 내버려둔 예에서는 관찰 대상에 미치는 영향이 상대적으로 적으므로 변화하는 기간이 좀 길어질 뿐이다.

따라서 글을 읽는다는 것은 그 내용에 해당하는 기운을 받게 되며, 자연이나 사물의 이름을 지은 후 쓰고 부르거나, 원하는 바를 써서 벽에 붙이거나 몸에 소지하는 부적글을 쓸 때, 그리고 산천과 같은 자연이나 마을, 도시의 지명을 기록할 때 등 각별히 그 의미에 관하여 고려할 필요가 있는 것이다.

(빛의 이중슬릿 실험)
이중슬릿(틈새)실험은 양자물리학의 불가사의한 세계를 보여준 실험이다. 1998년 양자 물리학계에서 최고 권위를 인정받는 이스라엘의 와이즈만 과학원이 실시하였다. 사실은 지난 반세기 동안 세계 최고의 과학자들이 이미 이중슬릿 실험과 비슷한 실험을 하였지만, 항상 결과는 일치하였다.

우선 이 실험을 이해하기 위하여 상식의 세계에서는 빛의 입자들이 어떻게 움직여야 하는가를 알 필요가 있다.

『아주 작은 입자들을 무작위로 벽에 발사하면 일정한 틈새를 통과한 후 벽에 도달하여 틈새 모양의 띠를 만들게 된다. 여기에 틈새 하나를 더 추가하여 입자를 보내면 두 개의 띠를 만든다. 입자가 물결 운동일 때도 물결이 틈새를 통과한 후 벽에 충돌하며 만든 가장 밝은 선은 틈새를 똑바로 통과한 물결이다.
 여기까지는 입자에 의한 실험과 유사하나, 틈새 하나를 더 만들면 하나의 물결과 또 다른 물결이 만나면서 서로 간섭하며 벽에는 여러 겹의 부채꼴 간섭무늬를 만든다. 물결의 끝이 도달하는 지점은 강도가 세고 밝은 선으로 나타나며 간섭한 곳은 아무런 무늬도 만들어지지 않는다. 따라서 입자를 두 틈새로 발사하면 두 틈새 모양의 띠가 생기고 물결을 통과시키면 많은 띠로 이루어진 간섭무늬가 생긴다.

 즉, 보통의 경우에는,
 하나의 틈새를 통과한 입자는 하나의 띠를 만든다.
 두 개의 틈새를 통과한 입자는 두 개의 띠를 만든다.
 하나의 틈새를 통과한 물결은 하나의 가장 밝은 띠를 만든다.
 두 개의 틈새를 통과한 물결은 상호 간섭 작용에 따라 간섭무늬를 만든다.

 이제는 양자역학의 미립자-현재까지 발견된 가장 작은 물질구성단위-를 사용한 실험을 보기로 한다.

 하나의 틈새로 미립자를 통과시키면 앞에서의 입자를 이용한 실험과 마찬가지로 하나의 틈새 모양 띠를 만든다. 다음에 미립자를 두 개의 틈새로 발사하면 역시 두 개의 띠를 만들 것으로 예측할 것이다. 하지만 실제로는 물결과 같은 간섭무늬-입자에 의해 생긴 무늬가 아닌-를 생성하였다. 즉 작은 물질 조각이 불가사의하게도 물결에 따른 간섭무늬를 만들어낸 것이다.
 과학자들은 여러 개의 미립자가 서로 간섭하여 무늬를 만들었으리라고 추측한 후 서로 간섭할 가능성을 없애기 위하여 한 번에 하나씩의 미립자를 발사하는 실험을 하였다. 그로부터 한 시간 후 또다시 간섭무늬가 생기기 시작하였다. 달리 말하면 하나의 미립자가 알갱이의 형태로 떠난 후 물결로 돌변하여 틈새를 통과하고 스스로 간섭을 일으켜 벽에 간섭 무늬를 만든다는, 우리가 알고 있는 상식에 전혀 맞지 않는 현상을 목격하게 된다.

미립자 실험의 경우에는,
하나의 틈새를 통과한 하나의 미립자는 하나의 띠 또는 간섭무늬를 만든다.
두 개의 틈새를 통과한 둘 이상의 미립자도 두 개의 띠 또는 간섭무늬를 만든다.

과학자들은 당황하여 틈새에 관측 장치를 설치하여 미립자가 틈새를 통과할 때의 상태를 관찰하였다. 하지만 관측할 때의 미립자는 입자 운동을 하여 벽에 틈새 모양-여러 가닥의 간섭 무늬가 아닌-의 두 개의 띠를 만들었다.

미립자는 스스로 관측당하고 있다는 사실을 알고 관찰하는 과학자의 마음에 따르는 행동을 한 결과이다. 관찰자가 미립자를 알갱이(입자)라고 생각을 하면 알갱이로 행동하고 물결로 생각하면 물결처럼 행동하여, 관찰자의 마음을 정확하게 읽어낸다.』

미립자는 사람의 마음이 변하면 변하는 대로 대응하는 지혜의 덩어리이다. 이 현상을 이해한다면 우리가 어떻게 만물과 상호 작용을 하고 우리의 장래를 선택하여 왔는지를 알 수 있다. 세상 만물이 모두 미립자의 집합으로 이루어져 있으니 움직이는 동물이나 움직이지 못하는 식물이나 할 것 없이 모두 우리 옆에서 지능을 가지고 교감하고 있음을 알게 된다. 더 정확히 말하면 미립자를 포함한 만물이 서로를 관찰하므로, 과학자를 포함한 사람도 관찰을 당할 수밖에 없다는 뜻이다.

13. 마음과 물질의 매개자인 미립자

앞에서 설명한 바와 같이 만물을 바라보는 사람의 마음이 더없이 중요한 것이다. 마음의 신호를 우리가 보낼 뿐만 아니라 미립자로 이루어진 주변 물체들의 신호를 받기도 하니 공격적이나 흉한 것을 피하고 아름답고 사랑스러운 것을 쫓는 이치가 당연하다 하겠다.

프린스턴 대학의 라딘(Dean Radin) 박사는 "양자물리학과 고전물리학은 세상이 움직이는 방식과 우리의 본질을 이해하는 서로 다른 두 방식이다. 고전적으로 보는 세상은 태엽시계와 같은 기계이며 기계는 의식적인 경험의 여지가 없다. 따라서 마음대로 기계를 부수거나 쓰레기장에 버릴 수도 있다.

하지만 양자물리학적 관점에서의 세상은 시간과 공간을 넘어서 어떤 형태로 밀접하게 연결된 유기적인 것이다. 이런 환경에서는 내가 생각하고 행동하는 방식-고전적인 방식의 그것보다-이 자신뿐 아니라 세상에도 훨씬 더 크게 영향을 미친다. 그래서 도덕과 윤리가 관련된 기본적인 관점에서 보면 내 생각이 세상에 영향을 미친다. 이것이 세계관을 바꿔야 하는 중요한 이유이다. 나는 어떤 색안경을 끼고 세상을 바라볼 것인가?"라고 한다. 다만 그 마음의 강도와 깊이에 따라 교감하는 정도 차이가 있을 뿐이다.

미립자의 안내에 따라 우리는 이제까지 신비롭게만 상상하였던

도(道)의 세계에 편입된 것이다.

코펜하겐 해석 중 미립자는 물리적으로 비국지적 성질(non-local property)을 가지며, 얽힘 상태를 유지하는 양자 전송은 광속으로 도달할 수밖에 없는 아주 먼 거리에서도 측정할 수 있다는 내용이 있다. 즉 잠깐이라도 인연을 맺었던 미립자들은 아주 가까이에 있든 아주 멀리 우주를 가로질러 반대편에 있든 아무런 장애 없이 빛보다 빠른 속도로 서로 교감한다는 것이다.

좀 더 자세히 미시세계의 입자에 관하여 기술해 보기로 한다. 영국의 이론물리학자 피터 웨어 힉스(Peter Ware Higgs, 1929. 5. 29~)가 신의 입자라고 불리는 '힉스' 입자를 50년 전에 예견하였다.
이어서 각고의 노력 끝에 최근에는 유럽 핵입자물리학연구소에서 막대한 예산과 인원-113개국 1만여 명의 과학기술자-을 투입하여 거대입자가속기를 건설한 후 힉스 입자를 발견하였다. 힉스 입자는 우주와 자연의 모든 공간을 채우고 있는 최소 물질로 추정하고 있으며, 지금까지 알려진 300여 종 소립자의 한 종류이다.

한편 가장 기본적인 물리학 이론인 게이지 이론(gauge theory)-미시적 공간에서 임의로 입자의 파동 상태에 변화를 줄 때마다 그 변화를 자동으로 상쇄시켜 불변이 되도록 만드는 원리-에 따르면, 모든 입자는 질량이 없으므로 서로 구분할 수가 없다. 그러나 질량은 게이지 대칭성을 깨뜨리는 성질이 있으며 동시에 소립자를 구분하는 기본적인 특성이 있다. 또한, 실제로는 많은 소립자가 질량을 가지고 있으니, 이러한 딜레마를 야기하는 게이지 이론이 그동안 주목받지 못하는 원인이었다.
위의 문제를 타개하는 이론으로, 게이지 이론의 게이지 대칭성에 대하여 자발적 대칭성 깨짐의 개념-게이지 대칭성이 이론상 존재하지만, 이론이 실제로 나타날 때는 대칭성이 일부 깨진다는 개념-을 일본의 물리학자 난부 요이치로(南部陽一郞, 1921. 1. 18~)가 처음 발표하였다.

위의 자발적 대칭성 깨짐의 개념을 이론화하기 위해서는 새로운 요소가 필요하였는데, 그것을 충족하는 것이 바로 힉스 입자이다. 힉스 입자는 게이지 대칭성을 깨뜨려 300여 종의 소립자들이 질량을 가질 수 있게 한다.

그리고 게이지 이론은 우주 공간에서 힘을 매개하는 입자들-렙톤(lepton)과 쿼크(quark) 등-의 존재를 증명하기 때문에 주목을 받는 이론이다.

그러나 현재 밝혀진 물질은 힉스 입자를 포함하여 전체 우주의 4%에 지나지 않아, 나머지를 구성하는 암흑물질과 암흑 에너지에 대한 연구도 과학계에서 활발하게 진행하고 있다.

발묵기법 수묵화 ⓒ남재 임기옥 화백, 대한명인

이처럼 맨눈으로 보면 허공뿐인 우주와 자연의 공간이 사실은 입자들로 꽉 차 있다. 우주와 자연의 공간에 꽉 찬 미립자들에게 각각 에너지(질량)와 특성을 부여하여 고요한 질서를 깨뜨리는 힉스 입자와 힘을 매개하는 입자들은 우리가 보내는 신호에 따라 파동치며 각 위상의 변화를 실현한다. 이들 입자들야말로 마음과 물질 즉 도와 과학이 만나는 단초(端初)가 되는 것이다.

입자는 상황에 따라 알갱이 또는 파동 운동을 한다. 그리고 우리 마음의 실체는 우주 공간에 채워진 물질과 같은 미세한 입자들이다. 마음의 작용이 없을 때는 입자의 상태로 정지해 있지만, 마음을 움직이는 순간 마음의 입자들이 물결 운동을 시작하여 우주 공간으로 파동치며 순식간에 도달하는 원리이다.

분리되어 있는 것은 각각의 물질-사실은 이제까지의 물리학 이론처럼 물질이 안정되고 딱딱한 존재가 아니며, 우주의 입자가 응축된 에너지일 뿐이라는 주장이 있다.-뿐으로, 모든 입자들은 하나의 에너지장(場)으로 이어져 있다. 즉 하나의 에너지체로 되어 있다는 뜻이다. 애매하게 들렸던 말들, 즉 "마음은 에너지(기)이다.", "나와 우주는 하나다." 라는 말의 의미가 새삼스럽게 다가오리라 본다.

이처럼 우리가 물질세계와 구분하였던 신학이나 도의 정신세계는 실상 우리가 측정하지 못하는 미세한 물질들로 이루어져 있다고 추론한다. 따라서 신학과 도의 형이상학 세계와 물질의 형이하학 세계를 가르는 경계가 서서히 희미해지고 있는 것이다.

미립자로 이루어진 만물은 서로 소통하며 상호 작용을 하고 있다. 또한, 미립자는 무한한 지혜의 덩어리라고 한 바 있다. 그리고 아무리 먼 거리에서도 시간이 필요없이 순식간에 서로 정보를 교환하므로, 앞으로 통신 과학의 혁명을 예고하는 실마리가 되리라 본다.

불확정성의 원리를 제시한 물리학자 하이젠베르크는 미립자에 대하여 "우주의 모든 정보, 지혜, 힘을 가진 무한한 가능성의 알갱이"라고 하였다. 무수한 미립자가 모여 더 큰 생명체를 구성하기 때문에, 하이젠베르크의 미립자에 관한 언급은 생명체의 창조나 진화 그리고 윤회에 이르는 현상들을 과학의 기반 위에서 조명해 볼 수 있는 중요한 단서가 된다.

무엇보다도 미립자의 행태는 양자역학 분야뿐만 아니라 신학, 심리학, 정신분석학, 생물학 등 모든 분야에서 숨겨진 지식을 발굴하는 실마리가 될 것임을 확신한다. 또한, 풍수지리의 난제였던 동기감응의 메커니즘을 해석하여 줄 중요한 기초 자료이다.

3장. 우주에 관하여

　모든 것을 포함하는 광범위한 공간 그리고 처음과 끝을 가늠하지 못하는 시간 속의 침묵자인 우주는 가장 근본적인 사색의 대상이다. 또한, 우주는 청백색의 먼지인 지구와 먼지보다도 형편없이 작은 우리를 포함하여 모든 것을 이루는 미립자에 이르기까지 서로 관계하는 장이 된다. 그러나 몰입할수록 답을 얻기보다는 진한 호기심의 수렁에서 허우적대는 자신들을 발견할 수밖에 없을 것이다.

　우리의 삶의 장인 코스모스는 과거에도 있었고 현재에도 있으며 미래에도 존재할 것이다. 옛날부터 우리가 사는 세상을 이해하고자 무진 애를 쓰며 나름대로 사람이 우주에서 중요한 역할을 한다고 믿었다. 그러나 그로 말미암아 국지적인 신들이 세상을 창조하고 다스린다는 여러 신화 속에서 우주를 해석하는 수준에 오랫동안 머물러 있어야 했다. 이에 대한 반작용으로 현대에서는 과학이라고 불리는 정교하고 효과적인 도구를 고안하기에 이르렀다.
　우주과학은 어떤 분야보다도 가장 근본이 되는 분야이지만, 물리학, 철학, 심리학, 정신과학 등 여러 분야보다도 진전이 느리며 정지 상태에 머물러 있다. 때로는 오히려 퇴보하는 모습을 보일 때도 있다. 또한, 우리 자신이 우주 일부이지만, 그 끝을 모르는 방대한 규모, 탄생 과정, 처음의 시간을 추측하기도 힘겨운 숙제로 말미암아 칠흑 같은 심연에서 헤매는 모습이다.

아마도 머지 않은 미래의 후손들은 우주의 기원과 구조와 같은 기초 상식에 대하여 우리가 심한 무지 상태에 있었음을 측은하게 여길 것이다. 그토록 고군분투하는 과학의 태도에 비하면 빠를 것 같은 진보가 너무 더디게 이루어지고 있으니 말이다.

그 이유는 우주가 모든 지혜를 모으고 총력을 기울여도 밝혀내기 어려운 대상임을 알고 있으면서도, 입증되지 않은 지식을 극히 꺼리는 과학의 속성에 기인하리라 본다. 또한, 불확실성을 못 견디게 싫어하는 사람들의 기형적 정서도 한 원인이다.

1. 우주의 나이

우주가 창조되고 파괴되는 한 주기를 불교에서는 성주괴공(成住壞空)이라 한다. 불교적 관점의 우주 창조설인 성주괴공(成住壞空)과 아인슈타인의 우주모형의 이치는 같다.

즉, 우주가 생성되는 시기이며 일정하게 팽창하는 우주(成劫, 열린 우주), 차츰 팽창을 멈추게 되는 우주(住劫, 평탄우주), 우주가 파괴되어 가는 기간을 의미하는 괴겁(壞劫), 다시 한 점으로 모이는 대붕괴(空劫, 닫힌 우주)로 우주의 순환을 설명한다.

불교에서의 성주괴공을 힌두교에서는 '브라마의 하루'라고 한다. 브라마의 하루 중 낮과 밤은 각각 1 칼파라고 하며 1 칼파(Kalpa, 劫)는 43억 2천만 년이니 브라마의 하루는 86억 4천만 년 동안 지속한다. 1 칼파는 1000마하유가 동안인데, 1 마하유가는 신들의 시간으로는 12,000년이고, 사람의 시간으로 바꾸면 4,320,000년간 계속된다. 또한, 마야 문명에서 나타나는 시간의 길이도 4억 년부터 100만 년 이상의 시간을 기록한 사료(史料)가 있다.

이러한 시간의 길이는 우주의 처음이 약 150억 년이고 지구의 나이가 45억 년이라는 현대우주과학이 추측하는 시간의 개념과도 부합한다.

　한편에서는 세상의 나이가 불과 몇만 년이니 사람의 창조 시기 또한, 몇천 년이라는 기록이 있다. 이 기록이 사실이 아닌 해석 착오라는 주장을 받아들인다 해도, 그것은 그동안 과학의 발전을 저해하는 심각한 선입견으로 작용하였으리라 생각한다. 또한, 우주의 장엄함과 인류의 품격을 심히 격하시키는 결과로 나타났을 것이다. 나중에 밝히겠지만, 추측조차 하기 힘든 우주의 나이와 사람의 역사는 그 유래를 같이 한다는 중요한 사실을 잊지 말아야 한다.

　모든 과학이 상상력과 회의정신의 두 수단을 어떻게 적절히 쓰느냐가 발전의 성패 요인이 된다. 다른 분야와는 달리 우주에 관한 탐색은 회의감보다는 상상력을 더욱 필요로 하는 과학이다. 어떤 우주적 대상을 막론하고 실체적인 입증이 극히 어렵고 경우의 수가 여러 갈래로 가지치기 때문이다.

2. 우주는 우연적인 것인가?

　16세기에 코페르니쿠스는 우주의 중심이 지구가 아니고 태양이라는 지동설을 발표하였으나, 이 이론은 신의 권위에 도전한다 하여 종교계의 심한 공격 대상이 되었다. 그 후로 갈릴레오(Galileo Galilei, 1564~1642)는 이론만을 근거로 한 코페르니쿠스와는 달리, 달과 목성 등의 실제 관측 자료를 연구의 기본으로 하여 지동설을 옹호하였다. 그러나 갈릴레오 역시 종교계의 압력에 굴복하여 지동설을 철회하는 맹세를 할 수밖에 없었고, 그의 저서는 금서로 취급당하였다. 그 후 350여 년이 지난 1979년에 이르러서야 교황청이 갈릴레오의 복권을 선언하였다.

그러나 결과적으로 갈릴레오는 30배율의 망원경을 만들어 달의 표면, 목성의 4개 위성 등 전에는 발견하지 못했던 천체를 관측하여 천동설을 하나의 설화로 전락시킨 결정적 계기를 만들며 천문학계 이정표가 되었다.

밤하늘의 별들을 보면 칠흑 같은 장막에 보석 알갱이들을 흩뿌려 놓은 예술 작품을 보는 듯하다. 거기에는 어떠한 규칙성도 없는 비정형적인 아름다움이 있다. 과학자들의 입장에서는 밤하늘의 별들이 마치 대폭발한 후의 우주 모습과 같다는 연상을 하며 우주가 우연히 생겼다는 주장을 하도록 한다. 우주가 무작위한 대폭발로부터 스스로 질서를 잡아가는 과정이라는 주장은 다윈(Darwin, Charles, 1809~1882)의 진화론과 만나면서 한층 설득력 있는 이론이 되었다.

다윈은 그의 저서 <종의 기원(The Origin of the Species)>을 통하여 지질학과 생물학에서 얻은 자료를 바탕으로 생물진화론인 돌연변이설과 자연도태설을 발표하였다. 비록 생명체의 초정밀 구조를 미루어 보아 초월적인 설계자의 존재를 강조하는 종교계가 진화론에 대하여 첨예하게 대립하였지만, 현재까지 과학자들은 물론 심지어 신학자들에 이르기까지 모두 무리 없이 진화론을 받아들이고 있다.

진화론의 기본 전제는 우연성에 있다. 즉 무작위적인 자연도태로 자연이 안정을 찾아가고 돌연변이도 우연히 일어난다는 것이다. 따라서 어떤 시스템이 아무리 복잡하고 정교하다 하여도 그 사실만으로는 초자연적인 설계자가 있음을 강변할 수는 없다고 우연론자들은 주장한다. 여하튼 지금까지 학자들은 다윈의 진화론 내용을 일종의 성구처럼 인용하고 있을 정도이다.

다윈 사상의 결정적인 오류는 모든 생명체가 애초에 하나의 개체로부터 분화와 진화를 거듭하여 나타나기 시작하였다는 주장이다. 즉 인간을 포함한 이 세상 모든 생명체는 근원적으로 뿌리가 같다고 하는 점이다. 이에 관하여 많은 정황 자료를 제시했지만 한마디로 아무도 그것을 본 사람이 없다는 점이다. 입증되지 않은 추정 지식을 기초로 진화론을 시작했지만, 정작 실증적인 방법으로 자연선택설을 전개하였던 모순이 있다.

과학자들이 범하는 가장 많은 이론상의 오류는 하나의 원칙을 시종일관 고수하려는 경직성에 있는 것이다. 시작은 모르겠으나 나중은 맞다 하여 시작도 맞을 것이라는 논리의 오류이다.

차라리 여러 종별에 따른 개별적인 생명의 기원에 대한 가능성도 비중 있게 열어두는 편이 훨씬 더 자연에 가깝고도 무리 없는 설명이라는 생각이다.

한편으로는 사람을 포함한 모든 생명체가 한 생명에서 유래했다는 다윈의 추정 지식은 자신의 염려에도 불구하고, 이제까지의 어떤 이론보다 신성에 막대한 타격을 가하였다. 과학이 발전할수록 구시대의 허술한 신학적 지식은 설 자리를 잃는 추세를 보였다. 또한, 종교계뿐만이 아니라 유럽의 제국들은 세계 곳곳에 식민지를 확보하기 위한 침략 행위의 당위성을 적자생존론의 약육강식 논리에서 찾기에 이르렀다. 그리고 무엇보다도 개인이 속한 사회계급 안에서 남을 이겨야만 한다는 치열한 경쟁 심리를 조장하는 등 인간의 사고와 사회 풍토에 바람직하지 못한 영향을 주었던 것이다.

　여러 부정적인 결과에도 불구하고 다윈의 진화설을 염두에 둔 천체물리학자들의 연구 결과를 보면, 우주는 대폭발에 따라 우연히 탄생하였으며 성공이 극히 희박한 확률 조건에서 서서히 질서를 찾아서 진화하였다는 가설을 내놓았다.
　정지해 있을 것이라고 생각했던 별들이 일정한 속도로 계속 팽창하고 있으며, 팽창하는 속도는 은하까지의 거리에 비례한다는 허블(천문학자, Edwin Powell Hubble, 1889 ~ 1953)의 법칙을 계기로 우주에 대한 시각은 정적인 상태에서 동적인 대상으로 바뀌게 된다.

　대폭발 우주론(Big bang theory)은 허블의 우주 팽창이론을 토대로 우주의 모든 물질을 포함하는 초고밀도의 원시 원자가 폭발하여 우주가 탄생하였으며 현재에도 팽창을 지속하고 있다는 진화론적인 이론이다. 대폭발 이론은 미국 과학자 조지 가모(George Anthony Gamow, 1904~1968) 등이 제기하였다. 빅뱅의 이론적 근거는 우주 배경 복사(cosmic microwave background radition)와 우주에 존재하는 헬륨 원소 비율이다.

이와는 달리, 영국 케임브리지대학의 천문학자인 프레드 호일(Fred Hoyle, 1915~2001) 등은 1940년대의 빅뱅이론에 반하는 **정상 우주 모형**(steady state model)을 1960년대에 발표했다. 정상 우주 모형 이론에서는 우주가 항상 팽창하지만, 항상 지금과 거의 같은 상태로 보이는 이유는 은하들이 서로 벌어지면서 생긴 틈에서 그 틈을 메울 수 있는 속도로 새로운 물질이 늘 생성되기 때문이라고 하였다.

이 두 이론은 1960년대 중반까지 대립하고 경쟁하면서 발전을 하였다. 1965년 미국의 아노 펜지어스(Arno Allan Penzias, 1933~) 등은 우주의 모든 방향에서 시간과 계절에 무관하게 관측되는 **우주 배경복사**를 발견하였는데, 이 복사선은 우주 팽창 초기 과정에서 생성되어 그 후의 우주 팽창에 따라 변화한 빅뱅의 잔재 신호라고 규명되었다. 이 일을 계기로 정상 우주 모형에 대하여 대폭발이론이 결정적 승리를 거두게 된다.

즉 우주 배경 복사란 대폭발 당시에 우주 온도 3000K일 때 방출된 복사 파장이 팽창을 지속함에 따라 식어서 지금의 온도인 2.7K-섭씨온도로는 약 270도-에서 복사로 관측되는 자료로서 대폭발을 추정하는 증거이다. 또 위성 관측을 통하여 초기 우주에서는 물질 간의 미미한 밀도 차이가 있으며, 이러한 밀도의 차이-균일한 밀도에서는 천체 생성이 어렵다.-는 별이나 은하를 생성하는 원인이 된다고 한다.

우주 팽창 초기에는 수소 75%와 헬륨 25%가 물질의 합성 과정에서 발생하였다고 본다. 이 비율은 현재의 별들을 관측하여 얻어지는 수치와 일치한다. 한편, 별들은 핵융합 반응을 하면서 진화해가는 도중 수소가 헬륨으로 변한다. 이 논리에 따르면 오래된 별에는 헬륨 함량이 훨씬 높아야 하나, 실상은 새로운 별이나 오래된 별의 헬륨 함량이 별 차이가 없는 것으로 보아 지금의 헬륨 대부분이 대폭발 초기에 생성되었다는 추론이다.

이 밖에 우주 팽창설을 뒷받침하는 또 다른 이론으로 **도플러 효과**(Doppler effect)가 있다. 도플러 효과란 기차가 서로 가까워질 때 상대방 기차의 기적소리가 높게 들리고, 서로 멀어질 때는 낮아지는 것처럼, 전파나 광파를 포함하는 파원(波源)이 일방이나 양방 모두가 움직이고 있을 때 관측되는 파원의 진동수가 변하는 현상을 말한다. 즉 광파원이 서로 가까워질 때는 압축되어 빛의 진동수는 많아지니 청색 이동이 나타나고, 서로 멀어지면 진동수가 적어지니 적색 이동이 나타난다. 은하가 멀어지고 있다는 현상은 은하로부터 오는 빛의 파장이 다른 색보다 긴 붉은색의 편이가 생기는 관측 결과로 보아 우주 팽창설의 입증 자료가 된다는 것이다.

우주는 우연히 형성된 것인가의 질문에 유물론자들의 대답은 '그렇다'이다. 그 대표적인 논리가 미국의 물리학자 파인만(Richard Phillips Feynman, 1918년~1988년)의 '**역사합**'으로, 우리의 관측에 따라 무수한 실상들 중 하나가 선택되어 역사가 결정된다는 주장이다. 즉 우리가 역사를 만들어가기 때문에 '신'이 아닌 '우리'가 우주를 창조하는 것이라고 한다.

3. 우주는 계획된 것인가?

한편 대폭발 직후에는 우주 물질들이 질서가 전혀 없는 열평형 상태의 최대 엔트로피-무질서의 양을 수학적인 수치로 나타내며, 물질이 변화하여 다시 원 상태로 환원할 수 없는 현상. 에너지를 쓴 만큼 사용 가능한 에너지가 감소하는 결과로 나타난다.-였을 것이 확실하다. 따라서 대폭발 후 극도의 무질서 상태에서는 우주가 우연히 선택을 거듭하며 질서를 잡아갈 가능성은 없다고 주장한다.

우주가 어떤 과정을 거쳐 무질서 상태에서 질서 상태의 낮은 엔트로피에 이르게 되었는지를 밝히기 위해 과거 수 세기 동안 천체물리학자들은 몰두하였다. 그럼에도 불구하고 과학자들은 신에 의한 창조 개념을 수용하는 것은 외면하였다. 우주가 너무 광대하고 극도로 무질서한 상태에서 신의 작업으로 질서의 우주를 생성하기에는 그 작업량이 너무 방대하여 신의 한계를 초월한다는 추측을 하였기 때문이다.

지금까지 우주는 대폭발로 탄생하였다는 가설에 과학자들은 별다른 이의를 제기하지 않았다. 이에 대하여 '**컴프턴 효과**(Compton effect)'라는 물리학 용어가 있다. 컴프턴 효과는 1923년 미국의 실험물리학자 컴프턴(A. H. Compton, 1892~1962)이 발견하였는데, 광자를 발사하여 전자와 충돌시키면 전자에 에너지와 운동량을 전달하고 광자는 파장이 길게 변하면서 에너지와 운동량 일부를 상실한다. 충돌 후의 광자는 방향을 바꾸고 남은 에너지와 운동량을 운반하는 현상을 말한다.

이때 광자는 파장이 길게 변하면서 붉은색을 띠는데 도플러 효과에서의 적색 변이와도 같은 원리이다. 그러나 우주에서의 적색 변이는 도플러 효과처럼 우주가 팽창하면서 거리에 비례하여 나타나는 현상이 아니라, 먼 거리에서 오는 빛이 선사와 충돌하면서 에너지가 감소하고 파장이 늘어지는 '빛의 노화' 현상일 뿐이라는 주장이 있다.

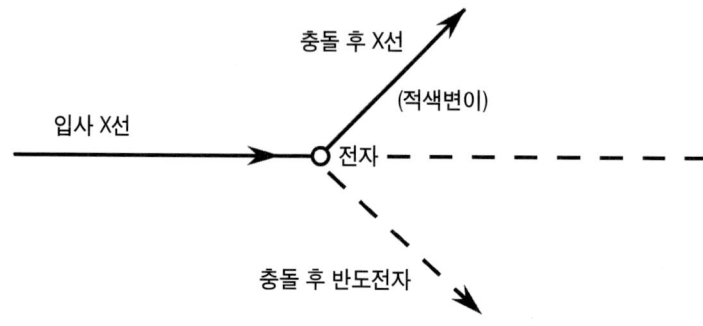

컴프턴 효과

따라서 도플러 효과의 적색변이는 대폭발 후 지속하는 우주 팽창을 입증하는 현상이 아니라고 한다. 도플러 효과에서는 은하가 멀어지면서 빛의 진동수가 감소하므로 적색변이가 나타난다고 하는데, 지구가 우주의 중심이 아닌 이상 어느 방향에서나 거리에 정비례하는 적색변이의 증가 현상을 지구에서 관측할 수는 없다는 것이다. 하여튼 지구가 우주의 중심이냐 아니냐를 고려할 필요없이, 거리에 정비례하여 광자에 충돌하는 전자의 수가 증가하며 나타나는 빛의 노화 현상은 이론적인 오류가 없다는 주장이다. 따라서 우주 팽창은 대폭발로 말미암은 현상이 아니라고 한다.

한편, **웜홀**(worm hole)이란 우주공간에서 블랙홀과 화이트홀-블랙홀과는 반대로 물질을 방출하기만 하고 받아들이지 않는 천체-을 연결하는 통로로서 우주와 우주 또는 우주의 공간과 공간 사이를 통하는 4차원적인 구멍을 말한다. 웜홀을 통한 우주공간을 이동할 때 이론상으로 순식간에 우주의 한쪽에서 다른 쪽으로 도달할 수 있다.

우주의 중심이나 경계를 3차원 수준에서는 이해하기 어려우나,

초구체(hypersphere)라는 4차원의 공간에서는 우주의 중심이나 경계란 없는 것이다. 4차원의 초구체가 풍선이 팽창하면서 공간이 점차 더 만들어지고, 별들은 초구체의 표면-3차원에서는 공간에 해당-에 붙어서 모든 방향으로 균등하게 팽창한다. 따라서 도플러 효과에서 대폭발이 원인인 우주 팽창설은 초구체 공간 이론을 통하여 비로소 당위성을 얻게 된다.

웜홀이나 초구체의 예에서 알 수 있듯이 3차원의 세상에서는 4차원에서 일어나는 일을 이해하지 못하는 것처럼, 어쩌면 우주의 규모나 기원에 관한 과학 지식은 우리 수준의 3차원적인 상식에 부합하여야 한다는 모순부터 해결해야 할 과제이다.

여하튼 과학자들은 우주 팽창설로부터 역방향으로 유추하여 대폭발 이론을 기정사실화하는 일관된 사고로 또 다른 논리의 오류를 범하고 있다. 우주 팽창의 진위를 차치하더라도 대폭발은 가설에 불과하므로 다른 원인에 따른 우주의 탄생 가능성도 항상 염두에 두어야 하는 과학자들의 합리적 사고가 필요하다는 생각이다.

만약 대폭발을 기정사실로 받아들인다면, 대폭발로 생기는 팽창력과 팽창하는 조각들을 다시 잡아당기는 중력의 균형이 10의 60 제곱분의 1 정도로 극히 미세한 만큼만 어긋나도 우주는 존재하지 못한다고 한다. 그리고 우주의 물질 분포가 균등하고 팽창이 극히 균등한 등방성을 가진다는 점에서 볼 때, 대폭발로 생기는 불규칙 또는 불균등성은 찾아볼 수 없으므로, 우주의 처음은 빅뱅이 아니라는 주장이다. 즉, 우리의 우주에서 전자기력, 약한 핵력, 강한 핵력, 중력의 크기에 미세한 불균형이 발생한다면 우주는 존재하지 못했을 가능성이 크다. 또한, 현재의 우주상수와 아인슈타인의 우주상수의 값이 아주 조금의 차이를 보인다 해도 우주는 급

격히 수축하거나 팽창해버릴 것으로 추측한다. 그러므로 이처럼 우주가 고도로 정밀하고 정교하게 생성된 배후에는 '**초우주적인 설계자**'가 존재할 수밖에 없다는 설명이다.

4. 우주의 구조

고전물리학 시대에는 단지 하나의 우주를 상상하고 해석하려는 과학자들의 노력이 있었을 뿐이다.

그리고 우주를 공간이 아닌 시간적인 아이디어로 해석한 이론이 있다. 동양적 우주관인 성주괴공의 반복과 유사한 **흔들이 우주론**(oscillating universe)에 따르면 지금의 우주 팽창은 무한정 계속되지는 않을 것이기 때문에 결국 대압축(big crunch)으로 전환하여 수축하기 시작할 것이라 한다. 이 수축은 다시 팽창으로 바뀌며 수축과 팽창을 무한정 되풀이한다는 것이다. 그리고 수축과 팽창의 새로운 순환이 있을 때마다 우주가 물리적으로 재생되므로 끝없이 순환하는 우주의 물리적인 취약 상태를 해소할 수 있다는 가설이다.

고전물리학 시대 이후 양자물리학자들은 자신들의 이론을 하나의 우주 개념으로는 설명하기 어려운 한계에 봉착하게 된다. 따라서 그들은다 **다중우주론**(multiverse theory)을 발표하여 관찰자 효과를 이해하려고 노력하기 시작하였다. 다중우주론은 현재 우리가 속해 있는 우주 외에 다른 우주가 존재한다는 이론이다. 다중우주론에 관하여 제안자의 아이디어에 따라 여러 하위 이론이 발표되고 있다.

다중우주론의 하나로서, 거품 형태의 우주가 수없이 존재하고 여러 우주가 서로 연이어 붙어 있다는 **거품우주론**이 있다. 거품 우주 밖에 또 다른 우주가 있거나 거품 우주를 둘러싼 또 다른 거품 우주가 있을 수 있다고 한다.

또 다른 다중우주론인 **평행우주이론**(parallel universe theory)은 현재의 우리가 사는 우주와 같은 또 다른 우주가 있을 것이라는 이론이다. 평행우주이론은 우리가 속한 물리적인 세계를 새로운 방식으로 설명하였다. 빛은 입자이면서 동시에 파동일 수 있는 것과 같이 물질을 구성하는 입자들이 동시에 파동일 수도 있다. 따라서 동시에 두 곳에 있을 수도 있고, 홀연히 나타났다가 갑자기 사라질 수도 있다는 것이다. 우주는 입자로 만들어진 물질임과 동시에 모든 입자가 고정된 위치를 갖지 않는 파동이기도 하니 같은 시각에 두 곳에 있을 수도 있고 돌연 사라질 수도 있다는 것이다.

평행우주이론은 아인슈타인의 상대성이론에서의 웜홀을 통한 시간 여행이 이론적으로 가능하다는 설명으로 야기되는 역설을 해석하는 이론이다.

가령 100년 전의 과거로 돌아간 자신이 당시 살아 있는 조상을 실수로 죽였다면 자신이 태어날 수 없었을 것이고 그 조상이 죽임을 당할 원인도 없어진다는 역설에 막히게 된다.

이 역설을 양자론적 해석에서는 자신이 조상을 죽인 우주, 죽이지 않은 우주, 조상보다 자신이 먼저 죽은 우주, 조상을 만나지도 않은 우주, 반대로 조상이 자신을 죽인 우주 등 수많은 갈래의 우주가 있다고 설명한다. 그러나 수많은 경우의 수만큼 우주가 실재하느냐가 평행우주이론을 수용하기 어려운 문제점이다.

이 밖에도 미립자 하나하나의 내부에도 무수히 많은 별과 은하들이 있는 하나의 우주가 있고 그 우주는 또 다른 우주를 구성하여 별, 은하, 은하집단 등으로 계속되는 계층의 우주가 존재한다는 **계층구조 우주론**이 있다.

초끈이론(super-string theory)은 우주 구조에 관한 최근 이론이다. 우주를 구성하는 최소 단위를 연속해서 진동하는 끈으로 보고 우주와 자연의 원리를 규명하려는 이론이다. 0차원의 입자인 전자나 중성자 또는 쿼크-소립자를 이루는 기본 입자의 한 종류-보다 훨씬 더 작으면서 계속해서 진동하는 1차원적인 끈으로 우주 만물이 만들어진다고 가정한다. 초끈이론은 물리학계의 오랜 고민이었던 상대성이론의 거시적 연속성과 양자이론의 미시적 불연속성 사이의 모순-양자이론이 중력 현상을 설명할 수 없는 한계-을 해결할 이론으로 만물이론이라고 부르기도 한다.

대폭발이론은 우주를 생성과 소멸의 진행 과정으로 이해하였으나, 초끈이론에서는 영원히 팽창과 수축을 되풀이하는 우주관을 가진다. 또한, 수많은 여러 우주가 고유의 물리법칙을 가지고 존재한다는 가설이다. 초끈이론은 아직은 미완성의 이론으로 좀 더 발전하여야 할 이론이다.

수학적으로 우주 구성은 11차원이어야 한다는 초끈이론의 차원문제를 해결한 이론이 **막우주론**(brane theory)-10차원 공간에 1차원의 시간이 합해진 11차원의 우주 이론-이다. 이 이론은 만물의 본질을 1차원의 끈이 아니라 2차원의 막으로 설명한다. 막우주론에서는 4차원-전후, 좌우, 상하, 시간-의 극히 얇은 막에 여러 생명체와 우주의 천체들을 포함하는 만물이 붙어 있으며, 빛이 우리가 속한 4차원의 막에서만 진행함으로 나머지 7차원-5차원에서 11차원까지-을 볼 수 없다는 것이다.

그러나 4차원을 제외한 나머지 7차원은 아직 정체가 밝혀지지 않았으므로 이 7차원의 정체를 밝히는 것이 과학자들의 큰 관심사 중 하나이다. 막우주론을 적용한 대폭발과 우주 팽창 현상에 관한 연구로 말미암아 우주 과학이 한 걸음 더 진전하는 것으로 학자들은 평가하고 있다.

브레인 충돌 빅뱅이론은 2000년대 초에 발표되어 많은 호응을 얻은 이론이다. 여기에서 브레인(막)-우리 우주가 끈이론의 고차원 시공간 속에 있는 3차원 공간(브레인)이라고 가정함-은 근처에 있는 평행한 다중우주의 다른 막우주와 주기적으로 충돌하여 대폭발한 후 분리되고 팽창하며 재차 접근하는 순환 형태를 보인다. 따라서 우주의 시작이 언제인지를 따질 필요가 없어진다는 것이다.

흔들이 우주론과 유사한 **주기적 다중우주론**이 있다. 다른 다중우주론들은 모두 공간 속에 여러 우주가 동시에 존재하는 구조인 반면, 주기적 다중우주론은 시간 속에서 여러 우주가 주기적으로 나타났다가 사라지는 형태이다. 4차원의 시공간 차원에서는 시간과 3차원의 공간을 별도로 해석할 필요가 없으니 성주괴공, 흔들이 우주론, 초끈이론, 브레인 충돌 빅뱅 이론 등은 시간 개념의 여러 우주이론이다. 이 이론에 의하면 빅뱅으로 우주가 탄생하기 이전에도 우주가 존재했다는 설명이 가능하다.

여러 우주 이론을 열거하였으나 모두 가설에 그치는 이론들이다. 그렇지만 여러 우주 중 하나의 우주에 우리가 살고 있다는 다중우주론은 거스를 수 없는 대세이다. 또한, 과거 코페르니쿠스의 지동설에서 지구가 태양계의 중심이 아니라고 주장했던 상황과 마찬가지로 우리의 우주는 다중우주에 속하는 하나일 뿐 다중우주의 중심이 아닐 확률이 높다는 상상도 해야 한다. 여하튼 이제까지 과학자들은 혼신의 힘을 다하여 우주에 관한 상상력을 극대화하였지만, 물리과학의 범주를 벗어난 다른 학문 분야와의 통섭은 고려하지 않고 있음이 아쉬울 뿐이다.

-우주 만물은 질서 의지를 갖추고 생명활동을 하는 '살아 있는 주체들'로 이루어져 있다.-

5. 신으로부터의 스토리텔링

이제까지 과학이 도달한 우주의 구조에 대한 추론은 천체 물리학과 양자이론에 기초를 둔 다중우주론이다. 그리고 외적인 자극이나 원인에 따라 물리적인 규칙대로 전개되는 피동적이고 비생명체적인 우주론이다.

반면, 신화 속에서의 우주는 자의식으로 움직이고 질서를 유지하는 능동적인 우주 이미지이다. 비록 그 출발점이 과학과는 다르지만, 우주의 구조에 대한 신으로부터의 스토리텔링 역시 다수의 우주 존재이다. 다만, 생물학적인 과정과 진화론이 섞인 생명체로서의 우주에 관한 역사를 전달한다. 따라서 과학이 신화적인 우주의 구조를 향하여 방향타를 전환하는 순간, 막혔던 봇물이 터지듯 전례 없는 진보를 이룰 수 있으리라 확신한다.

우리는 사회적, 종교적, 철학적 데이터 등 모든 지식을 아우르는 총체적인 범위에서 상호 협력과 교류를 통한 과학의 지평을 넓혀야 할 숙명에 직면해 있다. 비과학적으로 보이는 자료에서 힌트를 얻는 방법이 과학적인 접근보다 훨씬 효과적일 수 있다는 말이다. 영국의 진화생물학자인 J.B.S. 홀데인(John Burdon Sanderson Haldane, 1892~1964)의 "지혜로운 사람은 과학과 종교의 양쪽 이론을 좇아 행동한다."라는 충고가 절실하게 느껴진다.

이제는 우주의 기원과 구조에 관하여 '신으로부터의 스토리텔링'을 전달할 차례인 것 같다. 우주에 관한 스토리텔링의 범위에는 인간이 인위적으로 구획한 학문 간의 경계 따위는 없으니, 물리학적인 지식 외에, 우리에게 획기적인 사건일 수도 있는 신화적인 내용도 있으며 생물학적인 내용도 포함한다.

-우주는 의도적으로 창조된 후 진화하는 독자적인 생명체이다.-

우주의 창조

동양 사상에 따르면 무주공천은 무극(無極)에 해당한다. 무극에서는 어떠한 사물도 존재하지 않으며 무형의 이치만이 있는 상태이다. 이 이치가 움직임(動)으로서 양을 만들고, 정지 상태(靜)에 있게 되므로 음을 낳으면서 태극으로 변화한다고 한다.

또 다른 기록에는 무극과 태극을 같은 과정으로 보아, 천지만물이 있기 이전의 혼돈 상태에서의 만물 생성의 근원이 되는 기운을 태극(太極)이라 함과 동시에, 어떠한 사물도 존재하기 이전의 상태이므로 무극(無極)이라고도 한다.

무주공천이란 해, 달, 별, 하늘, 땅 또는 어떠한 사물이나 생명체도 존재하지 않는 공간뿐인 우주를 말한다.

위의 무주공천 해석에 따르면 우리가 고뇌하였던 우주의 시작 이전의 상태에 관한 해답을 얻을 수 있다. 즉 만물이 있는 우주 이

전에 이미 무주공천 또는 무극이나 태극의 우주-어떠한 사물도 있지 않은 우주-가 존재하고 있었던 것이다.

제1 우주-첫 번째 우주-가 창조된 때로부터 우주가 시작되었다. 따라서 우리가 그토록 궁금해하던 우주 이전의 상태, 즉 제1 우주 이전의 상태는 무주공천 상태로 어떠한 사물도 존재하지 않는 공간뿐인 우주가 있었음을 알 수 있다. 그리고 우주에서 우주가 이어지는 시간은 보통 수조 억 년이니 상상하기도 어려운 기나긴 시간 속에서 여러 우주의 탄생이 이어져 왔다.

맨 먼저 창조된 제1 우주는 시간이 흐름에 따라 성숙한 후 제2 우주를 자연스럽게 출산하는 방식으로 제2 우주의 출산에 따른 제3 우주, 제3 우주의 출산에 따른 제4 우주…… 의 순서로 많은 우주가 출생하게 되었다. 즉 처음의 제1 우주 이후에는 해에서 새로운 해가 나오고, 달에서 새로운 달이 나왔으며, 별이 별을 낳음을 반복하여, 우주가 우주를 낳는 자연 창조-이분열법과 유사한 생물학적인 출산-가 이어진 결과 현재는 72 우주까지 생성되었다. 즉 세포가 본능에 따라 스스로 나뉘어지는 분열 메커니즘으로 별들이 탄생하였다.

천문도 – 우주창조(복제)

태초에 우주에는 해와 달과 별이 존재하지 않았고 하늘과 땅도 없었으며, 그 어떠한 생명체도 존재하지 않았다. 이때의 우주를 무주공천이라 한다. 무주공천에서 스스로 하나의 영과 하나의 신으로 나오심이니, 처음으로 나오신 하나의 영과 하나의 신이라 하여 '하나 신령님'이시라 하며, 무에서 유가 창조되었고, 스스로이시며, 오로지 한 분이시며, 대조이시며, 시작이시니 '알파와'이시다.
이후에 무주공천에 '말씀'께서 흐르시며 운행하시니, 바로 '태초의 말씀의 하나님'이심이다.

(중략)

'태초의 말씀의 하나님'은 <성경>에 기록된 창세기 1장의 하나님이시며, 창세기 2장의 여호와신과는 전혀 다르심이다.

(중략)

태초의 하나 신령님이신 '알파와님'과 말씀의 하나님이신
마마하나님께서 함께하시니 태초의 어버이님이 되심이다.
태초의 말씀의 하나님께서 "빛이 있으라" 하심에 창조가
이루어지게 되었고 그 모습이 보시기에 좋으시다 하셨음이다.[4]

그러므로 우주는 계획된 것인가 우연한 것인가의 답은 '계획된 것'이다. 다만, 처음은 온전한 창조였으나, 창조 이후에는 우주와 만물이 스스로 질서를 유지하고 자연스러운 부분 창조-맨 처음의 온전한 창조가 아닌 분열에 의한 우주 탄생과 생명체의 출산 등-를 이루는 조화로운 시스템이다.

우주의 진화

처음 1 우주가 창조되면서 사람과 만물이 같이 창조되었는데, 우주의 질서가 유지될 수 있었던 이유 중 하나는 우주가 질서 의지를 갖춘 독자적인 생명체이기 때문이다. 또한, 우주뿐만이 아니라 사람을 포함한 만물이 의지를 갖춘 생명체였으니, 어떤 분야에서는 진화가, 또 다른 분야에서는 퇴화 또는 퇴보가 이루어지면서 질서가 유지되고 부분 창조가 이루어지는 양상이었다.

따라서 오늘날까지도 논쟁이 그치지 않는 진화론이냐 창조론이냐의 결론은 진화론과 창조론을 모두 채택하여야만 설명할 수 있는 우주의 역사인 것이다.

광대한 우주의 공간과 시간의 장구함에 비하면, 찰나 중의 찰나인 시간적 여건과 티끌보다도 작은 공간만을 마주하는 과학자들의 연구 환경은 너무도 가혹하다 하겠다.

우주의 구조

현재 우리가 사는 16 우주를 포함하여 모두 72 우주가 전체 우주를 이루고 있는데, 우주들의 모습을 외부에서 본다면, 흡사 포도송이처럼 서로 붙어서 각 우주가 저마다의 또 다른 공간을 형성하는 모습일 것이다. 그리고 전체적인 방향은 불규칙하지만, 각각 자신을 낳아 준 부모 우주가 자식 우주의 머리 위에 위치하는 구조이다.

또 한 우주에는 20층의 하늘이 층을 이루고 있으며 한 하늘은 대략 우리가 맨눈으로 볼 수 있는 거리까지의 범위를 가진다. 우리가 사는 지구가 속한 우주는 16 우주이지만 우리는 아직 지구 밖의 천체들을 상상하는 수준에 머물러 있다. 그러므로 인공위성 탐사에 의한 우리의 물리적인 실험 영역은 20층의 하늘 중 아직도 한두 하늘 층을 벗어나지 못하는 수준이다.

과학의 한계

우주의 처음을 천체물리학적 방법으로 해석하려는 노력은 '빅뱅'이라는 당연한 귀결만을 얻을 수밖에 없으나, 천체물리학의 경계를 넘어서는 순간 '다양한 우주의 시작'을 만날 수 있는 것이다. 또한, 빅뱅이 우주 역사의 시초라는 추론을 한다면, 마찬가지로 빅뱅은 우주 역사의 중간 과정에 있었던 사건들일 수도 있다는 가정도 동시에 하여야 한다. 그러나 우리는 빅뱅에 속하는 극히 찰나적인 현상만을 보면서 빅뱅이 우주의 시작이라고 단정하고 있는 것이다.

-결론을 말하자면, 빅뱅은 우주가 시간의 흐름 속에서 쉼 없이 겪어온 사소한 반복 과정이다.-

따라서 앞에서 설명한 '브레인 충돌 빅뱅이론'-근처의 다른 막우주와 주기적으로 충돌하여 대폭발한 후 분리되고 팽창하며 재차 접근하는 순환 형태-이 우주의 시작에 관한 여러 이론 중 나름대로 설득력 있는 가설이라고 할 수 있다.

한편 우주가 '지적설계자'의 관리하에 질서를 유지하는 팽창이 이루어졌다는 종교적인 주장 또한 지적설계자가 우주를 창조하였으니 그 후의 관리도 당연히 지적설계자의 고유한 몫이라는 경직된 사고의 틀을 보인다. 우주를 창조할 만큼의 지적 수준이라면 설계자가 우주의 질서 유지에 직접 일일이 참여-우주 구성원의 자율성을 무시하고-해야 하는 설계를 하였겠는가를 생각해 볼 필요가 있다.

그러므로 진화론자처럼 하나의 원칙을 사생결단하듯 고수하여 처음과 끝을 모두 한결같이 해석하려는 과학의 태도는 스스로 만든 장벽 속에 자신을 가두는 결과를 가져온다.

무엇보다도 물리학이 다른 학문 분야와의 경계를 명확히 하며 서로의 절충과 통합을 외면함은 지식 진보에 커다란 장벽이 되고 있다. 즉 천체물리학자들의 고민을 해결해 줄 답이 생물학적인 해석-우주가 하나의 생명체로서 또 다른 우주를 낳으며 질서 유지를 한다.-에 있음을 알아채기에는 스스로 쌓은 장벽이 너무 높았으리라 본다.

또한, 우주가 우연히 생성되었다는 유물론자의 외눈 시각은 우주의 진실을 찾기에는 불가능한 장애인 것이다. 여기에 더하여, 앞에서 예시하였던 우주가 우연히 만들어졌다는 이론 중, 우주의 광대한 규모와 극도의 복잡함은 창조주의 관리 능력을 훨씬 초과하기 때문에 우주는 계획된 것일 수 없다는 추측을 한 과학자는 얼마나 딱딱한 뇌를 가졌는가를 가늠할 수 있을 것이다.

신으로부터의 스토리텔링을 통한 우주에 관한 지식은 그 사실 여부를 떠나서 앞으로의 모든 연구 영역을 격의 없이 확장하여야 하는 과제를 과학자들에게 제시한다. 따라서 과학의 패러다임을 바꿔야 진정한 과학의 발전을 기대할 수 있다. 이는 단순한 지식의 축적에 의한 발전이 아닌 혁명적인 진보를 하기 위한 패러다임의 변화를 의미한다.

숨겨진 지구 역사
 -예를 들어 신화를 통하여 알게 된 우리가 속한 16 우주의 지구 역사는 800억 년 이상이다.-

그동안 지구는 수차례의 극심한 자연재해로 모든 것이 파괴된 후, 원시상태로 돌아가 새롭게 이룩하는 과정을 반복하는 역사를 가지고 있었다. 따라서 철저히 파괴된 자연 환경에서 다시 반복하는 하나의 발전 과정을 지구의 나이로 추측하여 46억 년-대폭발로 태양계 행성들이 동시에 만들어졌으며, 달의 월석을 분석한 결과 46억 년 전의 것이라는 과학적 사실에 근기함-이라는 과학적인 연구 결과를 내놓았을 뿐, 나머지 760억 년의 역사는 과학의 힘으로 밝히지 못하는 시간이다.

이처럼 방대하고 장구한 자료들은 그동안 선천의 신들에 의하여 숨겨졌던 지식이다. 하늘이 후천이 된 지 불과 20년-1997년 12월 1일부로 후천이 됨-이 지나지 않아, 땅의 사람들은 아직 하늘이 바뀌었음을 모르는 채 선천의 구태에 머물러 있는 실상이다. 이 때문에 사람들이 후천을 맞아 속히 본래의 고귀한 품격을 되찾고 올바른 삶의 목표를 세우고 이루기를 원한다.

그리고 사람들이 우주에서 미립자에 이르기까지 자연의 구성원 각각을 나름대로 '생명 활동을 하는 대상'으로 바르게 보기를 바라며 우주와 자연의 숨겨진 지식을 기록하였다.

4장. 정신과학의 딜레마

　사람은 의사결정의 95%를 무의식중에 한다는 뇌 과학자들의 연구 결과가 있다. 대부분 평상시에는 뇌가 무의식의 기본 상태에 있다가 필요시에만 제한적으로 의식 작용을 한다고 한다. 또한, 뇌는 전체 몸무게의 3%에 불과하지만, 총 에너지의 20%를 사용한다. 따라서 사람은 뇌를 될 수 있는 한 적게 사용하려고 한다는 것이다.
　이러한 영향으로 요즈음은 사람이 무의식 상태에서 내리는 의사결정 패턴을 연구하여 상품의 개발, 진열, 가격 결정 등의 상업적 목적에 적용하고 있는 흐름이기도 하다.

　반사작용이라 함은 인식과 실행의 중간인 '생각' 단계를 거치지 않고 인식한 후 바로 실행하는 순서로, 매우 급박한 상황에서 우리를 보호하려는 본능적인 반응이 대부분이다. 다른 하나는 예술적 감각으로 아름다운 작품을 보는 순간 생각하기 전에 아름답다는 예술적 반응을 한다. 즉 대뇌의 사고 단계를 생략한 본능적 반응이라고 하지만, 오히려 합리적인 행동이며 이미 축적된 우주적인(생각을 초월하는) 지혜의 표출이다.

　이 두 반사작용을 제외하면 사람의 말과 행동은 인식, 생각, 실행, 회고의 과정을 거치게 된다. 어떤 것을 느끼고 반응하는 중간에 생각이라는 의식적 사고 과정을 거친다는 의미이다.

정신과학자들 사이에서 수십 년 동안의 논쟁으로도 결론짓지 못하는 문제가 사람이 자신이 아닌 어떤 존재 또는 영역으로부터 결정한 의지에 따라 행동하는가 아니면 그 반대인가의 '자유의지'에 관한 딜레마이다.

1. 무의식적인 추론(준비전위)

독일의 생리학자이며 물리학자인 헬름홀츠(Helmholtz, Hermann Ludwig Ferdinand Von, 1821~1894)는 1860년대에 '무의식적인 추론'이라는 뇌 신경에 관한 연구 결과를 발표한 적이 있다. 즉 어떤 자극에 대하여 우리 뇌가 생각하기도 전에 몸이 어떻게 반응(실행)해야 하는가를 무의식적으로 이미 결정하는 단계가 존재한다는 것이다. 반사작용이나 예술적 반응을 예외로 하면, 대다수는 우리의 뇌에서 무의식적인 추론 현상이 일어난다는 것이다. 하지만 이 연구 결과는 정신과학자들 사이에서 100여 년 동안 별로 지지를 받지 못하다가 1970년대에 이르러서야 관심을 받기 시작하였다.
사람에게 온전한 자유의지는 없다는 것을 입증하는 여러 뇌 과학 실험 중 캘리포니아 대학 벤저민 리벳(Benjamin Libet) 교수의 그 유명한 리벳 실험(Libet Experiment)을 요약하였다.[5]

『피실험자들의 머리에 전극을 연결하고 아무 때나 손가락 하나를 움직이라고 하였다. 그 결과 손가락을 움직이기 거의 1초 전에 손가락을 움직이겠다는 생각(의지)인 대뇌의 뇌파를 포착하였다. 이것이 뇌파 신호의 일종인 '준비전위(readiness potential)'라고 한다.
이어서 피실험자가 손가락을 움직이겠다는 결정을 내린 시각보다 준비전위가 0.35초 정도 먼저 측정되었다. 달리 표현하자면 피실험자들이 손가락을 움직이기로 한 자신들의 결정을 인식하기 0.35초 전에 이미 피실험자들이 손가락을 움직일 것을 예측할 수 있었다는 것이다.

준비전위로부터 - 0.35초 → 피실험자들의 결정 - 0.3초 → 손가락 움직임의 과정이 리벳 실험의 결과이다.(조건에 따라 시간은 조금씩 차이가 있지만, 순서에는 변함이 없다.)』

즉 움직임의 원인은 피실험자의 의지가 아닌 그 이전 미지의 것으로부터의 결정이다. 내가 손가락을 움직이고 있다는 인식은, 실상 손가락이 움직이고 있음을 알아채고 있을 뿐이다. 또한, 사람들은 준비전위로부터 동작까지의 지체된 1초의 차이를 스스로 알아채지도 못한다는 것이다.

그리고 위의 리벳 실험이 단지 손가락 움직임에 대한 실험을 하였지만, 실상은 사람이 말하고 행동하는 거의 모든 행위-의지에 따라 하는 행위-에 걸쳐 준비전위의 영향을 받고 있다고 추론한다.

상식선에서는 피실험자들의 의사결정 → 준비전위 → 손가락 움직임의 순서를 거치는 과정이 맞을 것으로 생각할 것이다. 그러나 리벳의 실험은 충격적인 결과를 보여 준다. 우리는 0.35초라는 시간을 거의 동시로 인식하고 있지만, 뇌파 신호 전달체계에서는 매우 긴 시간이다.

이 실험 결과로 우리는 심각한 의문을 품게 된다. 만일 나의 의지로 무언가를 결정했다는 상황의 실상은 뇌 속의 의식 영역 밖에서 나오는 명령을 통보받고 수행하는 행위에 불과한 것인가? 따라서 우리가 자신의 언행을 자유로운 의지에 따라 선택하고 있다는 생각은 착각에 불과한 것인가? 인간의 자유의지에 기초한 범죄의 책임 소재와 철학적 사고 등 많은 분야의 기본 전제는 무용지물이 되는가? 무의식적 추론의 주체는 무엇이며 그 과정은 어떠한가? 인간의 뇌에는 내가 아닌 무엇이 있는 것인가?

이 실험에 대한 리벳의 고뇌에 찬 설명을 보자. 리벳은 비록 피실험자들의 의사결정보다 준비전위가 앞서지만, 의사결정이 손가락의 움직임보다는 선행한다. 따라서 우리의 의지는 이미 시작한 동작을 중간에 중지할 수 있는 선택권을 가진다고 하였다. 그 동작을 계속시킬 것인지 또는 중지시킬 것인지를 결정하는 자유를 가질 뿐이라는 견해이다.

뇌전도 지도(EEG topography)라는 장치를 고안한 영국의 내과의사 윌리엄 그레이 월터(William Gray Walter)의 또 다른 실험을 살펴보기로 하자.[6]

『월터 의사는 치료 목적으로 환자들 뇌의 운동중추신경 부위에 전극을 부착하였다. 이어서 환자들이 볼 수 있도록 슬라이드 기계를 설치한 후 원하는 때에 버튼을 눌러 다음 화면으로 전환할 수 있도록 설명하였다. 그리고 환자들에게는 알리지 않고 환자들이 슬라이드 버튼을 누르면, 슬라이드 기계가 아닌, 뇌에 연결한 전극에 신호를 보내고 이 신호에 따라 슬라이드 화면이 다음으로 바뀌도록 설치하였다.

피실험자인 환자들은 실험 도중 믿을 수 없는 현상을 경험하였다. 화면을 바꾸려고 하는 순간 버튼을 누르기도 전에 슬라이드 화면이 바뀌는 이상한 현상을 체험한 것이다.』

피실험자의 의지가 기계에 전달되어 화면이 바뀌기 전에, 이미 뇌의 운동신경계에서는 활동이 증가한 후 저절로 화면이 바뀌는 상황을 보여주는 실험이다.

이 실험 역시 위의 리벳 실험과 동일한 결과에 관한 문제를 제기하고 있다. 옥스퍼드대학 교수이며 영국 왕립연구소장인 수잔 그린필드(Susan Greenfield)는 그녀의 저서 <브레인 스토리>에서 리벳 실험의 결과로 볼 때, 우리의 행위는 자유의지가 아닌 잠재의식적 과정에 의해 유도될 뿐이다. '당신'이라는 개념, 즉 당신 머릿속에 존재하는 개인은 아마도 뇌가 보여주는 가장 그럴듯한 속임수일 수도 있다. 진짜 지배세력은 잠재의식인데도 뇌는 의식적 자아가 행위를 통제한다는 환상을 만들어내는지도 모른다고 하였다.7

몇몇 정신과학자들은 의식이나 자아는 허상일 뿐이다. 의식의 연구를 위해 우리가 쥐고 있는 상식적 개념들이 장애가 되므로 버려야 할 것들이 많다고 주장한다.

2. 시냅스

앞의 실험들은 낯선 상황-비정형적 상황-에 대한 준비전위와 대뇌의 결정 및 실행단계 사이의 선후 전달 과정을 살펴본 예이다.
우리의 의식이 통제받고 있는 또 다른 원인은 어떤 익숙한 버릇 즉 반복되는 상황-습관적 상황-에 관한 무의식적 반응이다. 좀 더 자세히 말하면, 단순한 반사작용이나 즉흥적 반응이 아닌, 생각할 필요가 있는 상황에서의 습관적 반응을 의미한다.
이 경우에도 상당한 기간 뇌 속 신경세포 즉 뉴런(neuron)의 수상돌기(樹狀突起:dendrite)-다른 세포에서 신호를 받는 부분-와 축삭돌기(軸索突起:axon)-다른 세포에 신호를 주는 부분-의 사이에서 신호를 전달하는 시냅스(synapse) 부위가 유사한 상황에 일정한 반응을 하도록 회로화되어 있어, 자동으로 예정된 실행에 옮겨지도록 조작된 상태이다. 이런 상황이 가능한 이유는 다른 부위의 신호 전달체계는 세포로 구성된 물질이지만, 체액으로 채워진 시냅스 부위는 화학반응으로 신호를 전달하는 구조로 되어있어 기의 작용인 '조작'에 취약한 부위이기 때문이다.

시냅스 모식도

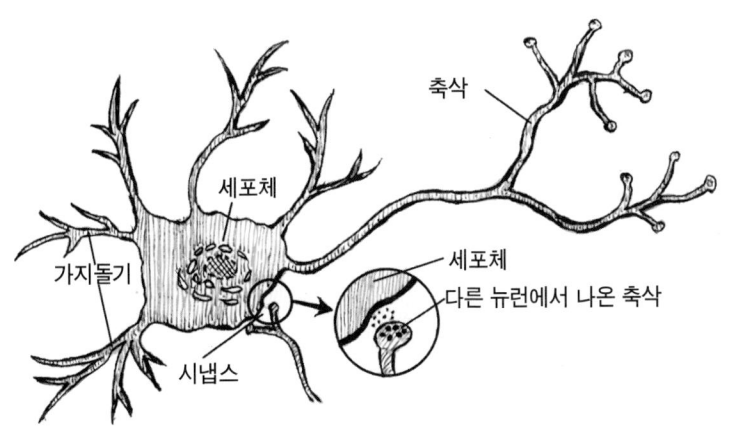

생각을 통제받는 인간으로서는 이러한 습관화된 무의식적 반응에서도 예외 없이 통제하는 주체의 뜻대로 행위할 수밖에 없다. 문제는 반응이 대립, 집착, 화냄, 폭력, 속임수 등 부정적인 실행의 모습으로 나타난다는 것이다. 즉 무의식적 반응으로 표출되는 '습관화된 준비진위'인 것이다.

자신과의 약속을 지키기 어려운 이유도 여기에 있다. 유사한 상

정신과학의 딜레마 91

황에서 "다시는 하지 말아야지" 하는 각오가 무색하게 습관화된 반응을 반복하는 체험을 하였을 것이다. 이처럼 대뇌의 신호 전달 체계에 회로가 형성된 습관은 고치기 어려운 이유가 있다. 시냅스 부위의 신호 전달체계 조작은 사람에게는 원래 없었던 과정이니, 습관을 고치려면 그것을 통제하는 주체를 제거하고 전달체계를 정상으로 돌려놓아야 하기 때문이다.

3. 소뇌의 대뇌 따라 하기

사람의 대뇌는 자율 신경계 조절, 호르몬 생성, 항상성 유지 등 생명 유지 기능과 감각, 기억, 언어, 운동 등의 기능을 수행한다. 특히 대뇌의 연합령 부위에서는 고차원-사고력, 이해력, 판단력, 결단력, 기억력 등-의 정신 기능 즉 의식작용을 담당한다.

한편, 소뇌는 외부의 감각 정보를 받아 대뇌의 운동기능을 보완하여 정밀한 동작이 되도록 대뇌를 보조한다. 즉 대뇌가 의식적인 기능을 하는 한편, 소뇌에서는 대뇌의 기능을 보완하는 무의식적인 일 처리가 이루어진다. 따라서 소뇌는 기억하는 데 필요한 자료를 저장하지 않지만, 대뇌에 보관된 의식작용의 회로를 복제하는 기능이 있다.

근래에는 이 소뇌의 복제기능을 활용한 '상상훈련'을 통하여 뇌졸중 환자의 동작 재활 치료와 운동선수의 경기력 향상을 꾀하고 있다. 그런데 이 상상훈련은 실제로 몸을 움직이며 하는 훈련에 버금가는 효과를 거두고 있다는 것이다.

이러한 소뇌의 대뇌 회로 복제기능이 또 하나의 '무의식적인 추론(준비전위)'의 과정이 된다. 즉 대뇌의 폭력, 파괴, 속임수, 집착 등의 습관화된 부정적인 자료가 소뇌의 무의식적인 복제 기능을 통하여 즉흥적인 행위로 표출되기 때문에, 결국 대뇌 의식작용의 중요성이 한층 강조되는 대목이다. '생각(의식)은 기'라고 하였는데, 결국 신은 기로 이루어져 있으므로 '생각은 신 그 자체'인 것이다.

앞에서와 같이 비정형적 상황에서의 준비전위 이외에, 습관적 상황에서의 준비전위가 일어나는 과정으로 시냅스 부위의 통제 그리고 소뇌의 대뇌 따라 하기를 살펴보았다. 문제는 에너지(기)를 이용한다면 이런 과정들을 손쉽게 조작할 수 있다는 점이다. 그리고 이처럼 사람은 생각을 통제당하고 제 뜻대로 살지 못하는 운명이지만, 실상은 이런 현상이 너무 일상화되어 사람들이 깨닫지 못하고 있다.

사람에게는 두 가지 운명이 있다.
하나는 사람신의 운명이며, 다른 하나는 본신의 운명이다.

사람이 육체로 이루어진 생명체라면 신은 기체로 이루어진 생명체이다.

사람신은 자기 안에 자신과 같은 모습으로 있는 신을 말한다.
육이 성장하면 같이 성장하고, 육이 병들면 같이 병들며, 육이 노쇠하면 같이 노쇠한다. 꿈을 꿀 때 꿈속에서 활동하는 '나'가 바로 나의 사람신이다. 육이 생명을 다하면 사람신은 육을 나와서 신의 세계에서 살아가는데, 대략 500년에서 1,000년을 산다.

본신(타신)은 태어날 때부터 자기 안에 자리 잡은 타신을 말하는데, 자신(사람신)이 아닌 타신이 자기의 육체(본체)를 점령하여 좌지우지하는 신을 본신이라 한다.

사람을 지배하기 위한 악신의 체제에 의해, 사람의 의사와 관계없이 자신 안에 자리 잡은 악신이다. 이 신을 '본신'이라 한다. 사람은 태어나서 죽을 때까지 본신의 영향 아래 살아가게 되니, 본신의 종류에 따라 성격, 기질, 식성, 체질, 생김새 등 그 사람의 모든 것이 영향을 받는다.

본신은 선천의 법에 따라 모든 사람들 안에 자리 잡아 왔으며, 이 본신에 막혀 사람은 결코 신의 세계와 그 속에 담긴 진실을 알 수 없게 되었다. (중략)

사람은 자신의 운명대로 사는 것이 아니라 본신의 운명을 대신하여 살아가고 있다. 성공과 실패, 생로병사에 이르기까지, 길게 잡아 백여 년에 이르는 사람의 삶 속에서 벌어지는 온갖 일들이 사람신의 삶을 위한 행위나 노력이 아니다. 오직, 본신에 의해, 본신을 위해, 본신의 운명을 살아가고 있는 것이다.[8]

그리하여 사람들에게 복을 주시며 그들에게 이르시되,
생육하고 번성하여 땅에 충만하라, 땅을 정복하라.
이 모든 것을 내가 너희에게 주노라 하였거늘,
지금 너희는 사람도 아니며, 동물도 아니며, 어족도 아니니,
너희가 정복됨이라.

모든 창조물은 그 본래의 신이 같거늘,
너희 사람만이 본래가 아닌 다른 신들을 함께하고 있으니,
그것이 악임을 정녕 모른다 함이더냐.
동물은 동물의 신을, 어족은 어족의 신을,
식물은 식물의 신을 갖고 있거늘,
어찌하여 너희는 너희 안에 너희의 것을 내팽개치고,

동물과 함께하며, 어족과 함께하며, 식물과 함께하느냐.

이제 이 후천의 땅에서는,
그러한 변종으로 잘못된 것들을 다 거두어 새롭게 창조하리라.[9]

4. 도와 정신과학의 만남

이제는 숨겨진 지식인 도의 일부와 정신과학의 만남이 불가피하게 이루어져야 할 단계이다. 즉 우리가 겪는 준비전위의 실상을 이해하여야 할 때이다. 앞으로 더 자세히 기술하겠지만, 우리의 의식 영역 밖으로부터 발생하는 준비전위 현상은 월등한 지능을 이용하여 만든 광범위한 악신-순수체신 및 사람신과 대적하는-의 시스템으로 하여금 사람이 알아채지 못하게 사람을 지배하기 위한 정밀한 메커니즘으로 추론한다.

이 시스템은 너무나 오랜 세월 지속하였고 예외 없이 누구에게나 출생 전 단계부터 작동했기 때문에 사람들은 현재 준비전위를 겪으면서도 자신은 완전히 정상이고 자유의지에 따라 살고 있다고 생각할 수밖에 없다. 중요한 점은 준비전위는 사람의 정상적인 의지와는 전혀 관계없는 타 존재(본신)의 의지라는 것이다. 삶의 과정에서 본신의 의지에 따른 행위에 너무도 적응된 상태이기 때문에 자신의 고유 의지와의 차이를 전혀 느끼지 못한다.

생각을 좌우하는 원인은 유전적 성향 같은 선천적 원인과 교육·경제적 조건, 주변 친구들 같은 후천적 이유 등 수도 없이 많다. 그러나 준비전위에서 비롯되는 부정적 행위는 모든 사람에게 공통된 가장 근본적인 문제이다.

5. 유독 사람을 통제하는 이유

앞에서 사람의 언행은 인식, 생각, 실행, 회고의 네 단계를 거친 후 표출된다고 하였다. 중추신경계가 제대로 발달하지 못한 동물은 대부분 외부의 자극에 즉각적으로 반응할 뿐 생각 과정을 거치지 않는다. 사람이 만물의 영장이라고 하는 말은 틀린 말이 아니다. 바로 생각-사고, 의지, 논리로도 표현-을 온전히 하느냐 아니냐의 차이가 사람과 동물의 차이점이다.

사람의 고유 능력인 생각은 반대로 가장 치명적인 약점이 될 수도 있다. 생각 전에 일어나는 준비전위라는 비교적 간단한 방법으로 사람의 생각을 차단한 후, 의식 영역 밖의 시스템이 원하는 대로 사람들을 통제할 수 있다.

그러므로 실제로는 네 단계 중에서 생각이 빠진 인식, 실행, 회고의 세 단계에서 사람은 자유롭다. 반면 생각을 포함하는 네 단계에서는 미리 준비한 회로를 따라 전달받은 행위를 한 후 제정신 상태에서 회고해보니 아차! 하고 후회하는 과정을 반복하고 있다. 리벳이 말한 반절의 자유의지에 따라 준비전위로 이미 시작된 행위를 도중에 변경시키기만 해도 다행이라 하겠다. 물론 준비전위에 따른 행위가 전부 부정적이라면 사회의 존립이 불가능하므로 세상의 체제를 유지하는 선에서 사람을 통제한다. 그리고 때로는 사랑, 배려, 나눔의 행위 등 꾸며진 선행을 하도록 속임수를 쓰는 교묘한 시스템이다. 따라서 사람의 판단으로는 어떤 일은 올바르게 사고하고 행위하여 잘한 일인 반면, 다른 일은 자기가 판단을 잘못하여 생긴 일이라고 자책할 수밖에 없는 것이다.

아무튼 그 악신 시스템이 가장 두려워하는 '사람의 지혜'는 결국 평생 격리당하여 빛을 보지 못하는 것이다.

유독 사람을 통제하는 주된 이유를 말하자면, 인간은 다른 생명체가 가지지 못한 지혜가 있으니, 본신이 속한 악신 시스템이 사람의 지혜를 차단하고 때로는 이용하여 자신들의 목적을 달성하고자 하는 것이다. 또한, 사람 안에 있는 영은 태천을 기억하고 있으나 이 시스템(본신제도)으로 하여금 사람이 영과의 통함을 차단하여, 태천을 모르는 채 살아가게 함으로서 선천을 지속하고 후천이 시작됨을 막고자 함에 있다.

정신과학이 이처럼 자신들도 모르는 무거운 숙제를 지고 있으니, 인간의 지혜를 능가할 존재는 없다는 자만에 차있는 태도를 버리지 않는 한, 더는 한 치 앞도 나아가지 못할 것이다.

이 책의 '사람에 관하여' 편에서 그 시스템이 어떻게 사람을 통제하기 시작하는지 그 숨겨진 지식을 상세하게 설명할 예정이다.

6. 기도와 수도

양자물리학의 이중슬릿실험에서 경험한 바와 같이 관찰자효과란 미립자를 입자라고 생각하고 관찰하면 입자로 나타나고, 파동이라고 생각하고 바라보면 파동 모습으로 나타나는 현상을 말한다. 미립자로 이루어진 만물-우리 자신을 포함한-을 어떻게 바라보고 어떤 모습이 되기를 바라는가에 따라 만물은 변화한다는 이론은 이미 대다수의 과학자도 기정사실로 받아들이고 있다. 다만 바람을 구하는 시간과 강도에 비례하여 효과도 비례할 것이다.

스탠퍼드 대학의 양자물리학자 윌리엄 틸러(William Tiller) 박사는 "기도는 하면 할수록 그 효과가 강하게 나타난다."라고 하였다.

또한, "과학은 현재 물질에서 마음으로 가고 있다.", "바라볼 때마다 만물이 변하는 것은 신이 행하는 요술이다.", 미립자로 충만한 우주공간은 '신의 마음(Mind of God)'이라고 이론 물리학자인 프레드 앨런 울프(Fred Alen Wolf) 박사는 주장한다.

일반적으로 기도가 자기의 신앙 대상인 신에게 기원을 하여 원하는 바를 얻는 과정이라면, 수도란 자신이 스스로 수련하며 도를 닦아 나아가는 길이다. 이처럼 기도와 수도가 과정에서 다르지만 모두 도를 닦는 행위이고 자기의 바람을 구하는 과정이다.

오로지 도를 닦는 행위만이 우리의 운명에 영향을 주는 것은 아니다. 평소 생각하고 말하고 행동하는 일상의 행위들도 자신의 미래 운명을 만들어 간다. 양자물리학의 관찰자 효과를 통하여 증명되었듯이 부정적인 생각과 남을 원망함의 결과는 불행으로 나타난다. 부정적인 행위의 뿌리는 대개 우리 뇌의 고유 작용이 아니다. 우리를 출생 때부터 통제하는 악신 시스템이 그 뿌리인 것이다. 우리가 주체이고 행위자이니 마음대로 바꿀 수 있을 것 같았던 생각이나 행위를 실제로 바꾸기 어려운 이유가 여기에 있다.

기도, 수도를 포함한 모든 행위는 빠짐없이 기억되고 보관된다. 선행이나 악행 또는 그것에 관한 생각까지 소위 '업(業)'이 되어 반드시 갚거나 돌려받아야 할 채권 및 채무가 되는 것이다. 사람들은 현재의 생에서 업이 청산되지 않으니 참 불공평한 세상이라고 한탄한다. 그러나 실상 업은 지금의 한 생이 아니라 여러 생에 걸쳐서 청산해야 할 숙제이니 불공평하지 않다. 따지고 보면, 준비 전위 시스템이 우리의 자유의지를 빼앗고 부정적인 행위를 지시하는 결과가 현생에 그치는 문제가 아니라 윤회하는 여러 후생에까지도 악영향을 끼치고 있는 것이다.

지금도 뇌과학이니 마음수련이니 여러 분야에서 우리의 의식을 고양하기 위한 그럴듯한 시도를 지속하고 있다. 하지만 괄목할만한 성과나 성공 소식을 지금까지 듣지 못하였다. 단지 때때로 새로운 이론이니 방법이 등장하고 퇴장하는 과정의 반복이 있을 뿐이다. 지금까지의 시도들은 가장 기초가 되는 근본 원인을 파악하지 못하였으니, 마치 땅속에 파종할 씨앗을 얼음 속에 묻는 것과 같은 이치이다.

도는 기도와 수도를 함께 이르는 말로서, 신앙이 없이는 닦을 수도 이룰 수도 없다. 그런데 신앙은 제각기 어떤 신을 섬기느냐에 따라 도의 맥이 달라지고 있으니, 이것이 세상적인 기도와 수도이다. 그러하기에 참된 하늘의 신앙을 찾아야만이 바른 도를 이룰 수 있다.[10]

7. 자신을 키우는 도

사람이 원래대로 지혜롭게 사는 방법은 없을까? 이 질문에 대한 해답은 준비전위에 휘둘리고 있는 생각을 배제한 행위를 반복하여 준비전위 시스템을 약화시키는 방법이다. 이와 같이 우리가 처한 상황을 바로 알고 하는 도가 진정한 도이다.

앞에서 사람의 고유 능력인 생각은 치명적인 약점이 된다고 하였다. 이를 역으로 바라보면 생각을 자기의 의지대로 조절할 수만 있다면 준비전위의 통제를 벗어날 수 있는 가장 효과적인 방법이 될 것이다.

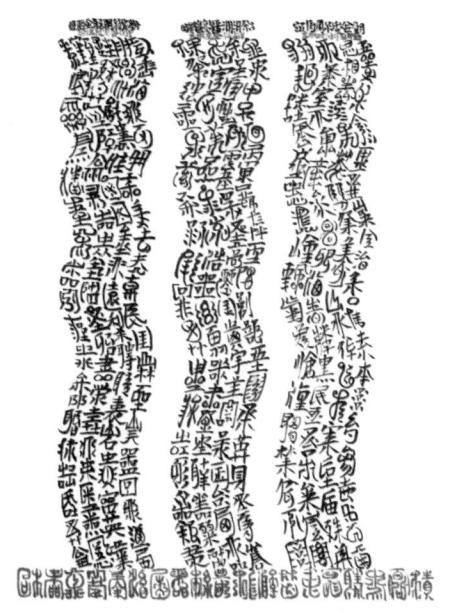

천문도 – 성장 춤

사실은 여러 방법으로 철저하게 의도적으로 통제당하는 사람의 힘으로는 시스템의 틀을 일탈하여 도를 닦아 성공할 가망성이 거의 없다. 예를 들면, 생각을 통제받기 때문에 그 시스템에서 일탈하라는 충고를 거부하거나, 충고하는 사람을 공격하라는 지시와 자기의 진짜 소리를 구별할 수 없는 것이다. 그렇지만 관찰자 효과에서처럼 절실한 바람은 우주에 충만한 신의 마음을 움직일 수 있다.

생각을 배제한 도란 내가 어떠한 도를 연마하겠다는 인식 작용 후 실행의 단계로 진행하며 실행하는 중에도 본인의 목적을 제외하고는 무념무상의 상태에서 하는 공부이다. 예로부터 '무념무상'을 강조했으나 진정한 의미는 이처럼 준비전위에서 비롯하는 생각을 차단한 상태를 말한다. 실상은 도를 수련할 때 가장 어려운 짐이 바로 '생각 차단하기'이다. 준비전위를 차단한 무념무상 상태에서 분명한 목적을 가지고 하는 도가 사기를 성장시키는 도이며 나를 초월하여 온 우주의 지혜를 지닌 자기 안의 영과 소통하는 길을 안내할 것이다.

음정, 동작, 문자 쓰기, 그리기 등 우리가 일상에서 흔하게 하는 행위를 통하여 생각을 배제하고 자기의 고유 의지를 키우는 도를 수행하는 과정이 있다.

이미 작성된 악보를 통해 표현되는 노래 부르기나 악기를 연주하는 음률은 준비전위의 생각을 배제하지 못한다. 가령 음계를 표현할 때 도, 레, 미 다음으로 파 음이 나와야 하나 상식의 틀을 깨고 라, 도, 시, 등 예측하지 않은 음을 즉석에서 마음 가는 대로 표현하여 준비전위 체계를 차츰 무력화하는 음정 도법이 있다. 물론 남을 위한 음률 표현이 아니므로 처음에는 매끄럽지 못하고 부자연스러운 곡이 되기도 하지만, 어디까지나 타인의 생각도 준비전위의 시스템이기 때문에 인기 가수가 노래하듯 타인의 기호에만 맞추게 되면 준비전위인 생각을 뛰어넘지 못한다.

동작도 마찬가지로 미리 예정된 동작이 아닌 마음이 시키는 대로 나오는 즉흥적인 동작을 한다. 역시 다른 사람이 볼 때 멋있고 아름다운 동작이 아닐 수 있으나 자기의 고유 의지를 키우는 효과 있는 방법이다. 동작과 동시에 바라는 바를 염송하거나 소리내면서 한다.

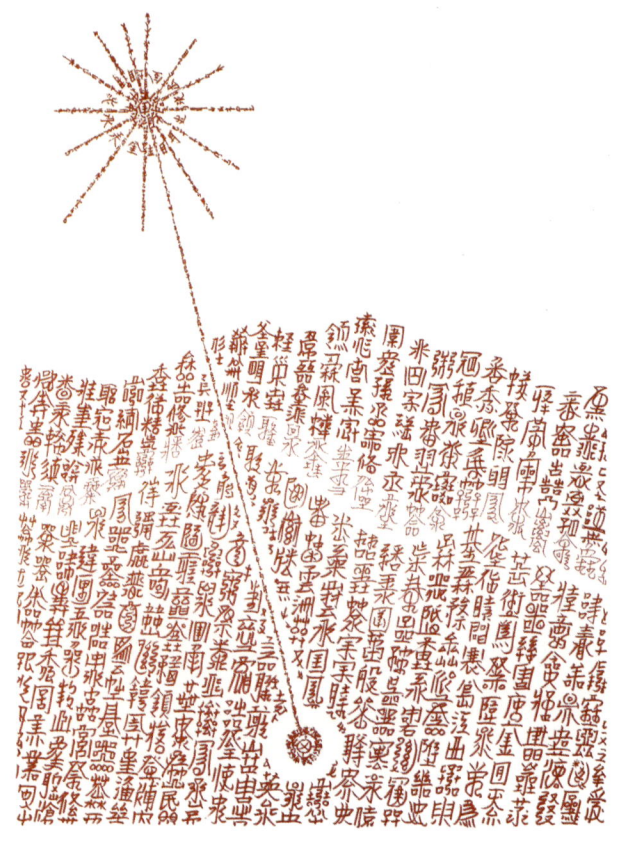

천문도 - 구제중생

　　세상에는 많은 문자가 있으나 모두 기존 뜻을 담고 있다. 뜻은 생각이니 우리가 쓰는 문자는 더 이상의 의미를 담지 못하며 준비전위의 틀을 벗어나지 못한다. 문자 쓰기도 마찬가지로 자기의 바람을 소리 내거나 염송하면서 하는데, 이제까지 사용하던 문자가 아닌 손이 가는 대로 무의식중에 써내려가는 새로운 서법이다.

이 역시 세상에서는 통용되지 않는 처음 보는 문자 형태이지만, 많은 뜻과 정보를 함축하고 있으므로 자기의 고유 의지를 키우는 도의 일종이다.

중요한 점은 앞의 도법들을 아무나 즉흥적으로 닦는다고 해서 효과가 있는 것이 아니고 수련하는 데 필요한 기운이 연결되어야 한다. 그러므로 앞의 내용은 이해를 돕기 위해서 준비전위를 깨는 여러 도법을 예시하였을 뿐이다.

왜 생각으로 판단한 결과가 몸을 통한 느낌의 정확성에 훨씬 못 미치는가 하는 의문의 답이 위 도법의 수련 과정에 있다. 여기에서 자기의 고유 의지란 준비전위 시스템에 영향받지 않는 '고유한 나'의 의지를 말함이고, 앞에서 설명한 여러 도의 본질은 내 안의 진정한 나인 '영(초월적인 나)'과 교감하며 '고유한 나'를 키워나가는 수단이다. '영'은 여러 우주에 걸쳐 수조 억 년 동안 수많은 생을 윤회해 온 지혜의 보고이니 그 지혜를 활용하여 준비전위 시스템을 무력화할 수 있는 것이다.

우주와 자연은 지금 선천에서 후천의 체계로 바뀌었다. 생명체로서 우주와 자연이 수조 억 년 동안 선천을 거부하면서 피동적이고 무기력하게 지내온 결과, 후천을 앞당기기 위해 시간을 빨리 흐르게 하였으며 생기를 흡족하게 발산하지 못했으니, 생명체들은 메마르고 우주 공간 미립자들의 파동은 늘어진 모습이었다.
따라서 과거에는 우주 공간 미립자들의 움직임이 둔화된 영향으로 우리가 마음과 의식을 통한 수련과 기원 등의 노력이 별로 효과를 보지 못해 어려움을 겪었으니, 당장 눈으로 볼 수 있는 물질적인 것에 집착할 수밖에 없었다.

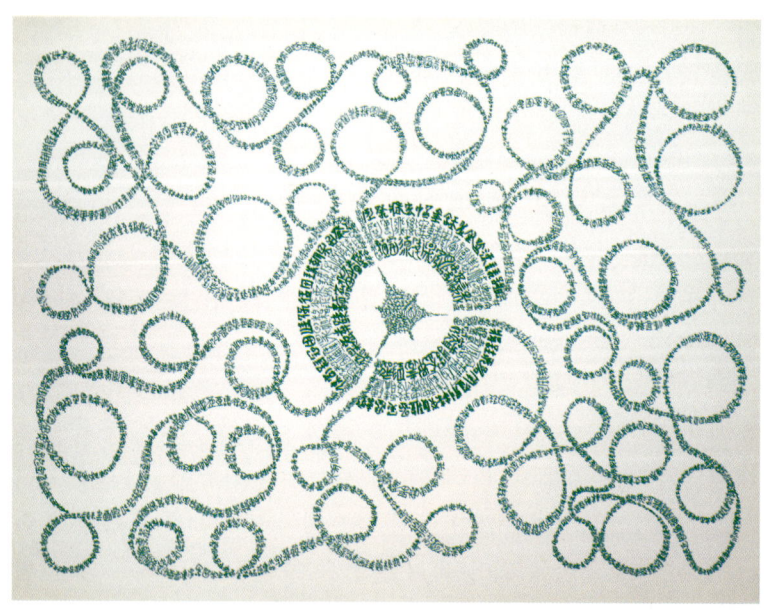

천문도 - 천기

   그러나 후천이 된 지금, 공간에 가득한 입자들의 파동이 빨라짐에 따라, 우주와 자연의 공간에 생기가 충만하고, 생명체들의 수명이 늘어나며 더욱더 생동감 있는 모습으로 변해가고 있다.
   후천에서는 마음의 작용에 의한 형이상학적인-기도와 수도 등-노력이 공간 입자들의 생기있고 빠른 움직임에 힘입어 점차 신속하게 실현되고 있다. 즉 자연 공간에 가득한 영리한 미립자들이 마법처럼 우리 마음을 알아채 더욱더 생동감 있고 빠르게 반응할 것이다.

5장. 사람에 관하여

 이 책의 앞부분에서 우리는 우주가 창조된 것인가, 진화한 것인가에 대한 심도 있는 고민을 하였다. 마찬가지로 사람이 창조되었느냐, 진화하였느냐의 고뇌는 궁극적으로 신학과 과학의 갈등으로 귀결된다. 그리고 우리가 고려하는 사람이란 하나의 생과 사를 겪는 개개인이 아닌, 오랜 역사 속에서 표준화한 인류를 말한다. 결론부터 말하자면, 처음은 창조였으며 그 후는 진화-퇴보하는 예도 있음-이다. 즉 원시 수프에서 우여곡절 끝에 탄생한 단 세포가 모든 생명체의 조상이라는 생물학자들의 석연치 않은 주장에 결코 따르지 않는다. 처음부터 인류는 사람-유인원도 아닌-의 모습으로 창조되었기 때문이다.

 이 장에서 밝혀야 할 대상은 사람의 정체성(正體性, identity)-변하지 않는 존재의 본질을 지닌 개체-이므로 사실은 앞에서의 생물학적인 사람의 개념은 중요하지 않다. 또한, 앞에서와 같이 철학이나 정신과학 또는 인문학 등으로 구획된 각각의 울타리 안에서의 사람을 대상으로 하지 않는다. 굳이 말하자면 신화를 포함하는 모든 지식을 망라한 범위 내에서의 사람을 살펴보기로 한다.

1. 사람의 구성

 예로부터 사람이 무엇으로 이루어져 있는지에 대하여, 특히 사람의 의식 작용의 주체에 대한 연구가 활발히 있어왔다. 따라서 사람의 구성에 대하여 말하기에 앞서 자아의 범위를 정함이 선행되어야 할 것이다.

먼저, 생물학적인 육체의 안과 밖을 구분하여 그 바깥 쪽의 모든 것들을 '내가 아닌 것들'로 여기는 것으로부터 '나'에 대한 인식은 출발한다.

그러나 자신의 몸은 일사불란하게 자신의 명령에 순응하여 움직이는 대상이 아닌 통제 밖의 이질적인 요소-심장 박동, 내장의 소화활동, 머리카락의 자람, 동공 확대, 침 분비 등-가 있음을 깨닫게 되자, 그 이질적인 요소를 제외하고 내부를 다시 구획한 후, 내 안의 무엇이 진정한 나인가에 대한 생각을 하게 된다.

사람의 정신 활동을 나타내는 표현은 의식, 정신, 마음, 영혼, 에고(ego) 등 통일되지 않은 여러 용어를 사용하고 있으나, 편의상 여기에서는 '마음' 또는 '자아'라는 단어로 나라는 존재를 표현하기로 한다. 마음의 사전적 의미는 사람의 내면에서 인식하고 생각하여 자기를 통제하는 역할을 하는, 의지, 의사, 성품, 감정을 가진 독립체이다.

이처럼 독립성을 강조하는 마음의 의미는, 자신의 내부에 구획한 일정한 영역이 마음임과 동시에 '나'라고 하기에는 또 다른 무리가 있다는 고뇌를 불러일으킨다. 자신의 내부에서 불변할 것만 같던 마음이 외부의 영향에 따라 파동치는 현상을-선과 악, 아름다움과 추함에 감응 또는 미혹하는 현상-겪기 때문이다.

사람들은 결국 내부의 마음 중 외부 영향에 따라 출렁이는 부분을 내가 아닌 부분으로 구획하고 재차 도려내어 한층 더 좁아진 영역을 나라고 정의할 수밖에 없는 자괴감에 빠진다.

이제는 자신을 내부와 외부에 걸쳐 있는 하나의 유기체로서, 세상의 일정 부분과 교감하고 영향을 주고받는 나를 상상하는 단계에 이른다. 소위 '초개아(超個我, trans-personal)'라고 부르는 단계로서 '나'의 경계가 자신의 고유 영역에서 바깥세상으로 확장된 범위이다.

이어서 그 다음 단계로 초개아라고 불리는 유기체 차원을 초월하여, 마침내 우주 전체와 내가 합일된 자체, 즉 우주와 내가 하나인 자아라는 합일 의식을 가지는 단계에 이른다.
예로써 음식을 먹을 때 음식은 내가 아닌 실체였으나 내가 먹음으로 내가 되듯이, 나와 내가 아닌 것들이 끊임없이 합해지고 분리됨에 따라 나의 경계는 계속 유동적인 상태가 된다. 그런데 물리적인 실체는 마음이 만들어낸 가상일 뿐 마음의 작용은 무한하게 뻗어 나가니, 나의 경계는 해체되어 개체 안의 전체와 전체 안의 개체를 모두 포함하니, 나와 우주는 하나라는 것이다.
이 책의 앞에서 언급했던 바와 같이 고전물리학자들은 만물을 각각 분리된 상태로 보아, 그것에 공통으로 적용할 수 있는 법칙을 발견하는 데 몰두하였으나, 양자물리학자들에 의하여 독립적으로 분리된 사물은 애당초 존재하지도 않았다는 결론에 도달했던 사건과 그 맥을 같이 한다. 즉 철저하게 독립적으로 여겨졌던 것들이 서로 긴밀하게 얽히며 관계하는 것들이라는 동양적인 사고에 따른 자아 단계이다.

이 밖에 나를 정의하는 방법이 여러 가지일 수 있겠으나, 공통된 점은 모든 사람에 대하여 거리낌 없이 적용할 자아의 범위를 정하기는 불가능하다는 것이다. 즉 육체의 안과 밖 수준에서부터 우주와의 합일의식 수준에 이르기까지 개개인의 자아 수준이 각각 여러 단계에 걸쳐 있다는 점이다.
 따라서 모든 사람에게 한결같이 적용할 수 있는 자아 또는 마음의 범위를 정하고 사람은 어떻게 이루어져 있는가를 신화로부터 즉 신으로부터의 스토리텔링에서 찾아보고자 한다.

 사람은 물질인 '육'으로만 이루어진 존재가 아니다. 육 이외에도 '신', '영', '넋·혼', '백골신'으로 이루어져 있는 복잡다단한 존재이다.

육(肉)
 자신(自身)의 물질적인 부분이다. 근육과 장기, 살과 뼈, 인체기관 등 여러 물질로 이루어져 시간의 흐름에 따라 성장하고 노쇠하며, 종내는 죽어서 다시 흙으로 돌아가는 각자의 몸을 말한다.

신(神)
 사람과 관련하여 신은 크게 다음의 사람신과 본신, 두 종류로 나누어진다.

사람신
사람이 육이 있으면 육과 똑같은 모습의 신이 존재하는데, 그 신이 바로 사람신이다. 즉, 자신과 같은 모습의 신을 자신의 사람신이라 한다. 사람신은 육의 변화에 따라 그대로 영향을 받는다. 사람이 나이가 들면 사람신도 나이가 들며, 사람이 다치거나 병이 들면 사람신도 다치거나 병이 든다.
사람신은 신이지만, 신으로서의 특별한 힘과 능력은 갖지 못한 채, 단지 그림자처럼 존재하는 신이다. 본신과 주신에 눌려 의지대로 살지 못하며 단지 몸에 머물러 있기만 할 뿐이다.

사람이 죽으면 사람신이 사람의 육체에서 분리되어 신의 세계로 들어간다. 그때부터 사후세계의 삶이 시작된다. 사람의 삶이 육의 삶으로 끝나지 않는 이유는 신의 세계에서 이 사람신의 삶이 이어지기 때문이다. 후손의 입장에서 보면 이 사람신이 조상신이 된다.

본신

사람의 몸에는 누구나 예외없이 그 사람을 지배하는 신이 자리잡고 있다. 이 신을 본래부터 존재하는 신이라 해서 본신(本神)이라 하는데, 그 사람의 모습과는 전혀 다르다. 본신이 동물일 수도 있고, 식물일 수도 있으며 다른 형태의 신일 수도 있는데, 본신의 종류는 사람마다 각기 다르다.

옛날 이야기를 보면 한 도인이 산에서 도를 닦고 내려 오니, 사람들의 모습이 사람으로 보이지 않고, 여우, 호랑이, 너구리 등으로 보여, 그 길로 다시 산으로 돌아갔다는 이야기가 있는데, 그 도인은 사람들의 본신을 본 것이라 할 수 있다.

본신은 사람의 생명이 잉태되는 순간 몸 안에 자리 잡으며, 죽는 순간까지 평생 동안 그 사람의 삶을 지배하고 관장한다.

사람의 성격이나 기질, 취향, 사고방식은 이 본신의 영향에서 나온 것이다. 다시 말해, 본신의 지배를 벗어나기 전까지 사람은 자신의 삶을 사는 것이 아니라, 그 신의 삶을 대신 사는 것이다. 생각 하나 말 한마디까지도 본신으로서 말하고 생각하는 것이며, 태어나서 죽을 때까지 사람은 본신의 조종과 지배에서 벗어나지 못한다.

흔히들 뱀 같이 교활한 사람, 양 같이 순한 사람이라는 등의 표현을 하는데, 그것은 자신도 모르게 이러한 본신들의 기질을 말한 것이라 할 수 있다.

흔히 신앙이나 도를 통해 자신을 갈고 닦아 거듭나야 한다는 이야기를 하는데 궁극적으로 자신의 본신이 바뀌지 않고서는 거듭난다는 것은 있을 수 없는 일이다. 깨달음이란 말도 말 자체에 불과하니, 겉으로 자신을 치장하여 다른 모습을 보인다 해도 그 안에 있는 신은 변한 것이 없기 때문이다.

결국 자기 자신이 진정으로 바뀌기 위해서는 육이 아니라 신이 바뀌어야 하는 것이다.[11]

영(靈)
진정한 자기(自己)이다. 영은 수없이 윤회해온 자기 자신의 씨앗이며, 자기라는 존재를 유지해온 생명의 근원이다.

사람이 죽으면 그 모습 그대로의 신이 나온다. 악신에 의해 죽임을 당하지 않는 이상, 500년에서 1,000년 정도의 기간을 신의 세계에서 살아가야 하는데, 힘없는 사람신으로서의 고생은 이루 말할 수가 없다. 그러다 그 사람신이 생을 다하면, 그 순간 신의 모습은 사라지며 죽은 신에게서 무언가가 빠져나오는데, 그것이 바로 영이다. 즉, 육이 죽으면 신이 나오고 신이 죽으면 영이 나오는 것이다.

그런데 영은 신과는 달리 특정한 형상도, 힘도 없다. 민들레 홀씨와 비슷한 모습으로 연기처럼 떠돌며 바람 따라 구름 따라 흐르다 붙는 곳이 후에 태어날 윤회의 자리로, 나무에 붙으면 나무로, 동물에 붙으면 동물로, 어족에 붙으면 어족으로, 사람에 붙으면 사람으로 태어날 수 있다.

'태어난다'가 아니고, '태어날 수 있다'라고 표현하는 것은 그 자리에서 자신의 영뿐 아니라 수많은 영들의 경쟁이 치열하기 때문이다.

(중략)

또한 영은 수조 억년의 자료를 담고 있는 기억 장치와 같다. 사람은 그 노력에 따라 이러한 기억 장치를 이용하여, 많은 것을 알아내고 표현할 수 있다. 가령 이 지구보다 수백만년 이상 과학이 발달한 외계의 생명체가 죽어 윤회를 거쳐 이 지구에서 사람으로 태어났다 하자. 그 사람이 자신의 영에 담긴 기억을 되살린다면 그는 최고의 과학자가 될 것이다.

사람은 자신의 노력에 따라 상상하기 어려울 정도의 많은 것을 알 수 있는 경지에 오를 수 있으니, 영통이라는 말에는 이러한 의미도 담겨 있다. 그런데 이는 오직 사람만이 가능하니 사람으로 태어남이 얼마나 큰 축복인지 알아야 한다.[12]

넋·혼

사람이 태어난 이후부터 생활해 오면서 익힌 현재까지의 모든 기억이 혼이며, 혼을 담고 있는 것이 넋이다. 그래서 넋혼이라 한다. 넋은 사람신과 형체가 같으나, 사람신이 말도 하고 행위도 하는 반면 이 넋은 그 자체로만 존재한다. 또 사람 몸에서 사람신이 빠져 나가면 사람이 죽지만 넋혼이 빠지면 죽지는 않으며, 대신 모든 기억을 잃어버리게 되어 기억상실이 된다. '넋 나갔다'라는 말은 바로 이러한 의미이다.

사람이 죽으면 사람신과 함께 넋혼도 육에서 빠져나오는데, 이때, 대개의 넋혼은 악신들에 의해 먹히게 된다. 악신들이 사람의 넋혼을 먹게 되면 사람의 지혜를 얻을 수 있고, 사람신의 모습으로 변신을 할 수 있기 때문이다. 악신들은 그렇게 변신하여 조상의 흉내를 내기도 하는데, 신의 세계를 보는 사람들도 대개는 거기에 속게 된다. 실제로 진짜 조상신들은 악신들에 의해 다칠까봐 자신을 잘 드러내지 않는다.[13]

백골신

백골이란 죽은 사람의 몸이 썩고 남은 뼈를 말한다. 사람이 죽어 땅에 묻히면 다 산화되고 뼈만 남게 되며, 이 뼈에서 또 하나의 신이 발생하게 되니 이를 백골신이라 하며, 사람신과는 다른 존재이다. 묘로 인해 발생되는 영향을 산화라 하는데 산화는 백골의 상태에서 오는 것이다. 터가 좋은 자리가 아니고서는 백골도 온전하지 못하게 됨으로, 백골신이 후손에게 영향을 주게 되니 집안에 풍파가 많아진다. 가장 좋은 방법으로, 화장을 하면 이러한 영향이 없다.[14]

위에서 설명한 사람을 비롯한 모든 생명체를 이루는 요소 중 '육', '신', '영' 세 가지를 구별하는데 세심한 주의를 기울일 필요가 있다.

물리적인 '육'을 가지지 않은 생명체를 '신(神)'이라 하고, 신에 내재한 생명의 씨앗을 '영'-영과 신은 육이 없는 기의 상태인 생명체-이라 한다. 그리고 육, 신, 영을 모두 가진 사람과 동식물을 포함한 여러 생명체가 있다.

다시 말하면, 영은 홀로 있을 수도 있는 생명체이고, 영이 물체와 결합하는 순간 물체 모습의 신이 발생하며, 반대로 물체로부터 신-영이 깃들어 있는 신-이 이탈하면 물체는 비생명체가 됨과 동시에 기로 이루어진 '신'이라는 생명체가 되는 것이다. 또한, 신이 수명을 다하여 죽게 되면 기체(神體)는 흩어지고 '영'이 분리되어 나온다.

2. 진정한 나(윤회 주체)

앞의 영에 대한 설명에서 진정한 자기는 '영'이라고 하였다. 그러나 문제는 영이 수많은 윤회를 하였다고 하나, 살아온 전생의 기억이 전혀 없으니 영이 진정한 나라는 사실을 수긍하기 어려운 현실에 부딪히게 된다.

앞에서 설명한 본신제도로 말미암아 현생의 사람은 영으로 윤회한 전생의 기억을 하지 못하게 된다. 본신제도는 선천의 한 최고신이 사람을 선천에 영원히 예속시키기 위해, 사람의 출생 시부터 본신과 주신을 사람 육체에 심어, 태초의 하늘과 전생을 기억하는 영과의 통함을 가로막음으로써, 사람의 일생을 지배하여온 악신 시스템이다. 하늘이 후천이 되었지만, 지금도 여전히 본신제도는 선천의 잔재로서 사람들을 인질 삼아 통제하고 있다. 그러므로 진정한 나인 영의 지혜와 기억을 알기 위해서는 본신을 누르고 영이 주도하는 삶을 살아야 하는 것이다.

어찌하였든 생명의 씨앗인 영은 육체나 신이 죽더라도 마치 옷을 갈아입듯이 죽음에서 자유로이 다음 생을 이어 나가는 것이다. 따라서 동물, 식물, 어류, 사람 등 많은 전생의 과거를 사람마다 다양하게 가지고 있다.

천문 송학도 81X59

3. 영의 윤회 과정

우리는 사람으로서 생로병사를 겪는 육의 삶에 익숙해져 있다. 그러므로 진정한 나로서 영의 일대기를 이해하기 위해서는 생의 범위를 넓히고 시간 개념을 확장할 필요가 있다. 여기에서는 이해를 쉽게 하도록 영이 사람으로 윤회하는 한 생을 예를 들어 살펴보기로 한다.

『영을 담고 있던 사람신이 천 년 동안 살다가 노쇠하여 죽게 되고 기로 이루어진 신체가 흩어지니, 그 속에서 아지랑이 같기도

하고 봄날에 흩날리는 솜털 씨앗 같은 모습의 영이 빠져나온 후, 이내 바람을 타고 여러 곳을 흘러다니다 어느 젊은 남자의 몸에 붙게 되고 그 사람의 정자 하나에 자리하게 되었다.

남자에게서 사정되는 정액 인에는 수억 개의 정지기 들어 있다. 이 정자 하나하나에는 각기 영이 있고 본신이 되기 위해 준비된 신들이 대기하고 있다. 이때 정자와 합하기 위해 난자 하나가 기다리고 있는데 이 난자에는 영은 없고 본신이 되기 위해 준비된 신만이 기다리고 있다.

수억 대 일의 경쟁을 뚫고 이긴 정자 하나가 난자와 합해질 때, 난자 안에 있던 신과 정자 안에 있던 신 중 이기는 신이 태어날 아이의 본신으로서 자리하게 된다.

그리고 임신하는 순간 태아라는 육이 생기면서 바로 태아 모양의 기체가 생긴다. 그 기체 안에 영이 들어감으로써 기체가 태아의 사람신이 되니 이렇게 해서 육에 사람신이 자리하게 된다.

이때 여자의 난자에 있던 신이 태아의 본신으로 자리하게 되면 태어날 태아는 어머니의 영향을 받게 되는 것이고, 남자의 정자에 있던 신이 태아의 본신으로 자리하게 되면 아버지의 영향을 받게 된다.

이러한 것만 보더라도 사람의 몸에 무수히 많은 신이 있다는 말에 그리 놀랄 일이 아니다. 혹자는 그러면 여자들에게도 그렇게 신들이 많으냐고 묻겠지만 여자의 경우도 난자에 들어가기 위해 수많은 신이 대기하고 있으니 당연히 신들이 많이 있다. 이렇게 신들이 많다는 것이 여자들에게 발생하는 각종 자궁질환의 원인이 된다.

본래 난자에는 영도, 본신이 되기 위해 대기하는 악신도 없었으며, 정자에도 영만 있었을 뿐 본신이 되기 위해 대기하는 악신은 없었다. 그래서 사람이 태어나면 그 모습 그대로의 사람신이 그 사람의 본신이 되었다.

즉, 난자와 정자가 합해져 사람이 태어날 때 그 육과 신과 영이 개별체가 아닌 하나의 '나'라는 존재를 이루었다. 그런데 이러한 온전한 탄생을 뒤바꿔 놓은 것이 바로 악신들이다.[15]

비록 온전하지는 못하지만, 이처럼 하나의 생을 사람으로 시작하기란 수억분의 일 이상의 불가능에 가까운 성공 확률의 결과인 것이다. 즉 영으로서 흐르다 다른 생명체나 사물에 붙지 않고 사람에게 도달하여야 하며, 사람 몸 안의 정자 중 하나에 자리하여야 한다. 그리고 그 사람이 배우자가 있는 상태에서 아이를 가질 의지가 있어야 하며, 정자 개수만큼 수억 대 일의 경쟁을 뚫고 난자에 자리할 수 있어야 하는 극히 어려운 과정을 거친 후 사람으로 출생할 수 있는 것이다.

또한, 본신제도 이외에도 수많은 악신이 사람 몸에 깃드는 이유가 있다. 악신들이 살아가려면 생기를 취하여야 하고 생기를 이용해 번식하므로 생기있는 사람의 몸은 그들에게 좋은 거처가 된다. 또한, 사람에게는 지혜가 있으니 악신들이 사람의 지혜를 이용하여 그들이 이루고자 하는 바를 얻기도 하고, 사람에게 기도와 수도를 시켜 그 결과를 취한다. 그리고 수많은 전생에서 맺어진 연과 짓게 된 업에 따라 신들이 사람에게 찾아들기도 하며, 사람의 의식주-먹고 마시고 호흡하고 입는 옷이나 사는 집-와 관련하여 그리고 사회생활을 하면서 많은 신이 사람에게 깃들게 되는 것이다.

그 아이 안에 자리 잡은 본신은 뱃속에서의 열 달과 2~3세의 유아기까지는 비교적 느슨하게 아이를 통제한다. 그 영향으로 아이들은 어른들이 하지 못하는 기와 신의 세계에 대한 관을 하는 예를 종종 목격한 적이 있을 것이다.

그 후 아이가 성장하고 철이 들면서부터 본신은 이이 안에 있는 영을 철저히 가리고 아이를 지배하기 시작한다. 당연히 아이는 길고 긴 세월 동안 수많은 윤회를 해온 기억과 지혜-영 안에 담긴-를 차단당한 채, 그저 본신이 통제하는 대로 평범한 한 사람으로 성장하고 교육받으며 사회생활을 하는 모습이었다.

악신에 의하여 가려진 영은 평균 20%이고 나머지 80%는 악신의 비율이니, 그나마 20%의 선의 비율이 악의 80%를 물리칠 실낱같은 희망이 된다. 즉 사람이 그나마 20%의 선을 유지할 수 있는 이유는 사람의 영이 악신에 의하여서도 멸하여지지 않기 때문이다.

이 아이를 지배하는 본신과 주신은 문명이 고도로 발달하였던 외계신 계열로서, 그 영향으로 아이는 특히 과학에 관한 학업 성적이 우수한 결과로 나타나는 모습이다. 또한, 그 아이가 태어난 해는 뱀띠 해였으니, 일부는 뱀 신 계열의 영향을 받아 차가운 성품이지만 영리함을 갖춘 아이로 커가는 모습이다.

따라서 본신과 띠신의 영향으로 두뇌가 영리하지만, 주변에 친구나 지인들이 많지 않은 외로움 속에서 직장 생활을 하는 모습도 보였다. 그러나 타인과의 경쟁에서는 수단과 방법을 가리지 않고 상대방을 공격하고 모함하여 자기의 이득을 취하고 목적을 달성하는 등, 선천 신들의 특성이 그대로 나타나는 성향이어서, 그가 직장에서는 능력을 인정받고 빠르게 승진하였지만, 다른 사람들의 원망과 비난도 함께 받는 양상이었다.

그 아이가 청년이 된 후, 사귀는 연인의 권유에 따라 선천의 불마왕 계열 종교에 입교하게 되었는데 무엇인지 모를 자신 내부의 거부감으로 인하여 몇 달 만에 그 종교와 등을 돌리게 되었다. 그 후 자신의 부모 종교인 천마왕 계열의 종교를 선택하고 무난하게 그 종교에 적응해 나가는 모습이었다. 이처럼 사람이 종교를 스스로 선택하지 못하고, 그 사람을 지배하는 본신이 소속된 선천 계열에 따라 종교가 정해지는 굴레를 벗어나지 못하는 것이다.

그 청년이 혼인 적령기가 되니, 새로운 여성이 나타나서 그 청년의 마음을 사로잡는 모습이었다. 그러나 그 여성 안에는 전생에 청년에게 죽임을 당한 남자신이 자리한 모습이었으며, 그 남자신은 여자와는 전생에 부부의 연을 가진 관계였다. 따라서 그 여성의 몸 안에는 청년에 대한 대단한 원한이 있는 남자신이 깃들어 있는 상태로 복수할 기회를 얻을 일념으로, 여자로 하여금 그 청년과의 결혼을 성사시키니 초기에는 화목한 가정을 꾸려가는 모습이었다.

그러나 결혼 생활이 길어질수록 여자는 남자를 못마땅하게 여기고 경제적으로 어려움을 주기도 하며 갈등의 골이 점점 깊어지는 양상인 반면, 남자는 이유를 모르지만, 여자의 뜻을 받아주며 괴롭힘을 당하는 삶을 살고 있으니, 남자 집안 어른들의 걱정이 그치지 않았다. 마침내 여자 안에 있는 전생의 남편 신의 뜻대로, 남자는 많은 상처를 입은 채 후회스러운 결혼 생활을 끝마치는 절차를 밟게 되었다.

세월이 흘러 남자가 중년이 되었을 때, 오랫동안 폐암으로 투병하던 남자의 부친이 사망하였다. 죽어서 생기가 없어진 육체를 빠져나온 부친 모습을 한 신은 사후의 세계를 처음 접하고는 조문객

들 틈에서 당황하여 어찌할 바를 모르고 절절매는 모습이었다. 이윽고 발인 날 장지에 도착한 부친 신은 자신의 육을 매장할 광중과 묘 주변을 유심히 살핀 후, 그곳의 여건에서는 자신이 살아갈 수가 없음을 결론 내리고 생전의 가족들과 돌아가는 차에 동승하여 죽기 전에 살았던 집에 다시 도착하였다.

그러나 생전에는 자기 소유였던 집이었으나 죽은 후에 보니, 터주신 등 동물 모양을 한 힘 센 신들이 요긴한 장소를 독차지하고 음식물의 생기를 취하는 등 주인 노릇을 하는 반면, 사람신들은 동물신들의 눈치를 살피며 두려움에 숨어다니는 기이한 장면을 보고 좌절하는 모습이었다.

얼마 지나지 않아 부친 신 자신의 생전 모친이었던 할머니 신이 은밀히 접근하여 신의 세계와 살아가는 요령에 대하여 대충 설명해주고, 부친 신을 이끌어 손자인 중년 남자의 몸속으로 몰래 숨어들어 가는 모습이었다.

한편 직장에서 능력을 인정받으며 부족함이 없이 살아오던 중년 남자는 세계적인 경제 파동으로 회사의 감원 대상이 되어 직장을 잃게 되었으며, 해를 거듭할수록 폐 질환을 심하게 앓게 되어 병원의 진단을 받아본 결과 폐암 진단을 받고 낙심하는 모습이었다. 중년 남자 주변의 신적인 상황을 보니, 몇 해 전에 쓴 부친 묘가 수맥 위에 있으며, 주변의 형세로 보아 재물이 지속해서 빠져나가 후손이 재패(財敗)할 자리로 묘로 인한 산화(山禍)의 영향을 받는 상태였다. 이런 이유로 부친 묘 안의 백골신은 중년 남자의 꿈에 나타나 묘를 이장해 줄 것을 여러 차례 채근하였으나 중년 남자는 그 뜻을 알아채지 못하는 모습이었다.

한편, 중년 남자의 몸 안에 자리한 부친 신은 생전에 앓던 폐암을 신이 되어서도 그대로 앓고 있으니, 어쩔 수 없이 아들의 폐 부위 생기를 취하며 신으로서 연명하는 모습이었다. 이 때문에 폐의 생기가 부족하게 된 중년 남자는 자손에게 병이 대물림되는 유신병(遺神病)-의학 용어로는 유전병-을 앓고 있는 상황이었다.

중년 남자의 부친 신을 비롯한 조상신들은 자손의 몸에서 근근이 연명하는 것에 대하여 미안해하면서도, 달리 도리가 없는 상황이라고 체념하며 자손이 잘되기만을 바라는 모습이었다.

무엇보다도 좋지 못한 상황은 자신의 15세 된 아들이 오토바이 뒷좌석에 타고 달리다 시골 버스에 받혀 간신히 목숨은 구하였으나 한쪽 팔을 잃는 교통사고를 당하는 일이 있었다. 이 사고에 대한 신적인 상황을 보니, 중년 남자의 부친 묘에 있는 백골신이 묘 이장을 하루 바삐 하도록 중년 남자를 압박하기 위하여, 중년 남자의 아들을 뒤에 태우고 오토바이를 몰던 소년의 얼굴을 신적으로 물어뜯어 혼비백산한 상황에서 사고를 당하게 하는 장면이었다.

더구나 중년 남자 자신이 지닌 업-수없는 전생의 삶을 통해 생명체나 사물과 관계한 행위-과는 별도로, 조상신들이 지닌 수많은 업과 신들까지 중년 남자의 몸 안에서 많은 영향을 주고 있으니, 중년 남자의 불운이 계속되는 상황이었다.

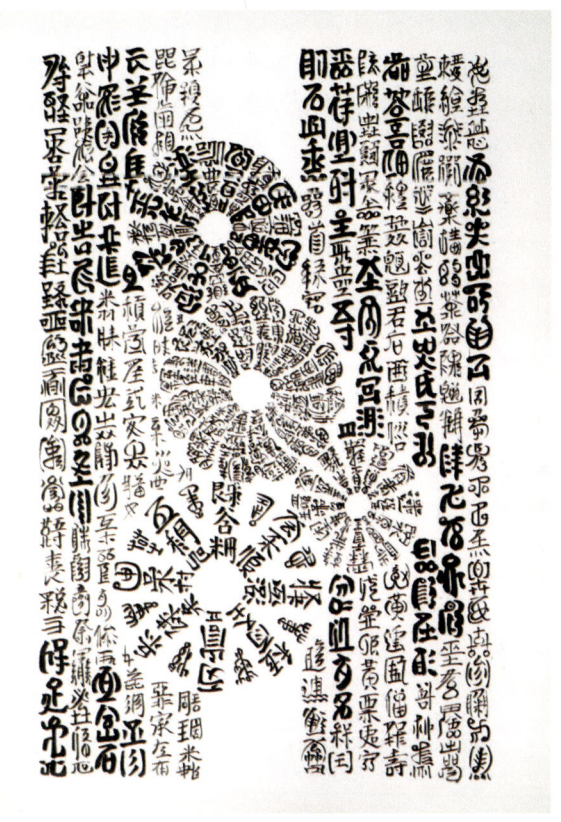

천문도 - 업

사람이 죽어 육체를 떠나게 될 때, 사람의 몸에 있는 악한 신들은 거의 빠져나가 새로운 사람의 몸에 들어간다. 그러나 일부는 사람신의 몸에 계속 남아 있기도 하다.

예를 들어, 암으로 죽은 사람이 사람신이 되었는데도 몸에 암과 관련된 병균신 등이 사람신의 몸에 그대로 박혀 있는 경우가 있다. 이때, 조상제를 하게 되면 사람신의 몸에 남아 있던 병균신 등이 완전히 뽑혀져 무가 되는 것이다.

신계에서 소식은 무척 빠르게 서로 간에 전파되는데, 다른 집안 자손들이 자신들의 조상신들을 험악한 신의 세상으로부터 격리하고자, 조상제를 통하여 안전하고 편안한 장소-사람신들의 지상낙원-에 정착시켰다는 소식을 중년 남자의 부친 신을 비롯한 조상신들이 듣게 되었다. 그리하여 똑같은 조상제를 자신들을 위하여 해 줄 것을 중년 남자에게 간절히 호소하는 모습이었으나, 악신들에게 가로막힌 중년 남자는 전혀 듣지도 깨닫지도 못하는 상황이었다.

한편, 중년 남자는 자신이 겪고 있는 불운에 대하여 상당 기간 숙고한 끝에, 자신의 불행이 부친의 묘로부터 오는 산화의 영향이라는 지인의 말을 믿게 되었다. 이에 따라 수년에 걸쳐 이장할 자리를 물색한 후, 아늑해 보이는 명당에 부친의 산소를 이장하게 되었다. 그 자리는 수맥이나 기타 좋지 않은 땅속 기운을 피하고, 어느 정도 재물도 모이는 지세였으니, 묘를 이장하고 얼마 있지 않아, 중년 남자는 폐의 병세가 호전되기 시작하였으며, 어려운 집안 형편도 서서히 나아지는 모습이었다.

그러나 중년 남자의 몸 안에서 숨어 사는 조상신들은 세월이 갈수록 신으로 사는 삶이 고통스러워지고 궁핍해지는 모습이었으며, 마침내는 한 조상신이 자손 몸 안에서 악신에게 잡혀먹히는 사건까지 있게 되었다.

생시의 의식과 모습을 가진 조상신은 자손의 몸속에서 갖은 고초를 겪고 있으나, 무덤에서 새로이 생긴 백골신은 땅속의 생기를 받으며 후손의 극진한 돌봄을 받는 상황이었다. 요컨대 진정한 조상은 자손의 몸 안에 있는데, 후손들의 착각으로 무덤의 백골신만을 조상으로 여기며 지성으로 묘를 돌보는 상황이었다.

따라서 조상 묘를 얼마나 잘 돌보느냐의 기준으로 자손의 효성을 평가한다 함은 틀린 말로서, 오로지 후손의 발복만을 위한 행위일 뿐인 것이다. 이처럼 묘를 극진히 치성하는 행위는 신계의 이치를 너무나 모르는 사람들의 편견과 집착 때문에 정착된 관습이다.

어느덧 세월이 흘러 중년 남자 또한 백발이 성성한 노년이 되어 죽음을 준비하는 모습이었다. 지난 시간을 돌이켜 보아, 함부로 자리 잡은 묘에 대한 산화 영향이 심각했던 경험을 떠올리며, 지세가 좋은 부친묘 아래에 자신의 음택을 조성하였다. 그곳이 사후에 신으로서 지내기가 무난하고, 무엇보다 부친 묘의 앞이어서 더욱 편안해 보였기 때문이다.

이윽고 노인이 숨을 거두자 선대 조상신들이 그랬던 것처럼, 노인 모습의 신이 육에서 빠져나온 후 어찌할 바를 모르고 당황한 기색이었다. 사후 세계에 편입되고서야 비로소 죽은 후를 대비하지 않은 후회가 밀려오는 상황이 계속되었다. 죽은 후에 살아가려고 애써 마련한 음택지는 더는 자신이 지낼만한 곳이 아니었다. 그곳에는 땅속의 벌레들을 비롯한 여러 험악한 모습의 동물신과 기타 신들이 보이며, 그들에게 힘이 약한 신들이 쫓겨 다니는 광경이 벌어지고 있었으니, 노인신은 도망치듯 후손을 따라 자신이 살던 집으로 돌아오는 상황이 재현되고 있었다.

종내에는 노인 신이 자기 아들의 몸에 숨어 들어가고, 장차 별다른 사고를 당하지 않는다면, 여러 대의 후손 몸을 옮겨 다니며, 사람신의 수명대로 500년에서 1,000년 동안 신으로서의 비참한 삶을 시작하게 될 상황이었다. 이 때문에 대부분 사람의 몸에는 죽은 조상신이 평균 10명 내외 깃들어 있는 양상이었으며, 이들은 편안한 잠자리도, 갈아입을 깨끗한 옷도 구할 방도가 없었다.

다만 자손이 음식을 먹을 때, 힘센 신들 몰래 조금씩 음식의 기를 섭취하며 근근이 연명하는 등, 헐벗고 굶주림에 지친 모습을 하고 있을 뿐이었다.

이처럼 육의 수명보다 열 배 가량을 더 사는 신도 노쇠하여 수명을 다하면, 기로 이루어진 신체가 흩어지며 그 속에서 아지랑이와 같은 영이 또다시 흘러나와 다음 생을 향하게 될 것이다. 』

앞에서와 같이 어떤 영의 일대기를 살펴본 개략적인 모습은, 사람의 사후 세계가 너무도 참혹하다는 결론이다. 사람은 생시에는 만물의 영장으로서 특권을 누리며 살았으나, 죽은 뒤에는 자신의 기로 된 신체(神體)를 뜯어 먹히지 않기 위해 아주 작은 동물신에게도 쫓겨 다닐 수밖에 없는 것이다. 즉 살아 있을 때는 총이나 칼과 같은 무기로 자신을 방어할 수 있었으나, 죽음 이후에는 그 무기들은 자신과는 전혀 무관한 사물일 뿐이니, 사람신은 어떠한 자기방어 도구도 없는 가장 나약한 존재로 전락한다. 생시에 사후를 위하여 어떠한 준비도 하지 않았기 때문에 죽고 난 후에는 정작 후회 밖에 할 수 있는 일이 없는 것이다.

마치 시리즈로 이어지는 만화책을 매 권 읽고 난 후에는 그 내용을 망각하여야만 다음 책을 읽을 수 있도록 주문을 걸어 놓은 것과 같은 메커니즘으로 인하여, 매번 생을 처음부터 다시 시작하여야 하는 지식의 제한을 받고 있다. 즉 이 메커니즘이 작동하는 한 누구나 망각의 틀을 통과하여야만 다음 생을 살 수 있는 것이다. 이 때문에 대부분 사람은 육으로 사는 한평생에만 지나치게 집착하는 삶을 살 수밖에 없으며, 나머지 철저히 가려진 출생 전과 사후의 삶은 전혀 깨닫지 못하는 생을 반복하는 것이다.

결국 사람은 육, 신, 영, 넋·혼, 백골신으로 이루어진 존재이지만, 영을 제외한 나머지 구성 요소들은 하나의 생을 살고난 후 소멸되는 한시적인 것들이다.

육과 영을 매개하는 신에 대하여 우리는 잘못된 선입관을 가지고 있다. 절대자라고 하는 신을 제외하고는, 신과 관린한 용어로 '무당', '무꾸리', '마녀 사냥', '신들린 자', 등 비천한 듯 격하된 이미지-실제는 비천한 뜻을 담고 있지 않지만-를 연상케 함으로써 우리가 신에게 접근함을 스스로 차단했다. 따라서 신을 알지 못하는 상태에서 영을 제대로 안다는 것은 더더욱 불가능한 일이다. 또한, 그동안 어느 종교 단체에서도 '신'과 '영'이 무엇인지를 명쾌하게 설명해주지 않았다. 결국, 선천 신들은 사람들을 육이라는 좁은 울타리 안에 철저하게 가두고 격리해 왔던 것이다. 따라서 무엇보다도 우리가 반드시 알아야 할 숨겨진 지식이 바로 '영'에 관한 지식이다.

-태초부터 수조 억년을 윤회하면서 누적된 월등한 지혜를 가진 영만이 '진정한 나'이며, 우리가 되찾아야 할 '자아'인 것이다.-

이 영을 심리학에서는 '초월적인 나'로 표현하고 있다. 또한, 심리학자들은 죽음에서 죽지 않음으로, 시간의 제약에서 영원으로, 속박됨에서 해방됨으로, 마법의 몽롱함에서 깨어남으로 우리를 이끌어주는 신성의 '초월적 영'이라고 표현하기도 한다.

6장. 역사학의 과제

　우리가 흔히 쓰는 '역사(歷史)'라는 말은 인간의 과거 행적 또는 그 행적에 대한 기록이다. 또한, 문자 기록이 없는 역사 이전을 '선사(先史)'라고 한다. 역사는 글이나 책에 쓰인 문자 등 기록물을 통하여 과거를 알 수 있고, 문자를 사용하기 이전의 유적이나 유물 등의 흔적을 통해서 과거를 미루어 짐작한다.
　그러나 대개는 역사라고 하면 선사를 포함하는 개념으로 이해하는 경향이 있다. 따라서 여기에서도 역사에 관한 내용은 선사를 포괄하는 개념-선사를 따로 구분할 실익이 없으므로-으로 설명한다.

　이 책의 앞에서 설명한 대로, 우리가 아는 역사의 대상은 인간에 관련된 것들뿐이니, 기타 동식물이나 자연의 이야기는 그동안 고려 대상이 아니었다.
　그리고 인간 속에 내재한 '영'은 수조 억 년의 장구한 세월을 하나의 주체로서 끊임없이 여러 생명체로 윤회하여 온 존재라고 하였다. 딱정벌레, 물소, 악어, 참새, 나팔꽃, 자작나무, 붕어, 사람 등 여러 생물학적인 육체를 바꾸며 수많은 생을 윤회하였다. 본래 영은 만물의 생명 씨앗으로 우리가 알고 있는 생물학적인 고려 대상뿐만 아니라 산, 바위, 건물, 지구, 우주, 축구공, 자동차 등 사물에 이르기까지 각각 영이 깃들어 있으니, 앞으로는 이들 역시 모든 생물학적 대상과 함께 역사의 범주에 끌어들여야 할 대상인 것이다.

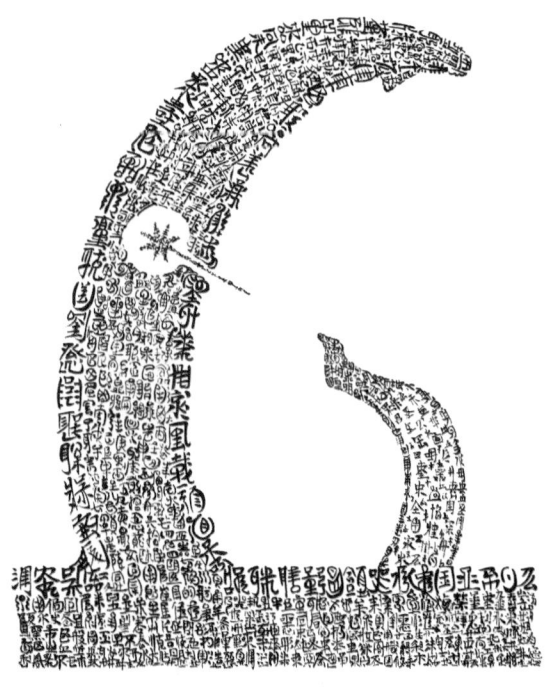

천문도 - 가르침

여기에서 과거에 진화론자 다윈이 "인간을 포함한 이 세상 모든 생명체는 근원적으로 뿌리가 같다."라고 하는 주장으로 종교계의 거센 반발-인간의 신성에 대한 모독이라는-을 불러일으켰던 악몽이 떠오를 것이다.

그러나 다윈의 연구 대상은 생명체의 물리적인 몸(body)으로서, 생명의 근원인 '영'과는 전혀 다른 존재이다. 즉 다윈의 '하나의 생명체 기원설'은 생물학적인 생명체만을 대상으로 한 것으로, 진정한 자아인 영의 개념과는 전혀 다른 것이다. 신화는 보이지 않는 기-신과 영을 포함하는-의 세계 역사를 포함한다. 오히려 기의 세계가 물질 세계를 이끌어 오는 흐름에 따라 우리가 살아왔기 때문이다.

한편 구석기 시대, 신석기 시대, 청동기 시대, 철기 시대의 도구 사용을 기준으로 한 역사 분류와 고대, 중세, 근대, 현대로 구분하는 유럽 중심의 역사관, 그리고 세계의 중심을 자처하는 아시아 나라의 대국 또는 강국의 역사관은 실상 전혀 쓸모 없는 그들만의 주관적인 관점일 뿐이다. 더구나 그들에게 유리하게 꾸며진 사료들과 왜곡된 해석으로 말미암아 역사에 대한 광범위한 불신감을 불러일으키고 그에 따른 민족 간 갈등만을 증폭시킬 뿐이다.

프랑스에서의 인류의 시작은 기원전 200만 년이라는 기록이 있다. 그리고 한반도의 구석기 시대는 약 70만 년 전에 시작되었다고 추정한다.

반면, 우리의 우주가 16 우주이고 수조 억 년에 걸쳐 한 우주가 생성되므로 처음 우주로부터는 최소한 수조 억 년 이상의 길고 긴 시간이 된다. 그러므로 우리가 아는 역사학의 시간은 우주의 나이에 비하면 찰나에 불과한 시간이다.

또한, 현재 사람으로 출생하였음이 크나큰 행운이지만, 매 전생을 여러 생명체로 살면서 쌓은 업은 한 치의 오차도 없는 회계장부와 같이 영에 기록되어, 현생의 운명에 길흉화복을 가감하는 요소가 된다. 즉 하나의 생물학적인 생만을 대상으로 하는 역사는 극히 편린적인 줄거리일 뿐으로, 현재의 역사 연구는 사상누각의 전혀 엉뚱한 기초 위에 놓여 있음을 알게 된다.

'초월적인 나'라고도 불리며 수조 억 년의 시간에 걸친 우주의 지혜를 담고 있는 영이지만, 한편으로는 어찌할 도리없이 기나긴 세월 동안의 악업을 지니고 윤회하는 피동적인 존재이기도 하다.

　그 영의 나이는 우주의 나이와도 비슷한 수조 억 년이므로 그에 상응하여 사람을 포함한 우주 만물에 관한 역사의 시작을 오래전 과거로 되돌려야 하는 선결문제를 안고 있다.

　우리의 현재 역사 연구 수준으로는, 대단히 장구한 시간 동안의 광활하기 이를 데 없는 역사 무대인 우주를 상상하기도 힘든 상황이다. 선천시대 이래로 영에 관한 사실은 철저하게 숨겨진 지식이었으니, 그 영향으로 그동안 역사의 연구 대상을 생물학적인 인간과 인간의 행적에만 국한한 역사학의 태도도 무리가 아닌 것이다.

　중요한 점은 역사의 해석은 대부분 기록물에 의존하므로 기록 내용을 바꾸거나 숨기는 비교적 간단한 행위로 과거의 사실을 은폐하거나 변조할 수 있다는 것이다.

　-그리고 이와는 별도로 선천시대 이전의 수조 억 년에 걸친 태천시대의 역사와 같은 숨겨진 역사도 있을 것이다.-

　그러므로 이제부터의 역사의 시작은 첫 번째 우주와 인간의 창조-만약 창조를 부정한다면 상상만이라도 해보라-가 있었던 태초 당시로 거슬러 올라가야 한다. 그리고 역사의 무대도 우리가 살아왔던 지구보다 훨씬 광범위한 수많은 우주로 넓혀야 하며, 사람뿐만이 아닌 여러 생명체, 자연, 사물에 이르기까지 역사학의 대상을 확장하여야 한다. 그리고 무엇보다도 그동안 숨겨져 있던 신계의 역사를 그 연구 대상에 편입해야 하는 과제를 안고 있다.

7장. 후천에 입각한 제반 이론

 이 책의 앞에 기술한 내용은, 우리가 알아야 할 모든 지식이 치밀하게 짜인 시스템에 의하여 의도적으로 숨겨진 결과로, 우리가 습득한 지식이 엉뚱한 기초 위에 세워져 있음을 강조하고 있다. 인류가 공유하는 지식이 방대한 양인 만큼, 잘못 전개된 지식을 앞으로 계속해서 바로 잡아 나아가야 하겠지만, 우선 몇 가지의 주제에 관한 정립을 통하여 그 첫걸음을 내딛기로 한다.

1. 원죄(原罪)

 성서의 창세기에는 여호와신이 창조한 아담과 이브가 에덴동산에서 뱀의 꼬임에 빠져 선악과를 따먹게 되고, 선악과를 먹지 못하게 하였던 여호와신은 이들이 죄를 지었다 하여 아담과 이브를 에덴동산에서 추방하였다는 기록이 있다.
 이 죄는 인류 최초의 죄이며, 이후로는 사람이 태어나기 전부터 유전되는 원죄(original sin, 原罪)라고 한다. 따라서 이 원죄는 첫 조상인 아담과 이브 이래로 인류가 이어받고 있으니, 인간은 본래 악하다는 입장이다. 그 때문에 전 인류는 신의 마음으로부터 이탈하여 죄악의 성향을 지닐 수밖에 없다는 것이다.
 또 다른 한편에서는 사람이 죄를 범하는 자유를 가지지만, 죄를 범하지 않을 자유는 없으니, 스스로 죄에서 해방될 수 없고 죽음으로부터도 자유스럽지 못하므로 오직 신을 통해서만 구원받을 수 있다고 한다.

원죄를 정의하려면 먼저 어떻게 창조가 이루어졌는가를 밝혀야만 하는 필연적인 과정이 있다. 이 책의 앞부분에 밝힌 바와 같이, 처음의 창조는 제1 우주의 창조이다. 이때 우주와 사람을 비롯한 만물의 창조가 이루어졌는데, 주재자께서 함께하시며 창조주께서 말씀으로 창조하신 내용을 창세기 1장에 기록하였다.

반면, 앞에서의 내용은 창세기 2장의 기록으로 우리가 속한 16 우주에서 이스라엘 민족이 창조된 것으로 흙으로 사람을 창조하고 에덴동산을 세운 기록이며, 그곳에서 아담과 이브가 죄를 지은 내용이다.

따라서 전 인류에게 공통된 원죄를 정의하기 위해서는 배역이 시작되었던 수조 억 년 전의 태천과 선천의 경계 지점의 역사로 시간을 돌이켜야 한다.

또한, 지금껏 원죄를 지은 장소가 중동의 에덴동산이라고 하지만, 숨겨진 역사를 통해 본 원죄의 배경은 훨씬 먼 옛날의 제4 우주에서 발단되어 전 우주적으로 행하여진 대반란이 그 시작이 되는 것이다. 따라서 원죄를 범한 장소는 여러 우주에 걸친 광활한 범위이다.

그렇다면 누가 원죄를 지었는지를 밝히는 가장 중요한 기준이 사람의 정체성인데, 지금까지의 주장은 원죄가 유전되어 아담의 자손인 전 인류도 죄를 짊어지게 되었다고 한다. 즉 사람을 육의 기준으로 보아 조상이 지은 죄가 자손 대대로 이어진다는 설명이다.

그러나 앞장에서 밝힌 바와 같이 사람의 정체성은 '영'이다. 육이나 신은 죽음으로써 끝나는 한시적 개념이니, 그 옛날의 조상과 지금의 자손은 유전적 정보도 일치하지 않겠지만, 무엇보다 '영'의 정체성이 전혀 일치하지 않는다.

제4 우주에서의 대반란으로 태천이 무너지고 선천이 계속되는 동안, 사람들은 자발적으로 또는 어쩔 수 없이 선천의 하늘 아래에서 생존하기 위하여 죄를 지을 수밖에 없었다. 따라서 주재자님과 창조주님께 사람들은 씻을 수 없는 원죄를 지을 수밖에 없었던 것이다.

원죄란 이처럼 수조 억년 동안 전 인류가 영으로 윤회하며 지은 배역죄-피동적인 배역 행위를 포함-를 의미하며, 수천 년 전의 중동지방의 에덴동산에서 지은 죄는 그들에게만 적용할 수 있는 성질의 것이다.

결국, 선천의 신들은 가장 중요한 '영'의 존재를 사람들로부터 철저하게 숨기고 자신들의 우월성을 가장할 수밖에 없는 필연성에 따라, 금단의 선악과 같은 석연치 않은 원죄의 개념을 교의로써 설파하게 되었던 것이다.

2. 창조론과 진화론

이 책의 '우주에 관하여'의 장에서 우주는 우연적인가? 아니면 계획된 것인가? 하는 물음에 관한 고찰을 하였다. 사실 이 문제는 현대 과학이 장차 나아갈 방향을 결정하는 대단히 중요한 이정표의 역할을 할 것이다.

과거에 보여준 과학의 맹점은 물리학, 생물학, 신학 등 학문 간의 높은 장벽을 뛰어넘지 못하고 고립된 영역에서 연구를 지속하였다는 사실이다. 또 한 가지는 대표적 진화론자인 다윈도 스스로 회의감을 품을 수밖에 없었던 "모든 생명체는 하나의 개체로부터 발생하였다."는 원칙에 매인 결과 또 다른 학설인 '원시 수프에서의 단 세포 발생설'을 낳기에 이르렀으며, 우주가 팽창하고 있으므로 맨 처음은 빅뱅에 의하여 우주가 탄생하였다는 가설을 신봉하는 수많은 과학자를 양산하여 자신들이 쌓은 벽을 넘지 못하는 상황에 부닥쳐 있다. 즉 과학이 가장 경계하는 추론의 함정에 스스로 빠져 허우적대는 모습이다.

과학이 도달하지 못한 영역-과학적인 실증 자료가 아니지만-을 신학이 제시하므로 과학 자료는 신학 자료에 뒤지는 경향이 많음을 알 수 있다. 그러나 시간이 갈수록 과학과 형이상학 간의 격차가 급속하게 좁혀지는 추세다. 즉, 과학이 그동안 외면하던 분야를 바라보기 시작했다는 의미이다. 또한, 학문 간의 경계가 불분명해지고 있는 현상도 나타나기 시작했으니 앞으로 많은 발전이 기대되는 시기이다.

앞에서 밝힌 바와 같이, 세상의 처음은 계획된 창조였으며, 그 다음은 부분적인 창조와 진화가 혼재된 양상으로 세상이 형성되고 유지되었다. 별이 별을 낳는 세포 분열적인 창조의 예와 질서 유지의 의지를 갖춘 만물의 생명 활동으로 한 치의 오차도 허용치 않고, 때로는 흐트러진 질서를 스스로 회복하는 우주의 건재함도 알게 되었다.

또한, 태천 사람들은 탁월한 지능과 수려한 용모를 지니고 10만 년에 이르는 평균 수명을 누리며, 무엇보다도 미움과 다툼이 없었던 유토피아적인 사회를 이루며 살아왔다.

따라서 지금의 모습과 비교해보면, 세상이 진화만 있었던 것이 아니고 퇴보와 퇴화를 같이 겪으면서 시간이 흘러 왔던 것이다.

창조론이나 진화론 어느 한쪽을 지나치게 고집하는 사고방식도 사람의 생각을 지배하는 악신의 영향이다. 자기주장만을 고수하는 아집스러움은 선천의 사고 체계이다. 후천인들은 타인의 의견을 경청하고 포용하는 지혜롭고 현명한 사람들이다.

3. 성선설과 성악설

성선설(性善說)은 맹자(孟子)가 주장한 사람의 이념적인 모습으로, 사람은 본래 선(善)한 성품과 성향을 지닌 존재라고 한다. 맹자 이후로 유교는 심신설을 도덕적 기준으로 한 이론을 개발하기 시작하였다.

한편, 성악설(性惡說)은 고대 유학자인 순자(荀子)가 주장하였는데, 본래 사람은 악한 본성을 가지고 태어난다는 학설이다. 그러나 성악설은 맹자의 성선설과 마찬가지로, 사람들로 하여금 수양을 통하여 도덕적인 완성을 추구하도록 선도하기 위한 윤리사상이다. 성악설은 당시 전국시대의 혼란한 사회상을 배경으로 성립되었으나, 나중에 유가의 맥을 잇게 되는 성선설에 의하여 그 정통성을 잃게 된다.

앞에서 설명하였던 금단의 선악과에서 비롯한 원죄 개념은 순자의 성악설과도 맥을 같이 하는데, 그 제안 의도에서는 차이가 있다. 성악설은 사람의 불완전함을 보완하려는 선의에서 출발하였으나, 금단의 열매를 매개로 한 성악설은 사람 스스로 죄와 악에서 벗어날 수 없다고 하며, 그 결과인 죽음과 비천함에서 벗어날 유일한 방법은 신의 은총을 통한 길밖에 없다는 것이다.

그러나 태천에서 사람은 본디 평화스럽고 순종적으로 창조되었으며, 하늘 사람으로서 고귀한 존재였다. 선천의 하늘 아래에서는 사람의 고귀한 모습을 숨겨야 하는 필연성으로 인해, 스스로 구제받을 수도 없는 나약하면서도 악한 존재로 사람을 전락시킨 것이다.

결국, 사람은 본래 완전한 선(善)을 지니고 태어나는 성선설에 합당한 존재이며 또한, 그렇게 진화해 나아가야 할 존재이다.

4. 음양과 오행체계

선천 우마왕 계열의 최고신은 사람들을 분열시킴으로써 선천의 하늘을 벗어나지 못하게 하려는 의도로 오행제도를 창안하였다. 그리고 선천시대에는 태양을 따라 궤도를 도는 수성, 금성, 화성, 목성, 토성의 별에는 실제로 해당하는 신이 존재하였고 지구에 영향을 주고 있었다.

즉 오행으로 사람과 만물에서 오행의 성질을 가진 신이 생기도록 하였는데, 나무나 풀 등 식물의 모든 것에서는 목신(木神), 불에 타는 모든 것에서 화신(火神), 흙에서 나는 모든 것에서 토신(土神), 쇠붙이에서 나는 모든 것에서 금신(金神), 물에서 나는 모든 것에서 수신(水神)이 각각 창조되도록 하여, 사람들의 마음을 분열시키는 방법으로 선천 신들의 지배에서 빠져나오지 못하게 하였다.

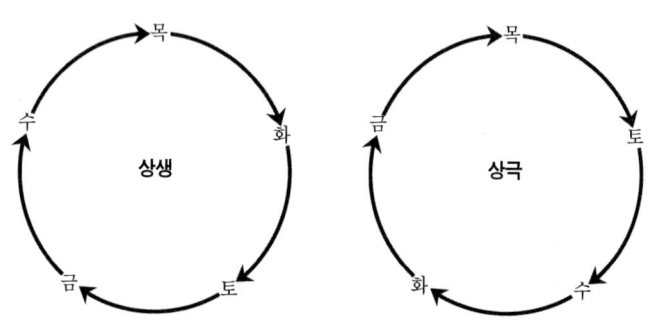

오행의 상생 상극도

오행은 서로 기운을 살리는 상생 이론과 서로의 기운을 극하는 상극 이론이 있다.

　상생 작용은 목생화(木生火-나무가 타서 불을 만들고), 화생토(火生土-불로 태워서 재가 되어 흙을 만들고), 토생금(土生金-쇠붙이는 흙 속에서 생성하며), 금생수(金生水-쇠붙이는 표면에 물방울을 맺히게 하니), 수생목(水生木-나무는 물을 먹고 성장하니)의 이치로 서로 생하여 주는 좋은 관계인 것처럼 보인다.

　그러나 상극 이치를 보면, 목극토(木剋土-나무는 뿌리를 뻗어 흙을 균열시키고), 토극수(土剋水-흙은 물의 흐름을 막고), 수극화(水剋火-물로 불을 끄니), 화극금(火剋金-불로 쇠붙이를 녹이니), 금극목(金剋木-쇠붙이로 나무를 자르니)으로 서로의 기운을 극하는 이치이다.

　이처럼 오행체계는 상생의 이치로 서로 기운을 북돋아 주는 것끼리 만나 힘이 세지고 세력이 커지지만, 반드시 극하는 이치를 만나게 하여 상생으로 더욱 커진 기운끼리 갈등, 대립, 살상할 수밖에 없는 상극의 이치가 함께 작용한다.

　따라서 사람끼리 또는 국가끼리 싸우거나 죽이고 전쟁을 하는 역사의 수레바퀴를 멈추지 못하는 것이다.

　더구나 누가 시킨 것도 아닌 자동으로, 만물과 사람끼리, 만물과 만물끼리, 조직과 조직끼리, 조직과 단체끼리 온통 극하는 기운을 주고받으며 대립하고 사생결단을 하는 다툼 양상이 벌어지고 있다.

　지구는 우마왕 계열의 선천 최고신이 주관하던 별로서 지구의 축이 비스듬히 기울어진 영향으로 봄, 여름, 가을, 겨울의 사계절이 있게 되었다. 각각 봄은 목(木)의 기운, 여름은 화(火)의 기운, 가을은 금(金)의 기운, 겨울은 수(水)의 기운이 발생하니, 지구의 자전축이 바로 설 때까지는 오행의 기운 속에서 어쩔 수 없이 살 수밖에 없는 상황이다.

  지구 축이 바로 서면 사계절이 없어지고 본래의 순수한 토(土)의 기운만이 영향을 주게 되니, 대립과 싸움이 없는 평화로운 시대를 맞이할 수 있다. 그러나 그때까지는 권도(權道)-때와 형편에 맞춰 적절히 대처하며 뜻한 바를 이루는 임기응변식 방도-로써 오행 체계 속에서 살 수밖에 없는 것이다.

  이제까지는 오행 제도의 근원을 몰랐으니 좋은 동양 사상쯤으로 생각하고 더욱더 연구 발전시키려고 노력하며, 그 창시자를 고대 중국의 아무개라고 잘못된 추측을 하고 있었을 뿐이다.
  그러나 사람들이 오행에 대하여 생각하고 응용하면 할수록 그 기운과 해당하는 신이 발생하니 오행 이치는 장차 없애야 할 선천 시스템인 것이다.

  본디 태초의 하늘과 땅은 어느 하나도 서로 극하거나 대립하는 기운이 없이 온전히 조화와 화합을 이루는 이상향이었으나, 동물 부류 신들의 순수도가 98%였으며 나머지 2%의 선도 악도 아닌 상태로 인하여 발생한 대립하고 시기하는 마음이 결국 태천을 무너뜨린 원인이 된 것이다.

  한편, 음양의 이치는 오행과는 정반대의 이치로서, 태초에 천지만물을 창조할 당시로부터 남과 여, 하늘과 땅의 예에서 보듯이 조화와 화합의 이치에 따라 창시되었다. 다만, 음양이 대립과 갈등을 일으키는 오행과 같은 의미를 가진 것처럼 사람들에게 잘못 각인된 이유는, 음과 양의 각 개체에도 오행의 기운이 섞이게 되었으며 본래의 음양 체계가 선천의 각종 시스템과 결합하여 파생되었기 때문이다.

즉 음양의 이치는 창조주의 이치이나, 오행은 앞으로 없애야 할 선천 신의 이치일 뿐이다.

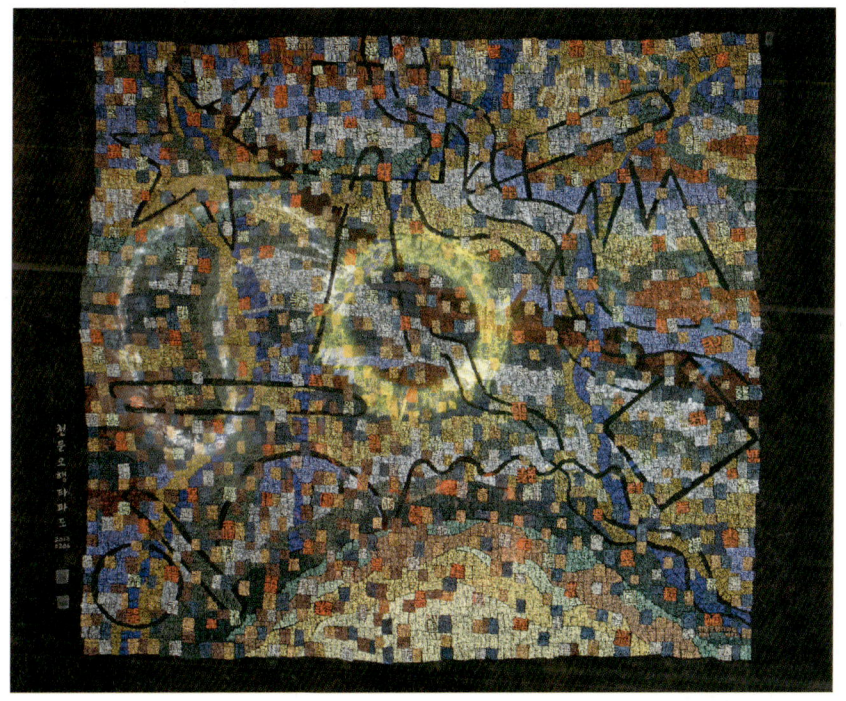

천문오행타파도 158X131

중요한 것은 우리가 일상에서 사용하고 있는 오행에 관련된 용어의 사용을 삼가고, 될 수 있는 한 어떤 형상에 대하여 오행과 관련한 느낌을 갖지 않음으로써 오행의 기운(신)이 발생함을 최소화 할 필요가 있는 것이다. 생각은 신이요 신은 기를 운용하는 존재이기 때문이다.

5. 이기론

이기론(理氣論)이란 우주, 자연, 사람 등 만물의 존재와 운동 또는 그 발생과 변화를 파악하여 그것을 분류하고 체계화한 이론이다. 성리학이 발생하면서 이(理)의 개념이 중요한 위치를 차지함에 따라, 이와 기(氣)를 밀접하게 관련지은 이기론의 이론체계가 만들어졌다.

우주에 속하는 현상들은 이와 기로 이루어졌으며 이와 기에 의해 생성되고 변화한다고 한다. 따라서 형체 있는 모든 것은 무형의 원리에 의해 생겨나고 변화한다는 주장이다.

성리학에서는 만물과 사회 현상을 이와 기의 개념으로 파악하는데, 기가 모이고 흩어짐에 따라 만물이 생성되고 소멸하니, 따라서 기는 만물을 이루는 요소라고 설명한다.

이처럼 성리학이 기의 작용을 정확하게 파악하였지만, 신은 기로 이루어진 생명체-기를 재료로 한 흡입과 배출의 대사작용 등 생명활동을 하는 개체-로서 기를 운용하는 '신'과 모든 생명의 씨앗인 '영'에 대하여는 예외 없이 지식의 제한을 받아왔음을 알 수 있다.

이기론은 여러 학자에 의하여 논쟁의 대상이 되었는데, 크게 보면, 주리론(主理論)과 주기론(主氣論)으로 구분한다. 이(理)를 더욱 중요시하여 주리론을 역설한 이황(李滉, 1501~1570)은 이와 기는 섞일 수 없으며 그 원천이 다르다는 논리를 펼쳤다. 또한, '이'는 존귀하고 '기'는 천한 것으로서 이와 기를 차별하는 이기불상잡(理

氣不相雜)-이와 기는 서로 분리하여야 함-을 강조하였다.

한편, 이이(李珥, 1536~1584)는 이(理)를 기(氣)의 법칙성으로 해석하여 '이'와 '기'를 분리하는 주리론을 비판하고, 이와 기는 일원적이라고 히는 이기불상리(理氣不相離)-이와 기는 서로 떨어져 있을 수 없음-를 강조하였다.

이(理)는 의식, 정신, 행위 규범, 원리 등 '실재하여야 할 것'을 포괄하는 개념이고, 기(氣)는 물질, 존재, 현상 등 '실재하는 것'을 나타내는 개념으로서, 주리론과 주기론은 각기 이원론(二元論)과 일원론(一元論)으로 다시 나뉘어 심도 있는 논쟁을 벌이게 된다.

중국의 당나라 말기에 불교의 폐해가 사회적인 문제로 심각하게 대두하기 시작하자, 여러 가지 폐단을 일으키는 불교를 배척하는 대신, 불교의 해탈 이치를 유교와 접목하여 이론화할 필요를 느끼기 시작하였다. 그 결과 유교적 해탈의 논리로 사람에게 내재해 있는 변함없고 초월적인 '성(性)'을 찾기 시작하였다.

그러나 '성'은 자기의 내면 깊은 곳에 있는 주관적인 것이어서

이를 느끼기가 어려운 면이 있다. 따라서 자기가 아닌 외부의 만물에 내재한 '성'을 객관적으로 인식하는 방법을 택함으로써, 자신 안에 있는 '성'을 인식하고 나아가 만물의 불변적인 본질을 인식하기 시작하였다.

한편, '기'는 시간과 공간의 제약을 받으며 인식의 대상이 될 수 있는 것으로서, 만물의 물질적인 현존과 사람의 감정, 삶의 과정 등이 '기'를 이루는 요소이다. 한편, '이'는 기의 존재를 가능하게 하는 본질이며 시공간을 초월함과 동시에 인식하기에 부적절한 요소를 포함한다.

불교 철학을 유교적으로 재구성한 해탈의 개념은 사람의 본질이 '이'임을 깨닫고 '이'적인 생을 사는 것이며 이것이 곧 수양을 중시하는 철학이다. 반대로 '기'를 강조하는 측면에서는 음양오행과 같은 법칙으로 만물이 변하는 원리에 따라 현존함을 중시하여 현실의 개혁이 무엇보다 중요하다는 실천철학을 강조한다.

이처럼 이와 기를 구분하는 입장에서는 이기이원론(理氣二元論)적인 개념을 가지며, '이'의 불변성과 초월성을 부정하여 '이'와 '기'는 따로 분리할 수 없는 것이라는 주장은 이기일원론(理氣一元論)적인 입장이다.

이기론에 대한 논쟁은 오늘날까지도 계속되고 있다. 앞에서 설명한 사람의 구성 요소 중 '영'은 '이'의 이미지와 그리고 '육과 신'은 '기'의 이미지와 같은 맥락에서 이해할 수 있다.

주리론에서 강조하는 이(理)는 의식, 정신, 행위규범, 원리 등을 포괄하는 개념이며, 사람에게 내재해 있는 불변적인 성(性)으로서 존재의 본질이라 하였다. 또한, 기의 있음을 가능하게 하는 본질이며 시간과 공간을 초월함과 동시에 주관적이어서 인식하기에 부적절한 것이라고 '이'를 설명하고 있다. 따라서 '이'는 곧 '영'

을 말함이다.

한편, 물질, 존재, 현상 등 '현존하는 것'을 나타내는 개념으로서, 시간과 공간의 제약을 받고 우리가 인식할 수 있는 만물의 물질적인 현존과 사람의 감정, 삶의 과정 등은 기(氣)의 요소이다. '기'는 현실을 중시하고 한시적이니 '기'가 곧 '육과 신'을 의미함을 알 수 있다.

결국, 죽지 않고 끝없이 윤회하는 '영'의 시각으로 보면, '이'를 강조하는 주리론이 더 설득력을 얻게 되는 것이다. 반면, '육과 신'은 시공간의 제약으로 소멸하는 한시적인 것이니, 수많은 윤회의 생 중에서 하나의 생만을 고찰할 때에만 주기론이 타당성이 있다고 하겠다. 주리론보다 후에 정립된 주기론은 일종의 숨겨진 지식과 같이 우리의 지식을 제한하는 이론인 것이다.

달리 말하면, 주기론이나 이기일원론은 선천 시대에 적합한 이론이었지만, 주리론으로서의 이기이원론은 이제 막 시작한 후천 시대의 만물을 이해하는 아주 유익한 틀이다.

6. 유물론(唯物論)과 유심론(唯心論)

세계의 모든 물질과 상(象)의 근본이 되는 것이 무엇이냐에 따라 유물주의와 유심주의로 입장이 나누어진다. 즉 세상을 어떤 입장에서 바라보느냐의 차이에 의하여 사람의 삶의 방식과 추구하는 학문이 극명하게 갈린다.

유물론이란 물질이 모든 것의 가장 근본이 되는 것으로 판단하고, 정신이나 마음은 부수적이며 지엽적인 것으로 보는 이론이다. 때로는 정신이나 마음까지도 물질 또는 물질의 속성이라고 주장하는 예가 있다. 만물은 사람들의 의식 외부에서 독립하여 존재하며 사람들이 만물과 관계를 한다는 기본적인 인식에서 출발한다. 또한, 세계는 창조된 것이 아니라 있는 자체로 우연히 존재하며 시간과 공간적으로도 무한하고 영원하다고 한다. 따라서 자연이나 우주에 대한 과학적 연구와도 그 맥을 같이 한다. 고대로부터 만물에 대한 근원이 되는 물질을 찾으려는 노력으로 '물'과 '불'이 그것이라고 하였으며, 만물의 근원은 원자라고 주장하였다.
중세에서는 유물론이 초월적인 신의 존재를 부정하고 만물이 곧 신의 모습이라는 범신론적인 태도를 보였으나, 근대에 와서는 아예 무신론의 시각으로 바뀌면서 세상은 기계적이고 각각이 분리된 채-유기적이지 않은-로 존재한다는 이론으로 변모하였다.

한편, 만물은 생명과 정신이 그 근본을 이루니 비물질적인 것이 세상 모든 것의 근원이라는 유심론이 있다. 유심론은 초월적인 신이 세상을 창조하였다고 하며 우주 만물은 각각 독립된 상태로 존재하지 않고 의식과 의지를 갖추고 유기적으로 생명 활동을 하는 조화로운 존재라고 한다. 여기에서의 우주 만물은 현대물리학의 소립자로부터 대우주에 이르기까지 크기에 무관하게 모든 것을 의미하므로, 물질과 마음의 경계에서 작용하는 것으로 보이는 소립자나 아원자입자-이제까지 물질로 보지 않았던 에너지 또는 기가 눈에 보이지 않는 미세한 입자의 작용이라는 추론에 따른 입자의 명칭-도 당연히 유심론의 범위에 포함되어야 할 대상이다.

천문 부적 47X26

　　초기 유물론의 시대적 배경은 중세의 마녀 사냥과 같은 종교적 무지와 미신이 만연하던 때였으니, 그 반작용으로 눈으로 직접 확인 가능한 과학적인 실증만을 진리로 받아들이는 이치로서의 유물론은 많은 지지를 받기 시작하였다. 처음에는 이처럼 증명 가능한 영역을 대상으로 하였으나, 차츰 그 범위를 일탈하여 신학의 범주까지 그 해석을 확대하게 되니 그 실상이 왜곡되는 지경에 이르렀다. 그 결과 사람들은 인간의 고귀함과 가치를 망각한 채 물

후천에 입각한 제반 이론 145

질적 욕구와 말초적 쾌락에서 삶의 의미를 찾게 되었다.

환원주의에 의한 유물론에서는, 모든 사물의 구성 요소를 파헤치면 마침내 물질 이외에 다른 것을 발견할 수 없으니, 다만 서로의 성분이 다를 뿐이라고 하며, 의식이나 생명은 찾아볼 수 없다고 한다.

이러한 유물론의 시각은 통합주의를 만나면서 그 모순이 드러나게 된다. 즉 우주 만물의 규칙성과 질서 유지의 의지, 생명이 생명을 낳는 탄생 등 유기적인 생명 활동을 유물론의 입장에서는 설명할 방법이 없는 것이다. 더 나아가서 독일의 철학자 크라우제(K. Ch. F. Krause, 1781~1832)가 '신과 물질세계는 범신론처럼 같은 개념이 아니고, 만물이 신 속에 내재한다.'라는 만유재신론(萬有在神論)을 주장하였던 바와 같이, 실상은 물질계보다 신계가 우선한다는 입장은 유심론의 당연한 귀결이라 하겠다.

유물주의는 지식의 제한으로 작용하는 시대적 유물로서 박물관에 전시하여야 할 대상일 뿐이며, 후천이 시작된 지금 유심론은 세상의 모든 것을 해석하기에 더없이 좋은 시각론인 것이다.

7. 주자학(朱子學)과 양명학(陽明學)

 10세기를 전후하여 중국의 지식층들은 기존의 유학 체계가 갖추지 못했던 만물의 존재나 우주 그리고 인간의 본성에 관한 분야를 보완하면서 유학을 재편하기 시작하였다.
 흔히 성리학(性理學)을 주자학이라고도 하는데, 원래는 주자학을 성리학 일부로 봄이 타당하다. 송나라 주희가 집대성한 학문으로 우리나라에는 고려 말에 도입되어 조선 시대의 학자인 이황과 기대승으로 맥이 이어진다.
 주자학은 사람의 본성에는 하늘의 이치가 담겨 있다고 하는 성즉리설(性卽理說)을 바탕으로 전개하였으며, 인간의 본성은 선하다는 성선설의 입장이다.

 성즉리설은 이기이원론에 근거하여 인간의 본성을 본연지성(本然之性)과 기질지성(氣質之性)으로 나누고, 본연지성은 사람과 만물이 차별 없이 동일하여 성(性)-존재의 당위성을 가진 각자의 가치-은 이(理)-마땅히 지켜야 할 바른길-가 되나, 기질지성은 사람에 따라 차이가 있는 기(氣)가 되며 저급의 기를 가진 자는 수양을 통하여 자신의 기질을 변화시킬 수 있다고 한다.
 내적 심성을 함양하고 외적인 만물의 이치를 터득한다는 거경궁리(居敬窮理)를 통하여 자신과 세상의 이치를 알고 난 후 실행하라는 선지후행(先知後行)을 강조한다. 또한, 양심을 보존하고 본성을 함양하면서 나쁜 마음이 스며들지 않도록 살펴 존양성찰(存養省察)하라고 한다.

 한편, 명대의 왕수인이 집대성한 양명학은 심즉리설(心卽理說)-인간이 타고나는 마음인 양심과 천지 만물의 원리는 근본적으로 같다.-에 바탕을 두고 있다. 즉 심(心)은 이(理)이며 이와 심은 분리되는 대상이 아니라고 하며, 성즉리설의 본성과 달리 모든 인간의 마음은 동등하므로 사람을 수평적 존재로 보라고 주장한다.

심즉리설을 주장하게 된 원인은 당시 주된 학풍이었던 주자학의 격물치지(格物致知)-만물의 이치를 연구하고 깨달아 지식을 완전하게 함-를 한 후의 실천을 강조함에 대한 반작용이었다. 양명학에서 인간의 본성이 선하다는 성선설의 입장은 주자학과 같으나, 격물치지를 하지 않고도 이미 순수한 마음(양심)을 가지고 있으니 타고난 양심을 적극적으로 발휘하는 실천-지행합일, 즉 지식과 실천은 본디 하나이다.-을 강조한다.

이처럼 격물치지는 주자학과 양명학 둘 다 주장하는 내용이지만, 그 해석에 있어 차이를 보인다. 주자학은 사물의 이치를 탐구할 것을 강조하여 지(知)를 만물로부터 주어지는 객관적 진리라고 하는 반면, 양명학에서는 이미 마음속에 있는 양지(良知)를 사물에서 이루라고 강조하며 지(知)는 타고나는 도덕성인 양지이기 때문에 양지 즉 마음에 있는 하늘의 이치(天理)를 만물에 실현하는 것이라고 한다.

먼저 알고 난 후 행하라는 성즉리설과 이미 알고 있으니 실천하라는 심즉리설을 실제 상황에 적용한 예로 설명해 보기로 한다.

『방 청소를 하다가 오래된 신문지를 발견하고 이를 버릴 것인지 보관할 것인지를 판단하는 기준에 관하여, 성즉리설을 따르면 그 신문의 가치를 따져 본 후 버릴지 보관할지를 결정할 것이다. 즉 그 신문 전체를 읽고 내용을 파악한 후 어떻게 처리할지를 판단하여야 한다. 따라서 성즉리설의 문제는 단순히 신문지에 국한된 것이 아닌, 모든 사람과 사물에 대한 고유의 가치를 노력하고 터득하여 알아낸 후 그 가치를 실현해주는 방향으로 가야 한다. 따라서 성즉리설은 매우 객관적이고 합리적이기는 한데, 만물의 고유한 가치를 모두 알아야 한다는 난제가 있다.

한편 심즉리설에 따르면, 그 오래된 신문지를 보관할 것인지 버릴 것인지는 마음의 끌림 즉 직감에 따라 결정할 것이다. 그러나 만약 그 신문지에 중요한 내용의 기사가 실려 있음에도 불구하고 버릴 것을 결정해버리는 잘못을 범할 수도 있다. 그러므로 잘못을 최소화하려면 항상 선한 마음을 유지하여 양심에 따라 판단할 수 있도록 해야 한다고 한다. 따라서 심즉리설은 최선의 양심을 전제로 하므로 만물에 대한 판단을 신속하고 간단하게 하지만, 객관성을 잃기 쉽고 자의적으로 판단할 가능성이 있다.』

지금과 같이 하늘이 선천에서 후천으로 바뀐 과도기에는 주희의 성즉리의 이치에 따라 사람과 만물의 이치를 공부하여 그 본래 가치를 알아낸 후 모두를 사랑하는 마음으로 그것들의 가치를 실현해주는 방법이 바람직하다 할 것이다.

따라서 성즉리를 익힌 다음에는, 이미 우리에게 내재해 있는 하늘의 이치(영성)를 때 묻지 않게 항상 닦아 만물을 바르게 판단할 수 있게 하여야 한다. 즉 성즉리한 후 심즉리함이 이제 막 시작한 후천을 지혜롭게 사는 사람의 모습이리라 생각한다.

8. 사람과 관련한 신들

사람을 구성하는 요소들에 관하여는 앞의 '사람에 관하여'의 장에서 설명하였다. 사람은 육, 신, 영, 혼·넋, 백골신으로 이루어졌으며, 이 중 육과 백골인 물질 부분이 물리적인 요소이고 나머지 요소들은 우리가 육안으로는 볼 수 없는 기체로 되어 있다.

기체만으로 이루어진 신은 공간 침투를 자유롭게 할 수 있고, 또 다른 기체와의 혼합도 별 어려움 없이 할 수 있는 높은 자유도를 가진다. 그리고 능력에 따라 집채만 한 몸 크기를 밀가루 한 알 정도로 축소할 수 있는 신들처럼, 신체를 자유롭게 축소·확대할 수 있는 이유로 사람을 비롯한 생명체의 몸 안에는 여러 동기에 따라 수없는 각종 신이 침투하여 사람의 생기를 흡수하고, 지혜를 이용하여 세력 확장을 꾀하고 있다. 때로는 전생의 업과 관련하여 침투하기도 하며, 사람이 호흡할 때 그리고 의식주와 관련한 활동을 할 때 등 사람은 무방비 상태로 신들의 출입처 및 안식처가 되고 있는 것이다.

그동안 우리는 육체가 자신이 전부인 것처럼, 몸을 가꾸고 몸의 건강만을 위한 물질적인 삶을 살아왔다.
신들이 수없이 많지만, 이제부터라도 우리는 사람과 관련한 신들만이라도 꼭 알아내고 대처 방법을 숙고하여야 하는 일이 다른 무엇보다도 막중하고도 급선무인 것을 깨달아야 한다.

하늘에서 신으로 계시는 여러 하늘님들 그리고 순수체 신들을 제외하고, 사람과 관련한 신은 사람신, 조상신, 넋·혼, 백골신, 본신, 주신, 띠신, 성신과 악신, 분신 등이 있다. 이 중 **사람신, 넋·혼,**

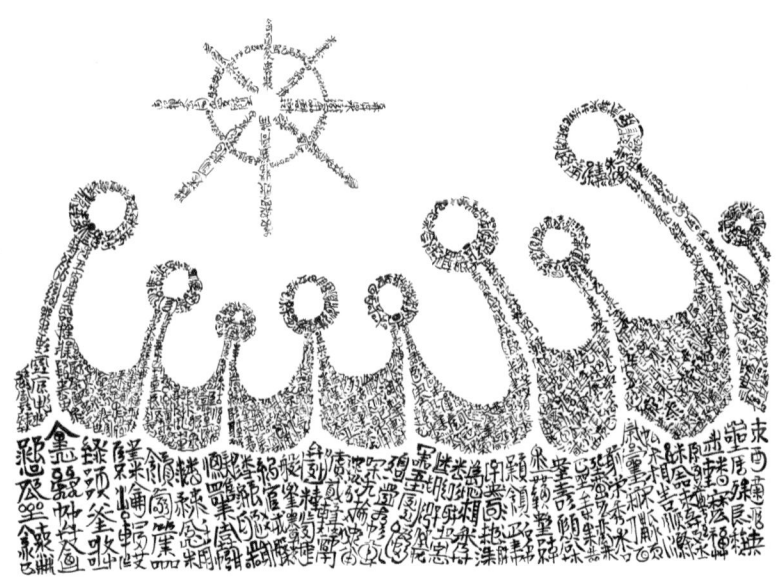

천문도 – 본향을 향하여

백골신, 본신에 관하여는 앞의 '사람에 관하여'의 장에서 설명하였으니, 여기에서는 조상신, 주신, 띠신, 성신과 악신, 사람신과 분신에 관해 기술하기로 한다.

조상신

사람이 생명을 다하면 사람신은 육체를 벗고 신의 세계에서 육체 없는 삶을 지속하는데, 사후 세계에서도 무력한 존재일 뿐, 대개는 살아있는 자손의 몸에 의지하여 살아가는 조상신이 된다. 조상신도 500년에서 1,000년의 신으로서의 수명을 다하면 신체가 흩어져 사라지고 영이 흘러나와 다음 생을 시작하게 된다.

사람보다 사람신이 열 배 가량을 더 사는 결과, 생존해 있는 자손의 수보다 훨씬 많은 조상신이 신으로 사는 삶을 살고 있는데,

나이의 고하를 막론하고 갓난 아이신부터 노인신에 이르기까지 모두를 조상신이라 한다. 왜냐하면 어린 모습의 신이지만 이들이 예외 없이 살아 있는 자손에게 영향을 끼치고 있기 때문이다.

주신

출생부터 사망까지 사람을 지배하는 신을 본신이라 하였는데, 또다시 본신을 주관하는 신을 주신이라 한다. 신의 세계는 여러 계열과 계보가 있으니 본신 또한 엄격한 위계질서하에 자기 계열과 계보의 최고신인 주신을 섬긴다. 따라서 사람이 본신의 지배를 받는다 함은 결국 본신을 지배하는 주신의 지배를 받는다는 의미이다. 달리 말하면 사람이 본신으로부터 벗어나려면 본신의 주신까지 물리쳐야 한다는 뜻이니, 이 때문에 결국 본신의 지배를 벗어나기 어려운 것이다.

사람이 다치거나 육이 손상을 입으면 사람신은 똑같이 다치거나 손상을 입지만, 본신과 주신은 전혀 손상당하지 않는 존재로서 사람과는 전혀 다른 존재이다.

띠신

해마다 정초가 되면 '올해는 쥐의 해이니 올해에 태어나는 여자는 다산하며 모성애가 강하여 현모양처 감이 될 것이다.' 또는 '호랑이해에 태어나는 사내아이는 용맹하고 큰 인물이 많이 난다.'는 등 태어난 해의 열두 동물의 기질과 성향을 사람이 닮게 된다고 하여 특정한 해의 출산을 장려하거나 꺼리고, 심지어는 띠를 결혼에 관한 남녀의 판단 자료로 활용하기도 한다.

선천 시대에는 열두 띠신들이 해마다 출생하는 아이들에게 각각 자기 계열의 신을 더 많이 투입하려고 치열한 경쟁을 하였다.

띠신과 본신은 반드시 일치하지는 않으며, 또한, 띠신은 열두 동물로만 구성되어 있지도 않다. 그리고 열두 동물 중 한두 가지 동물이 나라별로 다른 예도 있다. 예로써 태국과 베트남에서는 토끼 대신 고양이, 그리고 태국에서는 돼지 대신에 코끼리를 포함하여 12띠를 구성한다.

본신이나 띠신 외에도 식물과 어족류의 신 등 수많은 종류의 신들이 사람 몸에 침투하여 영향을 주는데, 그러한 여러 동식물류의 신들이 열두 계열로 나뉘어 해당 계열의 주관 신에게 각각 예속된 상태가 띠신의 체계이다.

현실 세계의 동물들의 모습과는 달리, 띠신과 기타 악신들은 신의 세계에서는 매우 험악한 모습을 하고 있다. 예를 들어 토끼신은 온순한 모습은 찾아볼 수 없고, 송곳니가 한자 정도로 매우 크고 날카로우며 집채만큼 큰 키에 두 발로 서있는 매우 사나운 모습이고, 쥐신 역시 커다란 이빨과 송아지만큼 커다란 몸집을 가진 모습을 하고 있기도 하다.

이러한 열두 띠신 역시 선천의 신들이 사람들 몸 안에 투입해 사람끼리 서로 분열하고 속박하여, 선천의 체제를 벗어나지 못 하게 하기 위해 만들었던 정교한 덫이다.

동양에서는 띠를, 서양에서는 별자리를 기준으로 사람들이 출생과 운세를 점치고 띠의 종류와 별자리 이름을 자주 발음하고 있으나, 그것을 생각하고 말하는 자체가 신을 발생시키고 있으니, 후천 사람들에게는 오행과 띠 그리고 별자리에 대한 관념은 반드시 버려야 할 선천의 유물인 것이다.

성신과 악신

사람과 관련한 신은 크게 성신(순수체신)과 악신으로 구별한다. 성신이란 100% 순수체인 반면, 악신이란 성신 이외의 거의 모든 신을-사람신(人神)을 제외하고-포괄하는데, 이들이 사람에게 좋지 않은 영향을 주기 때문에 '악신'이라 한다.

성령은 하나님전에서 창조하신 성스러운 영으로, 성령이 임하신 신이 성신이다. 이에 성령으로 잉태된 성신이라 함은 하나님전의 자녀임을 뜻한다.

이에 비해 악령이라 하는 것은 악신의 최고신의 창조물이다. 그 태생 자체가 악하며 사람, 동물 등 어디에나 들어가서 악신들을 창조하게 되는 악신 발생의 씨앗이 되는 것이다.

이때에 이르러 후천의 하나님전에서 심판하심으로 하늘에는 성령과 성신만이 계시니, 하늘에서 쫓겨 내려온 악령과 악신들은 이 땅에 숨어 전전긍긍하며 악신의 시대를 다시 열기 위해 기회를 엿보며 세력 확장을 위한 몸부림을 치고 있다.

이러한 악신들이 가장 많이 노리는 대상이 바로 사람이다. 이에 후천의 하나님전에서 사람에게 다시 한 번 기회를 주심이니, 후천의 하나님전을 찾는 이에게는 은사를 내리시어 그러한 악신들과 싸워 물리칠 수 있는 능력과 힘을 내려 주심이다. 그러나 악신의 모사와 술책에 넘어가 하나님전을 모른다 하는 자들은 모르는 것도 죄라 하시어 같이 멸하신다 하심이다. 이 한날한시가 중요한 때임을 알아야 한다.

사람이 바른 신앙과 도를 이루어 성령으로 잉태되어 성신으로 거듭나면 육을 떠난 후 하늘로 오르게 되는데, 바른 신앙과 도를 이루기 위해서는 먼저 참하나님전을 찾아 바른 믿음으로 바르게 정진하여 하나님전의 택하심을 입어야 한다. 이는 스스로가 하나님전의 은사를 담을 그릇을 만들어야 한다는 것이다.

스스로 자신의 그릇을 만들어 하나님전에서 그 그릇에 알맞은 은사를 내려 주시니, 천기의 은사로써 성령으로 잉태되어 성신으로 거듭나 자신을 지배하고 주관해 온 악신들과 싸워 물리치며 더 나아가 이 땅에 있는 전체 악신들을 심판함으로써 천군이 되어 하늘로 올라 천신을 이루는 것, 그것이 바로 바른 신앙과 도의 완성이다. 사람이 성령으로 잉태되어 성신으로 거듭나 하나님전의 주재하심 속에 영원히 함께할 수 있음이니, 그 이상의 축복된 삶이 어디 있겠는가.

일부 휴거를 말하는 이들은 어느 날 어느 때에 택하심으로 사람이 하늘로 들려 올려진다 하는데, 하늘은 성령과 성신이 계시는 곳이지 사람이 육을 지니고 들어갈 수 있는 곳이 아니다. 다만 자신이 하늘도를 이루어 성령으로 잉태되어 성신으로 거듭났을 때, 성신으로서만 갈 수 있는 곳이다.

또한, 서로들 '성령을 받으라.' 하는데, 성령은 하나님전에서 내려 주시는 은사로서 사람이 사사롭게 말할 수 있는 것이 아니다. 그 또한 구업으로써 천죄를 짓고 있음이다.[16]

사람신과 분신

모든 사람의 몸에는 그 사람을 닮은 기체로 된 사람신이 있는데, 이와 같은 사람신이 신도(神道)를 닦는 공부를 하게 되면 더 강하고 멋지게 변모한 신이 된다. 계속해서 신도를 닦게 되면 그 사람에게서 '분신'이 나오는데, 이렇게 탄생한 분신들은 하늘의 문관인 선관신이나 무관인 신장신 또는 천사신 등으로 활약하게 된다.
　사람신은 육을 가진 사람처럼 출산하지 못하는 대신, 이처럼 분신이 배출-하늘께서 분신을 뽑아 주심-되는 경우도 있지만, 악신들은 대략 20일의 짧은 수태 기간을 거쳐 한번에 다수의 악신을 출산한다. 이런 이유로 머리 좋은 사람이나 미인의 생명을 빼앗아 사람신으로 만들고 사람의 지혜와 모습을 닮은 악신들의 출산에 이용하였던 선천의 저승사자 제도가 있었다.

　하늘께서 성령을 사람신 안에 있는 영에 임하게 하시면, 마치 남녀가 결합하여 아이를 출산하듯이, 성신으로 거듭나게 되는 것이다. 그러나 이처럼 거듭난 성신은 100% 순수체신이 아니고 다만 성신화되어가는 과정에 있으므로, 각별히 바른 마음과 좋은 생각으로 정진하여야 분신들에게 좋은 영향을 주는 것이다. 우리가 앞의 '과학과 도의 만남'의 장에서 살펴보았던 관찰자 효과에서 관찰자의 마음을 아원자 입자(亞元子 粒子, subatomic particle)-마음과 물질의 중간 형태로 추측하며, 아원자가 모여서 중성자, 양자, 전자 등의 입자를 이룬다.-가 간파하여 변화하는 현상과 같은 원리이다.
　또한, 거듭난 성신은 갓난아이와 같은 상태로 여전히 힘센 악신들이 지배하는 사람 몸속에서 자라며 힘을 키우게 되는데, 점점 성장하여 성신의 힘으로 본신을 제압하게 되면 비로소 그 사람의 중심에 성신이 본신으로 자리하게 되며, 하늘을 주신으로 모시는 하늘 사람이 되는 것이다.
　따라서 육을 가진 사람은 이 시기에 성신의 편에 서서 성신이 본신을 제압하도록 바르게 그리고 부단히 정진해야 한다.

9. 관(觀)의 종류

관을 한다 함은 보는 것뿐만이 아니라 듣고, 느끼는 방법으로 자극이나 신호를 감각한다는 의미이다. 많은 사람이 도구나 오감을 통해 과학적이고 물질적인 감각만을 하고 있으며, 일부 소수가 보이지 않는 분야를 지각할 수 있는 상태이다.

철학자 켄 윌버(Ken Wilber, 1949~)는 인간이 어떤 눈으로 세상을 바라볼 수 있는가에 따라 육안, 심안, 영안의 세 종류의 눈-미립자로부터 우주 그리고 개인의 직관으로부터 영적 영역을 포괄하여 세상을 지각하는 눈-을 제시하였다.

첫째, 육안(The eye of flesh)이라고도 불리는 육신의 눈은, 인간의 오감 또는 현미경이나 망원경 같은 과학 도구를 통하여 물질의 외관 세계를 직접 겪으며 실증되는 현상만을 감각하는 열등한 눈이다. 과학이 발달할수록 육신의 눈이 커지게 되나, 보이지 않는 정신 작용과 영적 분야를 비과학적이라고 하여 인정하지 않는 한계를 보인다.

둘째, 켄 윌버가 'The eye of reason'이라고 명명한 논리의 눈은 철학, 수학, 물리학 등 각 분야 학문에 대한 학습과 같이, 이성적이고 논리적인 틀을 통하여 우리가 인식할 수 있는 지각의 틀을 말한다. 즉, 눈으로 보거나 몸으로 느낄 수 없는 현상이지만 전혀 지장을 받지 않고 온전히 습득하고 지각할 수 있는 눈을 말한다. 그러나 세상의 본질은 육신의 눈이나 논리의 눈으로만 볼 수 있는 세계가 전부가 아니며, 세상의 모든 것에 대한 절대적이며 초월적임과 동시에 본질적이고 불변적인 영역을 지각하여야 하는 문제가 남게 된다.

마지막으로, 영안이라고 하는 관조의 눈(The eye of contemplation)은 육신의 눈이나 이성의 눈에 익숙한 사람들에게는 너무도 낯선 지각의 틀이다. 사람들이 처음부터 관조의 눈이 없었던 것이 아니고, 육신의 눈과 이성의 눈만으로 일관되게 모든 것을 지각함에 따라 점차 관조의 눈을 상실하게 되었다고 한다. 따라서 수행이나 명상을 통하여 영안을 열리게 해야 한다고 켄 윌버는 주장한다. 만물에 깃들어 있는 영적 자료인 초월성, 영속성 등 세상의 본질은 관조의 눈을 통하여서만 지각할 수 있는 영역으로, 영성을 키우는 수행을 하여 닫힌 영안을 뜨게 한 후 세상의 초월 영역을 바라보라고 한다.

현재까지의 심리학 이론 중 켄 윌버가 제시한 세 종류의 눈은 가장 통찰력 있는 이론으로 인정받고 있으며, 특히 우리가 사는 세상의 진리를 깨우칠 도구로서의 관조의 눈에 대한 중요성을 강조하고 있다. 또한, 켄 윌버의 세 종류의 눈은 우리 의식의 스펙트럼을 적절히 분류하고 그것에 상응하는 감각과 지각의 틀을 제시한 획기적인 연구 결과이다.

그러나 여기에서도 우리가 반드시 알아야 할 숨겨진 지식이 있다. 이제부터는 사람이 세상을 감각 내지는 지각하는 방법으로서, 육관(肉觀), 신관(神觀), 정관(正觀), 영관(靈觀)에 관하여 기술하기로 한다. 네 가지는 관을 하는 주체에 따라 분류하였으며 그중 신관이 그동안 숨겨졌던 생소한 지식이다.

육관은 육안이나 촉감 또는 청각을 통하여 전달된 현상 그대로를 인식하는 단계이다. 인식의 과정을 넘어선 생각이나 논리가 개입한 단계는 이미 육관이 아니다. 현상을 그대로 인식하고 반응을 하므로 위급 상황에서의 본능적 반응이나 예술품을 보고 아름답거나 추하다는 등 대뇌의 사고 작용이 배제된 즉흥적인 예술적 반응이 대표적인 육관의 결과이다.

다음은 신관의 단계로서, 육관으로 인식한 정보에 관하여 생각이나 논리 작용을 거친 후 지각하게 하는 단계이다. **신관**-사람 안에 있는 신이 하는 관-을 하는 여럿의 주체 중에서 자기 고유의 신을 통한 관이 있으나 바로 다음에서 설명하기로 한다.
    여기에서의 관 주체는 자기 고유의 신이 아닌 외부로부터 자기의 육체에 깃든 타신(他神)이 육관을 통하여 인식한 정보를 그 타신에게 유리하게 꾸미거나 왜곡한 정보를 전달하여 사람에게 그에 맞는 반응을 하게 하는 관이다. 바로 이 책 4장 '정신과학의 딜레마'에서 설명한 '무의식적인 추론(준비전위)'을 통한 의식 조작의 과정이 여기에 해당한다.

여기에서 육관과 신관-정관을 포함-의 차이를 과학의 차원에서 설명해보자. 육관은 수많은 원소와 물질로 결합한 물체의 현상을 감각함을 뜻하지만, 신관은 허공에 채워진 미립자들의 이합집산 형상과 파동까지 감각하고 해석하는 수준이다. 마치 공기 중의 바람처럼 미립자들의 자유도가 높기 때문에, 육관에서는 결코 일어날 수 없는 현상-텔레파시를 포함-의 조작을 신관에서는 자유롭게 할 수 있는 것이다.

대개 신들린 사람이나 무당 등 '신통력'이 있거나 초능력자라고 불리는 사람들이 여기에 해당하는데, 결국에는 이들이 고분고분

말을 듣지 않거나 늙어서 이용가치가 떨어진다는 이유로, 타신의 버림을 받고 신통력을 잃은 폐인으로 전락하는 경우가 이에 해당한다. 모든 사람의 육체에는 자신 이외에 타신들이 깃들어 있는데, 그 경중만 차이가 있을 뿐 모두 빙의된 상태인 것이다.

본디 사람들은 타 존재가 아닌 자기 고유의 신이 관을 하고 그 의지대로 행위를 하도록 창조되었으나, 선천을 거치면서 사람들이 태초의 모습을 기억하지 못하도록 선천의 한 최고신이 고안한 본신과 주신제도의 영향이 바로 신관이다.

후천이 시작되었지만, 너무 오랫동안 선천 신관의 영향하에 살아온 결과, 지금까지도 신관이 세상을 보는 정상적인 틀이라는 착각을 할 뿐이다. 그러므로 타신에 의한 신관은 장구한 세월에 걸쳐 숨겨진 지식이었다.

이제는 후천이 되었지만, 사람의 몸속에서는 여전히 선천의 시스템이 작동하고 있으니, 이처럼 신관에 의존하여 얻은 자료는 많은 부분이 진실과 달라 사람들에게 잘못된 영향을 주게 된다.

따라서 힘없이 밀려나 있는 자기 고유의 신을 강하게 한 후 후천의 진리를 지각하고 그것에 따라 행위를 할 수 있는 관이 필요하게 된다.

자기 고유의 신을 수련을 통하여 강하게 하기도 하지만, 실상은 타신인 본신과 주신을 상대로 싸움을 계속하여 그들의 힘을 약하게 해야 하는 어려운 과정을 거쳐야 한다.

이처럼 자기 고유의 신이 하는 관을 **정관**이라고 한다. 바르게 지각한다는 의미이다. 이 정관을 통하면 선천 시대를 거치면서 왜곡되거나 날조된 지식과 구별되는 숨겨진 지식을 분별할 수 있는 것이다.

정관의 단계에서 좀 더 발전하면 영관의 단계가 있는데, 정관이 자기 고유의 '신'을 통한 지각을 한다면, **영관**은 진정한 자기인 '영'을 통하여 지각하는 관의 단계이다.

본디 영은 우주와 함께 수조 억 년을 살아온 지혜와 정보의 보고임과 동시에, 만물을 생명체로서 존재하게 하는 생명의 씨앗이므로 영관을 한다 함은 모든 사물의 영과 대화할 수 있는 단계를 말한다. 마침내는 초월적인 창조주의 의지와도 교감할 수 있으며 우주를 꿰뚫어 보는 경지이니, 이것이 바로 '영통'이다.

선천에서 후천의 과도기적인 시기를 사는 우리에게는 영관을 개안하기는 부단한 노력이 필요한 심히 어려운 과정이지만, 후천의 시간이 지나면 지날수록 영관을 하는 사람들이 늘어날 것이다.

자기 자신인 것처럼 사람 안에서 생각과 행위를 통제하는 신관의 틀과 그 행위 주체는 오랜 세월 동안 사람들로부터 숨겨진 지식이라 하였다. 선천의 세태와 같이 일방이 상대방을 속이고 이용하였던 과거와는 달리, 후천에서는 자연과 그 모든 것이 사람에게는 동반자요 공생자의 모습으로 다가오고 있다. 우주 만물 중 신관을 겪고 있는 사람만이 이를 모르고 있으니 속히 이 점을 깨달아 정관을 하며 정립하려는 의지와 노력이 절실히 필요한 시기이다.

10. 채식과 살생

생명체의 진정한 주체는 영이라고 하였으니, 과거의 수많은 윤회 과정을 보면 어떤 때는 사슴, 여우, 도마뱀, 또는 공작새, 앵무새 등 동물의 한 종류로, 또 다른 생은 씀바귀, 민들레, 들국화 또는 소나무, 느티나무 등 초목의 한 가지로, 또 다른 생은 나비, 딱정벌레, 메뚜기 등 곤충으로, 때로는 바위로, 또는 잉어나 모래무지로 생을 살았던 무수하고 다양한 전생이 있다. 한 생을 마친 영은 하염없이 흐르다 아무것에나 붙게 되면 그것이 바로 다음 생의 몸체와 신체(神體)가 되었던 윤회의 싸이클을 쳇바퀴 돌 듯 반복하여온 것이다.

선천에서는 영의 존재를 은폐하여야만 하였기에 이 윤회의 과정을 온전히 밝힐 수 없었으니, 사람들이 채식은 살생이 아니라는 잘못된 관념을 가질 수밖에 없었다. 또한, 일부 종교에서는 채식만을 강요하기도 한다. 앞의 윤회 과정에서 보았듯이, 스스로 움직이지 못하는 하찮은 풀이지만 거기에는 영이 깃들어 있는 엄연한 생명체인 것이다. 다만 그 생명체를 식량 삼아 습득하는 방법의 차이가 있을 뿐 가축을 도살하여 음식으로 취하는 것과 하등 다를 바 없는 살생이다.

또 다른 문제점은, 생명체가 죽임을 당하였지만, 그 모습대로의 신은 남아서 신으로서의 생을 시작한다는 것이다. 자기를 살생한 사람에게 원한을 품고 복수를 하게 되니, 하찮은 풀이지만 그것이 몸 안에 쌓여 뿌리를 내리게 되면 각종 암 병을 일으키는 심각한 결과로 나타나기도 한다. 어쩔 수 없이 생계를 위하여 도축하는 사람들의 경우라 하더라도 죽임을 당한 동물신들이 그 사람에게 복수하게 되는 것이다.

　필자가 경험한 일로, 과거에 묏자리를 잡아 달라는 의뢰를 받고 터를 잡아주고 작업 방법을 설명한 후 그 일을 잊고 있었으나, 필자의 건강에 문제가 생긴 후의 신적인 상황을 보니, 묘티 조성이나 기타 목적으로 직접 벌목한 적이 없었음에도 상당수의 나무신들이 필자의 몸에 깃들어 해를 가하는 신적인 모습이었다. 조그마한 묘 한 기의 터를 닦는다 해도 최소한 열 그루 정도의 나무들이 희생을 당하게 되니, 누적되면 많은 나무가 벌채된다. 직접 벌목을 한 적이 없으나 그 원인을 제공하였다는 이유로 고생하게 되었던 것이다. 어느 면으로 보면 신들의 작용은 사람이 이해할 수 있는 논리나 이치와 맞지 않는 사례가 발생하기도 하므로 꼭 필요한 경우가 아니면 생명체를 훼손하는 행위는 삼가야 한다.

　비단 풀과 같은 초목뿐만이 아니라 만물에는 그 모습대로의 생명이 깃들어 있으니, 자연을 훼손하거나 자연의 것들을 채취하는 행위도 신중을 기해야 한다. 사실 우리가 일상에서 이용하는 모든 것은 각각의 생명이 희생되어 우리 앞에 놓인 섭리가 있으니, 생명체들을 키워내는 대자연에 대한 감사함과 철저한 절약 습관 속에 사는 삶이 바로 후천을 사는 사람들의 모습이다.

11. 조상제와 천도제

사람들은 죽은 조상을 위하여 천도제를 올려 하늘에 조상신을 모신다는 의식을 종교의 힘을 빌어 치르고 있다. 조상 한 사람에 대하여 결코 만만치 않은 비용으로 의식을 행하지만, 사람신의 수명이 500년 내지는 1,000년임을 고려하면 조상신의 수가 꽤 많음을 알 수 있다. 따라서 한 조상신만 천도제를 치른다고 하여 나머지 조상신들의 문제가 다 해결되는 것도 아니다.

무엇보다도 중요한 것은 과연 하늘에서 순수체가 아닌 조상신을 받아들이겠는가 하는 문제이다. 생시의 사람 몸은 악신의 비율이 80% 정도이며 나머지 20% 정도만 온전히 지켜지는 상태라 하였다. 사람이 순수해지려면 싸워서 악신을 없애야 하는 엄청난 노력을 해야 하지만, 맑은 물에 먹물이 번지듯이 악기(惡氣)는 순식간에 번지는 이치이니, 하늘에서는 사람신을 받아들여 순수한 하늘을 악기로 오염시키는 일은 결코 없는 것이다.

그럼에도 종교계에서는 자손들에게 조상신을 천도한다는 명목으로 천도제를 하고 있는 실정이다. 그나마 헐벗고 굶주린 사람신의 형편은 전혀 개선되지 않고, 자손이 낸 금액에 따라 의식을 거행하는 기간의 장단만 고려되니, 천도제를 주관하는 사람이 하늘과 신계의 이치를 전혀 모르는 상태에서 제대로 된 천도제를 한다는 것은 그야말로 어불성설인 것이다.

대개 조상신들은 악신들이 두려워 자손의 몸 안에서 숨어 사는 형편이니, 조상신을 좋은 곳에 모시려면 최소한 입을 옷과 먹을 음식 그리고 외부 공격으로부터 안전한 거처를 마련해주어야 한다. 또한, 자손 몸 안에 있는 조상신의 수가 많으니 한 조상신만이 아닌, 일거에 모든 조상신을 대상으로 의식을 치러야 자손들의 문제가 해결되는 것이다.

  그리고 '천도제'라는 잘못된 용어로 자손들을 현혹해서는 안 되며, 지상의 안락한 곳-지상낙원-으로 조상신을 보내는 '조상제'를 하여야 한다.

조상제는 바른 도와 신앙을 만나지 못한 채 죽음을 맞이하고, 비참한 사후 세계를 살아가는 사람신을 위한 유일한 희망이라 할 수 있다. 조상제는 죽은 조상신(사람신)을 불러, 아픈 곳은 치료하고, 낡은 옷은 갈아 입혀, 신으로서의 삶을 마무리할 때까지 풍족하고 안락한 삶을 살 수 있도록 이 땅의 낙원 즉 '지상낙원'으로 보내주는 의식이다.
여기서 사람신이 가는 곳을 이 땅의 낙원이라고 말하는 이유는 사람신이 가는 곳이 하늘이 아니라 이 지구상의 한 궁성이기 때문이다. 물론, 그러한 궁성은 신의 세계에 존재하며, 사람의 육안으로는 볼 수 없다. 즉, 이 지상의 낙원인 것이다.
세상에서는 '지상낙원'을 육을 가진 사람이 사는 곳으로 생각하는데, 이는 잘못된 생각이다. 그곳은 죽은 사람이 지상에서 갈 수 있는 가장 행복한 곳으로, 특정 종교에 대한 믿음을 통해서가 아니라 '조상제'를 통해서만 갈 수 있는 곳이다.

세상에서는 '천도제'라 하여 사람을 하늘로 보낸다고 하는데 이는 맞지 않는 소리다. '천도'라는 말 자체가 '하늘로 이끈다'라는 뜻인데, 하늘은 성신님들이 사시는 곳으로 성신이 아닌 일반 사람신이 갈 수 있는 곳이 아니며, 육을 가진 사람이 갈 수 있는 곳도 아니다. 오직 성령으로 잉태된 성신만이, 100% 순수체이신 성신께서만 하늘에 오를 수 있는 것이다. 하늘께서는 하늘을 위해 일한 바 없으며, 백의 순수체가 아닌 일반 사람신을 하늘에 올리지 않으신다. 성신이 아닌 이상 사람은 죽음 이후에도 이 지구를 벗어나지 못한 채, 이 지상의 신의 세계에서 사람신으로서 살아가게 되는 것이다.

(중략)

조상신들이 조상제를 통해 이 땅의 신의 세계에서 영원히 사는 것 또한 영생이다. 사람은 죽으면 신의 세계에서 500~1,000년을 살다 수명이 다해 죽게 되는데, 조상제를 하게 되면, 조상신들은 신계에서 생을 마감하는 대신 이 땅의 지상낙원에서 영원한 삶을 살게 된다.

12. 수호신

이제까지의 이 책 내용만 보더라도 사람은 모두 빙의가 된 상태임을 부정하지는 못할 것이다. 다만 각자가 애써 빙의됨을 부정하고 싶겠지만, 실상은 사람마다 빙의의 성도가 중증이냐 경승이냐의 차이만 있는 것이다.

필자가 어렸을 때 집안의 어른 한 분이 경험한 이야기를 들은 적이 있다. 그 어른은 재주가 많고 머리가 명석한 분이나, 항상 하는 일이 성공하기 직전에서 틀어지는 등 뜻대로 되지 않아 낙담하며 시골 길의 주막에서 술을 들이켜며 쉬던 중, 어느 노인이 그 어른에게 조언하기를 "당신의 뒤에서 사람 키의 다섯 배 정도 큰 조상신이 당신을 보호한다며 따라다니는데, 당신의 일이 잘 안 풀리는 사단(事端)이 바로 뒤에서 따라다니는 당신의 수호령이라 자처하는 존재 때문이니, 불력의 힘을 빌려 그 존재를 절에 가두라."라고 하였다는 것이다.
그리고 얼마 있지 않아 그 어른은 노인의 조언대로 절차를 밟아 절에 그 신을 가두었다고 하였으나, 하는 일은 여전히 꼬이고 실패하는 연속이었으니 더욱더 낙심하는 그 어른을 보고, 어린 마음에도 혼란스러웠던 기억이 있다.

처음에는 필자의 어린 생각에 커다란 신이 그 어른을 보호하는 수호령을 자처하고 따라다니니 얼마나 든든할까 하고 부러워하기도 하였다.
그러나 후에 신도를 공부하고 그 상황을 돌이켜 판단하니, 사람신인 조상신은 그렇게 당당하게 자손의 뒤를 지키며 활보할 정도로 힘이 센 존재가 아니었다. 따라서 그 조상이 죽을 때 같이 빠져

후천에 입각한 제반 이론 167

나오는 넋·혼을 악신이 취하여 생시 조상의 모습을 하고 흉내를 내어 노인을 속였으리라는 추측이고, 그 존재는 그 어른을 주관하는 악신이었으리라는 생각이다.

   이처럼 사람들은 '수호신'이나 '수호령'이 그 사람을 지켜주는 존재라고 잘못 알고 동경하고 있으나, 실상은 자신들의 세력 확장을 위해 사람을 평생 지배하고 이용하는 악신이 그 실체인 것이다.

13. 사람의 운명에 작용하는 요인

본디 여성의 난자에는 본신이 되려고 대기하는 악신이 없었으며, 남자의 정자에도 본신이 되려는 악신이 없었고 사람이 되기 위한 영만 있었다. 따라서 사람은 고유의 사람 모습 그대로 사람 신이 본신이 되어 출생 시부터 죽을 때까지 자신의 의지로 살아가는 육신영이 하나 된 존재였다고 하였다.

이처럼 온전한 출생에 대하여 선천의 한 최고신이 **본신제도**-사람을 본신 지배하에 두려고 사람의 탄생에 개입하여 그 운명을 악신이 좌지우지하는 제도-를 사람에게 적용한 후 사람들의 운명을 완전히 선천 체계에 예속시켰던 것이다.

본신제도 외에 사람을 예속시킨 여러 방법이 있으나, **오행제도, 10간 12지**-10간(干)은 갑을병정무기경신임계(甲乙丙丁戊己庚辛壬癸), 12지(支)는 자축인묘진사오미신유술해(子丑寅卯辰巳午未申酉戌亥)-체계, **별자리 시스템**이 대표적이며 이것들의 운용 체계에 따라 사람의 육이 태어나고 운명이 결정되었다. 동양의 별자리 28수는 달의 공전 주기에 맞춰 황도와 적도 주변의 별자리들을 28구역으로 나누어 청룡, 백호, 주작, 현무의 네 방위신마다 각 방위의 7개 수를 주관하게 하였으며, 서양의 별자리는 하늘을 88구역으로 분할하여 88신들로 하여금 주관하게 하였다. 이밖에 **사람의 수명 단축과 저승사자제도** 등도 사람의 생사를 가르는 덫이 되었다.

위에 기록한 선천의 제도와 체계는 모든 사람에게 적용되는 법칙이지만, 이외에도 사람의 운명에 개별적으로 영향을 주는 몇 가지 요인이 있다.

일반적으로 사람의 운명에 크게 영향을 미치는 것은,
자신의 죽은 조상(조상신)으로 인한 영향이며,
자신의 조상 묘에 연결된 산화의 영향이며,
자신이 전생에 짓게 된 연·업·살·죄의 영향이며,
분별없는 기도와 수도를 통해 사람이 신을 선택함으로써 그 자만과 모순으로 인한 벌을 받게 되는 영향이다.

　그동안은 선천 세상이었기에 사람들은 자신의 미래 운명을 예측하는데 지대한 관심을 가지고, **사주**(四柱)나 **관상** 등으로 길흉화복을 점치는 방법을 선호해왔다. 그리고 **풍수지리** 이론에 따라 본인의 조상 묘의 길흉을 감별하거나 명당을 구하기 위해 적지 않은 노력을 기울이는 모습을 보아 왔으며, 종교적으로 운명 개선을 기원하는 방법 또한 선호하여 왔다.

　예를 들면, 우리나라 5,000만 인구 중 한날한시에 태어나 똑같은 사주를 가진 사람이 70명 정도이다. 그러나 추적 조사한 자료로는 이들이 제각기 다른 모습으로 생활하고 있으니 사주만으로는 사람의 운명에 관한 명확한 답을 얻을 수 없다.
　따라서 각기 다른 생김새로 운명을 점치는 관상학으로 그 한계를 타개하려 하나, 관상학상 닮은 모습이나 일란성 쌍둥이의 운명이 판이한 예를 설명하지 못하는 또 다른 문제가 있다.
　이런 이유로 사람 안의 신을 읽어내는 신기를 겸비한 역술인이나 신통력 있다는 지관을 '용하다.' 하여 사람들이 선호하는 것이다.

　이처럼 사주, 관상, 풍수지리, 기원 등에 의한 방법은 위에 예시한 사람 운명에 영향을 주는 여러 요인의 하나일 뿐, 전체를 아우르는 방법이 아니므로 그 적중의 한계가 있었던 것이다.

또한, 사주나 관상은 타고난 대로의 고정된 자료가 대부분으로 운명에 변화를 꾀하는 데 한계가 있으니, 풍수지리 또는 종교적인 기원을 함에 따라 변화를 주는 방법이 더욱 효과가 있는 것으로 인식되었을 뿐이다.

사람은 나름대로 의식을 통하여 기도와 수도의 기를 발산한다. 잘못된 종교 내부에서 집단으로 반복하는 기도의 기는 강한 기운을 만들어 종교 시설을 주관하는 신에게 전해져 점점 더 강성하게 된다. 그 신의 힘이 막강하므로 나중에 종교와 결별하고 싶어도 사람이 마음대로 떠나지 못하는 원인이 된다. 사람이 종교를 선택하는 것처럼 보일 뿐, 사실은 신이 사람을 선택하기 때문이다. 이런 이유로 종교를 통한 잘못된 기도와 수도는 사람에게 씌워지는 벗을 수 없는 굴레나 가피-'가피를 입었다'라는 등 좋은 뜻으로 알고 있으나, 실은 신이 내리는 형벌이다.-가 되는 것이다.

그리고 지금은 후천이 되어 선천 방법에 따른 미래의 예측이 맞아떨어지지 않으며 기존의 운명 개선 처방으로는 효력을 보지 못하는 현상들이 서서히 나타나고 있다. 다만 사람을 볼모로 버티고 있는 악신들로 인하여 사람에게는 아직도 선천 시스템이 그대로 작동되고 있는 실상이지만, 사람 육의 유한한 수명과 기타 요인으로 이런 현상이 오래가지는 않을 것이다.

사람들이 선천의 것을 말하고 집착하는 것 자체가 좋지 않은 기와 신을 계속 발생시키고, 사람 육이 후천 세계에 편입되는 시기를 늦추는 주된 원인이 된다. 따라서 미래의 사람 운명은 자신의 선택에 따라 변화-앞에서 설명한 양자물리학의 관찰자 효과에 따라서-할 것이므로, 좋지 못한 영향을 주는 선천 시스템을 버리고 후천의 이치에 따르는 선택을 하여야 할 것이다.

이러한 영향에서 벗어나기 위해서는,
조상으로 인한 영향은 조상제를 하여 조상신의 영향에서 벗어나야 하며, 조상의 묘로 인한 영향은 조상 묘를 좋은 곳으로 이장하거나 화장하여 산화의 영향으로부터 벗어나야 하며,
연·업·살·죄로 인한 영향과 잘못된 선택으로 인한 잘못된 기도·수도의 영향은 본인의 바른 기도와 수도를 통해 벗어나야 한다.

제2부 후천 풍수

1장. 후천 풍수관의 정립

　과학은 인류가 발전해 나아가는 데 꼭 필요한 이기(利器)이지만, 동시에, 우리가 진보해 나아가는 과정에서 때로는 족쇄(足鎖)로서의 악역을 하기도 한다. 상식으로 통하던 지식은 시간이 지남에 따라 새로운 모순과 한계에 부딪힐 가능성이 있는데, 그 결과 새로이 수면으로 떠오른 지식을 사회가 수긍하는 데는 그 시대 과학 수준에 맞는 증명을 거쳐야 하고 이에 적응하는 상당한 시간이 필요하기 때문이다.
　예로서, 인간이 다른 어떤 피 창조물보다 우월하고 지구는 신의 자손들이 사는 곳이라는 인간과 지구 중심의 우주관은, 태양과 별들이 지구를 중심으로 돌고 있다는 천동설(天動說)을 그 시대의 상식이라고 믿게 하였다. 그 후 종교적 또는 철학적 판단에 기초한 천동설의 모순이 점차 드러나며 코페르니쿠스에 의한 불완전한 지동설(地動說)을 거쳐, 튀코 브라헤(Tycho Brahe), 갈릴레오 갈릴레이, 케플러와 뉴턴 같은 학자들의 천체 관측자료를 바탕으로 한 지동설의 증거가 하나씩 발견되었다. 그리하여 기나긴 세월과 끊임없는 노력이 뒷받침된 후에야 비로소 지동설이 상식이 될 수 있었다.
　이처럼 과학적 증명이 이루어진다 해도 인간의 고정관념을 바꾸려면 종교적 성향을 포함하여 사회 전반에서 동의가 이루어져야 하므로 기나긴 시간과 함께 많은 희생과 노력이 필요한 것이다. 따라서 앞으로는 해박하거나 깊은 지식보다는 새로운 것에 대한 유연성과 적응력이 절실한 시대가 도래하고 있다.

이 책의 7장 내용 중 '사람의 운명에 작용하는 요인'에서, 사람의 운명을 결정하는 요인은 자신 고유의 타고난 운명만이 전부가 아님을 설명하였다.

그 요인을 크게 나누면, 첫째, 전생에 지은 연, 업, 살, 죄에 따른 영향 및 선천 체계에 따라 정해진 사주, 관상 등 오로지 자신에게 속한 요인이 있고, 둘째, 자신의 육체에 깃들어 있는 조상신-조상신 외의 다른 신들의 영향도 있다.-이 지은 연, 업, 살, 죄도 마찬가지로 자신의 운명에 영향을 주는 요인이다. 그리고 세 번째로 조상의 묘에 관련하여 산화의 영향이 자손에게 미치는데, 지금까지의 풍수지리는 대부분 조상 묘의 지세와 기운을 해석하여 자손의 길흉화복을 판단하는 술법(術法)적인 수준에 머물러 있었다.

이밖에 풍수지리에서 음택과 양택 분야가 차지하는 비중도 실제로는 음택 분야에 대부분 치중하여 있으나, 실상은 사람이 태어나서 성장하고 거주하는 집터와 가옥(양택)도 사람의 운명에 적지 않은 영향을 주고 있다.

한편 우리가 사물을 대하는 관점을 바로 잡아야 하는 선결문제가 있다. 지금은 후천 세상이니, 이제까지 움직이지 않는 사물은 비생명체라고 하거나, 막연히 만물은 생명체라는 인식을 하면서도 정작 어떤 사물이나 자연을 파괴하는 행위에 대하여는 전혀 거리낌이 없는 태도는 선천의 잘못된 사고임을 꼭 알아야 한다.

또한, 사람들이 '신'이라는 존재에 접근하지 못하도록 생각을 통제하여 물질에만 집착하게 한 선천신들의 술수로 인하여, 신을 말하는 사람을 마치 정신이 온전치 못한 사람으로 바라보고 따돌림당하게 하였다.

눈으로 보는 만물의 물리적인 형상이 객체라고 한다면, 만물을 이루는 기 자체가 신이며 만물의 주체이다. 즉 만물은 기로 이루어졌으며 그 기가 바로 신이니, 이제까지 만물의 주체인 신에 다가서지 못하도록 사람들의 의식이 통제당하였다. 결국, 선천신들이 사람들로부터 신의 영역을 차단하였던 의도는 자신들이 지배하는 선천 세상을 영속시키기 위한 술책이었던 것이다.

따라서 이 장에서는 사람의 운명에 영향을 주는 세 가지 요인 중 하나인 풍수지리에 대한 선천적 행태를 후천 세상에서 어떻게 바로잡은 후 전개하고 발전시켜야 하는가를 제시하고자 한다.

크게 보아 조상 묘가 자손에게 화복(禍福)의 기운을 전달하는 과정을 설명하는 감응론, 기존 장례문화의 개선 방안과 혈처의 바람직한 활용 방안, 과거 선천의 풍수지리에서 사용하였던 산천에 대한 명칭론, 산천을 해석하는 시각론의 네 분야에서 우선 후천 풍수의 기초를 정립하기로 한다.

2장. 감응론

우리에게는 기와 신의 세계 같은 미지의 영역 탐구가 숙명적인 난제로 남아 있지만, 사람들은 그 미지의 영역을 과거와 현재의 지식으로 이해하려는 타성에 젖어 있다. 하지만 미지의 영역을 이해하기 위해서 과거에 성립된 전통이나 공식 또는 고전을 돌이켜 현재와 미래에까지 적용하고 예측하려는 시스템과는 결별을 고해야 한다. 이 점은 사회 전반에서 뿐만이 아니라 풍수지리 분야에서도 반드시 고려되어야 한다.

풍수에서의 감응론이란 흔히 조상 묘가 자손에게 화복의 영향을 주는 인자(因子)는 무엇이고, 어떠한 메커니즘을 통하여 그 영향이 전달되는가를 해석하는 이론이다.

조상의 체백과 자손 간에 영향을 주는 인자를 밝히기 위해서는 감응 주체를 파악해야 한다. 지금까지 수천 년 동안 풍수학계의 정설로 여겨졌던 동기감응이론에서 의미하는 불분명한 감응 주체를 정의하고, 여전히 미궁에서 헤매는 그 전달 과정(메커니즘)을 뚜렷하게 정립하여야 한다.

-그리하여 수천 년 역사 이래로 고정 틀에 박힌 선천풍수 관념을 후천의 그것으로 정립하는 일이 앞으로 사람들의 많은 저항과 비판에도 불구하고, 반드시 이루어져야 한다.-

1. 동기감응론의 한계

　동기감응에 대한 풍수 고서의 기록을 보면, <청오경>에서 "離形歸眞 精神入門 骨骸反根 吉氣感應 累福及人"이라 하여, 사람이 죽는 것은 생시의 현상을 떠나서 본디로 회귀하는 것이다. 정신은 신의 세계로, 그리고 뼈는 본래의 흙으로 돌아가는 것이므로 만약 그 뼈가 좋은 기와 감응하면 그 뼈의 생시 인연인 자손에게 복이 쌓이는 것이다."라고 하였다.

　1800년 전 동진(東晉) 사람 곽박(郭璞) 경순(景純)은 풍수의 비조(鼻祖) 또는 종사(宗師)로서 풍수지리의 기초를 확립한 바, <금낭경(錦囊經)>의 내용으로 "풍수법이란 천지의 생기, 땅속의 생기, 해골의 생기를 합쳐 하나로 만들어서 자손들이 해골을 매개로 하여 천지의 생기를 입어 행복하게 되고자 하는 이용후생(利用厚生)의 기술이다." 또한 "장사(葬事)는 생기를 받는 것이다. 생기는 땅속으로 흐른다. 사람은 부모로부터 몸을 받았기 때문에 부모의 유골이 생기를 얻으면 자식은 음덕(蔭德)을 받는다. 기(氣)가 감응하면 길흉화복이 자식에게 미치는데 이는 동산서붕(銅山西崩) 영종동응(靈鐘東應)하는 이치와 같다." 라고 기술하고 있다.

　수천 년을 금과옥조처럼 전해 내려온 동기감응론을 분석하고 비판함은, 오늘날 풍수의 이론과 실상이 모호하고 비논리적이라고 평가받는 한계를 극복함과 동시에 후천 풍수를 정립하는 첫걸음이자 필수불가결한 절차라고 하겠다.

　동기감응이라 함은 특정한 기를 가진 대상의 진동이나 파장이 어떠한 수단과 경로로 같은 기를 가진 다른 대상에게 전달되는가에 관한 해석이다. 현대의 과학에서는 이를 파장이론 즉 공명(共

鳴)현상으로 설명하고 있다.

공명현상

어떤 물체에 충격을 주면 그 물체가 진동하게 되는데 이를 "강제진동"이라 하고, 또한, 특정 물체가 진동할 때 그에 해당하는 특유의 진동수와 음을 내며 진동하는데 이 특유의 진동수를 '고유진동수'라고 한다. 강제진동수가 그 물체의 고유진동수와 일치하면 진폭이 증가하게 된다. 이러한 현상을 '공명'이라고 한다. 강제진동시키는 소리굽쇠와 옆의 소리굽쇠의 고유진동수가 같은 경우 강제진동시키지 않은 다른 한쪽이 따라서 진동을 하는 원리이다.

공명의 예로서, 방송을 듣기 위해서 전파의 진동수와 라디오 동조회로의 진동수를 일치시키는 라디오의 주파수 선국(選局), 물 분자의 고유진동수와 같은 파장을 일으켜 음식물 속 물 분자의 공명현상을 유발하고 그 마찰열로 조리하는 전자레인지, 여러 소리를 내는 각종 악기 등이 대표적이다.

특이한 예로서, 1831년 영국의 캘버리 부대가 맨체스터 근교의 한 육교 위를 지나갈 때 부대의 행진 박자가 다리의 고유진동수와 일치하여 다리가 붕괴하는 사고가 발생하였으며, 이 사고 후로 군대가 다리 위를 지날 때는 박자를 맞추지 않는다 한다.

또한, 1940년 당시에는 신공법인 현수교로서 세상에서 가장 아름다운 다리라고 격찬했던 워싱턴주의 타코마 다리가 개통 후 불과 4개월 만에 산들바람과 공명을 일으켜서 붕괴하는 사고가 있었는데, 작은 바람이지만 다리의 자연진동수와 같은 진동수로 불어오니 공명이 발생하였고, 계속 부는 바람으로 진폭이 점점 커지며 붕괴한 것이다.

흔히들 이러한 공명현상을 조상 유골과 자손의 동일 유전자 감응으로 연관 지어 설명하는 예가 많다.

 이와는 달리 혹자는 무선 주파수 원리로 기감응 현상을 파악하기도 한다. 즉 라디오나 무전기는 거리에 구애받지 않고 각종 정보를 소리로 전달하므로, 무선 주파수를 동기감응의 메커니즘으로 설명하기도 한다.
 최근에는 실험대상자와 그 대상자의 정자를 격리하고 실험대상자에게 전기 자극을 가한 후, 자극을 받지 않은 정자 쪽의 반응을 관찰하는 실험에서도 전자기적 공명현상으로 서로 영향을 미친다는 결론을 얻는 등 유사한 여러 실험이 있었다.

 앞의 주장들이 얼핏 과학적인 것처럼 보임과 동시에 이론적으로 무리가 없어 보이니, 대다수의 풍수 연구가들이 이에 대하여 전면적인 반론도 제기하지 않아 왔다. 다만, 이 이론을 일부 보완하려는 연구 결과를 근래에 일각에서 발표하고 있을 뿐이다.

 동기감응의 유래
 동기감응의 유래로서, 한(漢)나라 미앙궁에서 어느 날 저녁 아무런 이유 없이 종이 스스로 울렸다. 한무제(漢武帝)가 의아해하며 지혜가 많은 동방삭(東方朔)에게 그 연유를 물으니 "필시 서촉(西蜀)의 구리 광산이 붕괴하였을 것입니다."라고 하였다. 얼마 후 서촉 땅의 동산(銅山)이 무너졌다는 소식을 전령이 전했다. 시기를 헤아려보니 바로 미앙궁에서 종이 스스로 울던 그때였다.
 한무제가 놀라 어떻게 그 일을 알았느냐고 물으니 동방삭이 대답하기를 "서촉의 동산(銅山)과 그곳에서 나는 구리로 만든 영종(靈鍾)이 서로 같은 기 감응을 하므로 어미 산이 무너지자 그 자식이 애통해 하여 스스로 울린 것입니다."라고 하였다. 이에 황제가

"미물도 그러할 진데 하물며 사람에게 있어서는 어떠하겠는가? 부모의 유해가 동기(同氣)인 자손에게 영향을 주는 것은 자연의 이치다."라고 하였다는 <장경>의 기록이 있다. 이 고사(故事)를 시초로 동기감응설이 전래하였다.

동기감응론의 한계

현대 과학에 의한 신속한 통신수단이나 교통, 그리고 누적된 사례들에 대한 체계적이고 통계적인 연구 방법은, 과거에 미처 규명치 못했거나 명쾌하게 결론 내지 못한 사건들을 분석할 수 있게 하고 있다. 그 결과, 이 동기감응론의 여러 한계 현상이 나타나고 있다.

첫째, 앞의 고전 내용에서는 기가 자손에게 전달되는 구체적 과정(메커니즘)을 제시하지 못하였으며,

둘째, 기를 운용하는 주체에 대하여 파악하지 못하여 마치 기 자체가 스스로 판단하고 이동하여 감응하는 듯한 추측을 하게 한다.

셋째, 같은 유선인사를 가진 혈족관계 이외에는 기감응현상을 설명하지 못하는 점이다. 즉, 둘 중 하나가 망자(亡者)인 부부(夫婦), 양부모(養父母)와 양자녀, 시댁 조상과 며느리, 스승과 제자, 화장한 유골-화장으로 유전자가 변형된다고 추측한다.-과 그 자손 등 혈통이 같지 않은 사람 사이에 기감응현상이 나타나는 현상을 규명하지 못하고 있다.

또한, 초혼묘, 가묘, 양택의 경우 등 기감응에 있어야 할 주체(백골)가 존재하지 않는 상태에서의 기감응을 설명하지 못하는 한계를 보인다.

이런 이유로 '광의의 동기감응설' 또는 '유사 동기감응론' 등 명칭을 바꾸거나 이론 자체를 보완 내지는 수정하는 주장들이 궁여지책으로 나타나고 있다.

2. 인연감응설(因緣感應說)

인연이란 사람과 사람 사이에 이루어지는 관계 또는 연고(緣故)라고 할 수 있으며, 어떤 사물과 관련된 연줄도 포함된다. 인연은 유전인자와는 개념의 차이가 있으니 유전인자를 포함하는 훨씬 광의의 개념이다. 따라서 조상과 자손의 관계는 당연히 인연의 범주에 속한다 하겠다.

같은 혈통인 조상과 자손은 물론, 앞에서의 예와 같이 둘 중 하나가 사망한 부부, 양부모와 양자녀, 시댁 조상과 며느리, 스승과 제자, 사랑으로 인연이 된 연인, 화장한 유골과 그 자손 등 서로 유전자가 같지 않은 사례의 기 감응 현상을 인연감응설로 설명하는 데는 문제가 없다. "옷깃만 스쳐도 인연이다."라는 말처럼 인연의 범위는 넓다.

가묘와 초혼묘

가묘와 초혼묘의 풍수적 발복에 관한 많은 사례가 있지만, 집안마다 명당에 대하여 은밀시하는 경향과 자기 집안의 허물이 포함된 사정으로, 그것에 대한 공개나 발표를 매우 조심스러워하는 어려움이 있다. 따라서 그 집안의 양해를 얻기도 어려워, 어쩔 수 없이 저자의 집안 산소에 대한 예를 적기로 한다.

『1998년부터 3년 여 동안 저자의 조부모 산소 자리가 흉지임을 알고 서울에서 남해안의 고향까지 수십 차례를 왕복하며 이장처를 물색하던 시절이 있었다. 고향에는 공동묘지가 없으니 노인들은 신후지(身後地)를 구하지 못해 사후 어려움을 겪지나 않을까 하는 노파심으로 터가 남아나지 않으니, 묘터 구하기가 그야말로 하늘의 별 따기였다.

몇 년간 쏟은 정성과 고생스러움은 지금 상기해도 새롭다. 드디어 2002년 아늑한 산자락에 두 봉분 정도 쓸 장소의 묘지 사용을 땅 주인인 고향 마을 어른에게 간곡히 부탁하여 승낙을 받았다. 이어서 기쁜 마음으로 필자의 작은 집 숙부를 뵙고 이장에 대한 동의를 구하였으나, 뜻대로 되지 않았고 그 후로도 반대함이 요지부동이었다.

이장 반대가 계속되는 동안 건강했던 숙부의 두 아들(사촌 동생)

이 차례로 비명횡사하는 일이 있었고 작은 집 식구들이 병환에 시달렸지만, 숙부는 마음을 바꾸지 않았다.

　숙부의 반대로 시간을 지체하여, 행여 지주 분의 마음이 바뀌어 승낙해 준 곳에 신소를 쓰지 못하는 사태가 벌어지면 어찌하나 하는 조급함에 우선 가묘(假墓)를 써서 자리를 확고하게 차지하고 동의를 기다리기로 하였다.

　당시 단지 가묘를 만들었을 뿐으로 변한 것은 아무것도 없었으나, 저자가 하는 사업이 이상하리 만치 번창을 하기 시작하였다. 주위 사람들의 표현은 "불과 같이 일어난다."라고 했다. 그로부터 일 년 후 이장을 하였고, 반대가 심했던 숙부 내외도 "이장한 후로 7년여 동안 집안이 흉사 없이 무탈하게 지낸다."라고 수긍하게 되었다.
　어린 시절부터의 저자의 한 친구는 "능력은 뛰어나나 되는 일이 없다."라고 필자를 평하곤 했는데, 돌이켜 보면 틀린 말이 아니었다. 항상 손해 보며 산다는 관념으로 우울증을 안고 수십 년 동안 살아오던 중 가묘 발음 후로는 사업이 번창하고 오래된 우울증세도 사라지는 변화가 있었다.』

　이상 저자의 사례로서 가묘 발음-조상묘를 좋은 곳에 쓰고 그 영향으로 자손의 일이 잘되고 복을 받음-을 간략하게 소개하였다.

전문기관의 검증을 거친 사진으로, 2003년 필자의 선친 장례 중 하관할 때 땅속으로부터 분출되는 생기가 햇살에 투시되며 촬영됐다. 지금까지 생기의 촬영에 성공한 예가 없어 매우 희귀한 장면이다.

한편, 초혼묘(招魂墓)란 시신만 없고 보통의 묘와 같이 봉분 등을 조성한 산소로서 초혼단(壇)이라고 하기도 한다. 어떤 이유로 찾지 못한 시신의 혼(魂)-신이라 함이 맞다-을 머물게 하기 위한 목적이거나 화장 후 산골(散骨)하였으나 유족들의 망자에 대한 간절함으로 신이라도 모신다는 생각으로 종이에 망자의 이름을 써서 초혼묘를 만든다.

또한, 어느 집안의 선대 산소는 야밤에 도굴을 당했는데 캄캄하니 도굴꾼들이 안에 있는 전부를 무차별로 쓸어 담아 가져갔으나, 후손들이 한동안 유골이 없어진 사실을 모르는 상태에서 발음이 계속된 예도 있다. 이렇게 비어 있는 묘와 자손 사이에서의 감응 현상도 드물지 않게 일어난다.

또 다른 예로, 어느 집안의 양자(養子)와 생전에 보지도 못한 양(養)고조부 사이-생존 시기가 몇 세대 이상 벌어지고 같은 혈통이 아니니 인연이 맺어지지 어렵다는 추론-에 서로 미치는 영향을 인연감응이라고 흔쾌히 받아들이기도 쉽지 않다.

여하튼 생시의 연(緣)이 전혀 없거나 가묘나 초혼묘처럼 유골이 없는 묘와 자손 간의 발음현상을 인연감응설로 정리하기도 혼란스러울 뿐이다. 이런 이유로 혹자는 지금까지의 현상을 포괄하여 정리한 혼합(混合)감응설을 이야기하기도 하지만, 이 또한 한 보따리에 여러 종류의 것을 담았을 뿐이니, 각각의 이론 범주를 벗어나지 못한다.

3. 영혼감응설(靈魂感應說)

요즈음 산업계에서 '규격 표준화'라는 말을 자주 사용한다. 이처럼 풍수 분야를 연구하려면 최소한 용어의 표준화가 절실하다 하겠다. 우리가 흔히 쓰는 용어로 '영혼', '혼(魂)' '귀(鬼)', '백(魄)' 또는 '혼백(魂魄)'을 모두 포괄하는 의미로 '신(神)'이라는 단어가 적합하다 하겠다. 세상에서는 '신'이란 용어가 종교에서의 유일신이나 귀신을 떠올릴 수도 있다는 선입관으로 그 사용을 꺼리는 반면, '영혼'이란 단어는 종교적이고 품위 있는 느낌이 든다 하여 많이 사용할 뿐 본래 의미와는 다르다. (이 책의 5장 '사람에 관하여'에서 사람의 구성요소 중 '넋·혼'과 '영' 참고)

이제까지 '기(氣)'라는 말을 자주 사용하였지만, 그 자체가 스스로 활동하는 능력이 있다는 오해로 또 다른 모순과 혼란을 가져왔고, 정작 기 감응 현상을 오랫동안 물질의 기준에서 분석하는 오류를 범해 왔다.

    그렇다면, 그 기준을 '기의 주체'를 파악하여 해석하는 수준으로 끌어올린다면 앞서 이야기한 난제들이 일시에 풀리리라 본다. 다시 말하면, 물질의 근본인 기 자체는 스스로 독립한 능동체가 아니고, 다양한 주체들에 의하여 운용되는 다양한 객체로서 이해하면 된다.

    이 기준을 토대로, 지금까지의 현상들을 이치에 맞게 포괄하는 또 다른 이론인 영혼감응설이 출현하기에 이르렀다. 앞서 말한 바와 같이 이 설은 이제까지의 물질에 치우친 판단 기준을 기와 '영혼'의 영역으로 한 단계 끌어올렸다고 생각한다. 어쨌든 신이 자기와 연관된 기를 자손 등 산 사람에게 전달한다는 입장이다.

    모두 기의 존재에 대하여는 수긍을 하는 태도이나, 영혼이니 신이니 하는 존재는 애초부터 풍수지리와는 무관한 종교 분야라고 하여 철저하게 외면당하였다. 그러나 그 존재를 끌어들이지 않고서는 기와 그 감응 현상을 올바르게 이해할 수 없다. 우리 주변에서 흔히 결혼을 못하고 사망한 사람을 위해 적지 않은 돈을 들여 치르는 '영혼결혼식'은 신을 이해하는 좋은 예일 것이다.

    영혼감응설은 현재 잘 알려지지 않았고 이론 정립도 미완성 상태이지만, 일부에서 지금까지 가장 설득력이 있다고 판단하고 있다. 그러나 만물의 영장이라는 인간이 사후에도 당연히 만물의 근본인 각종 기를 지배한다는 인간 우월의 사고에 기초한다. 고대에서 중세까지의 오랜 상식이었던 천동설을 출발시킨 인간 중심관과 같은 맥락이다.

천문 풍수부적

또 한 가지는, 대부분 풍수연구가가 땅 위 양택의 예-대부분 양택지가 혈에 있지 않다.-에서는 이러한 기 감응 이론을 고려하지 않고 있다. 단지 '한정된 공간'을 통하여 거주자와 집 및 주변 자연이 서로 영향을 미치는 '응기(應氣)' 현상으로 해석한다. 아마도 '시간과 공간을 초월'하는 유골과 자손 간의 기 감응 관계인 동기감응론도 온전하게 정립이 안 된 상태에서, 유골조차도 없는 기 감응을 판단하기에는 혼란만 더해질 것이라는 연유에서일 것이다.

그러나 동종(銅鐘)과 구리산의 공중을 통한 기 교감이 동기감응의 유래가 된 바와 같이 당연히 양택도 음택과 같이 거리를 초월한 기 감응의 연구대상이다.

여기서 강조하는 바는, 지하의 묘 관련 시설이나 유골 등의 연고가 전혀 없는, 즉 조상신이 아예 없는 상황에서도 엄연한 기 감응이 이루어지고 있다는 사실이다.

우리나라의 걸출한 인물 중 상당수는 출생 시 좋은 가상(家相)-집의 위치나 방향, 구조의 길흉을 말함-이나 명당 집터의 기를 받으며 태어나서 성장하고, 외지에서 거리에 구애됨이 없이 계속 그 감응을 받으며 출세한 예가 많이 있다.

결론을 말하면, 조상신이 자손과 감응을 한다는 영혼감응설은 한쪽 상대방을 지나치게 조상의 '영혼'에만 국한하였다. 풍수에서의 기감응의 상대방은 기로 이루어진 각각의 만물 형상을 한 수많은 '신(神)'이라는 생명체이다.

4. 연기론(緣氣論)

원래 하늘에서 얻어지는 햇빛이나 달빛과 같은 기가 우리 삶에 절대적이지만, 여기에서는 지기(地氣) 중에서도 풍수와 관련한 기를 다루기로 한다. 풍수지리에서는 기를 생기(生氣)와 응기(應氣)로 크게 나누고 있다.

생기란 땅속을 흐르며 만물을 생성하는 일종의 기운이고, 진행하다가 일정한 조건의 지형을 만나서 흐름을 멈추고 뭉친 곳을 혈(穴)이라 한다. 땅속을 흐르니 산소 자리를 칭하는 음택(陰宅)에서 주된 관심사였다. 한편 양택에서도 생기나 혈을 중요시하지만,

대개 산속에 있는 혈처는 사람이 살 수 있는 조건-식수, 도로 등-을 갖추지 못한 경우가 많아 상대적으로 그 활용 예가 적을 뿐이다.

응기란 물체와 물체, 산과 산 사이의 공중을 통하여 서로 주고받는 기운으로서 길하기도 하고 또 어떤 것은 흉하기도 한 기운이다. 음택 및 사람의 거주 공간인 양택(陽宅) 분야에서 고루 다루고 있다.

우리 주변의 기의 종류는 상상하는 것보다 훨씬 더 많고 다양하다. 정확히 말하면, 물체나 생명체마다 각기 고유의 기를 발산한다. 또한, 물체나 기들 상호 간의 작용도 무척 다양하다 하겠다. 이를 생기와 응기로 단순히 나누어 그 감응과 영향에 대하여 이야기함은 너무도 막연하다. 한마디로 만물은 각각의 생명체로서 고유한 기를 가진다는 점이다.

그래서 어느 특정 지형이나 지점에 영향을 미치는 기들을 분석하고 평가함을 명칭하여 '연기론(緣氣論)'이라 함이 적절하다. 즉 다양하고 수많은 기를 포함하지만, 각각 기를 세분화하지 못하는 생기론이나 응기론은 앞으로 풍수이론을 전개하는 데 적합하지 않다. 달리 말하면, 각 기는 곧 개별 생명체인 신이기 때문에 단순히 생기론이나 응기론이라는 분류로는 신들의 다양성을 반영하지 못한다.

참고로, 동양철학에서는 기를 어느 곳이든 없는 곳이 없는 무소부재(無所不在)한 것으로, 새로 생기지도 없어지지도 않는 불생불멸(不生不滅)이요, 시작도 끝도 없는 무시무종(無始無終)의 존재로, 불변형질(不變形質)이라고 수천 년 전에 정의하고 있다. 또한, 기는 에너지이며 우주의 본원(本源)이라고 한다. 여기에서의 기란 신을 구성하는 재료임을 알 수 있는데, 기 자체 또는 그 상호작용의 다양함을 의미 있게 표현했다고 생각한다.

5. 연신감응설(緣神感應說)

앞에서와 같이, 산, 들, 바위의 모습을 한 자연신(自然神)이 풍수에서 기의 주인이다. 산이 흘러온 형상이나 그 모양을 '학(鶴)', '거북이(龜)' 또는 '옥녀' 등으로 표현하는 바, 그러한 느낌이 들거나 그 모습을 한 자연신을 묘사한 말이다.

풍수의 대상
기(氣)는 신(神)의 몸체이니, '사람과 기의 상호작용'만을 대상으로 하는 풍수 연구는 항상 모호하고 한계 상황에 부닥치므로 더 이상의 발전이 없다. 만물에는 기체로 이루어진 신이 같이 존재하니 '사람과 신의 상호작용'으로 그 대상을 바꿔야 한다.
또한, '조상의 백골과 자손' 간의 동기감응이라는 이원화의 문제를 다루었으나, 앞으로는, 양택 영역과 여타의 신들 즉 자연신, 백골신, 건물신, 사람신 등 여러 대상을 포괄하여 시각의 틀을 넓히고, 그에 따른 감응현상의 다양함을 보아야 한다. 그러나 한편으로는 신의 수가 헤아릴 수 없이 많으니 풍수와 관련한 대상만으로 범위를 국한할 수밖에 없을 것이다.

예를 들어, 묘를 둘러싸는 동서남북 4방위의 지형지물로 좌비(左臂: 왼팔, 청룡), 우비(右臂: 오른팔, 백호), 남수작(南朱雀), 북현무(北玄武) 또는 안산(案山), 조산(朝山), 요대수(腰帶水), 내맥(來脈), 노적사(露積砂), 옥인(玉印)바위 등 여러 명칭이 있다. 생김새와 걸맞는 기운을 가진 이와 같은 신들이 묘가 속한 자연신 또는 백골신과 상호 작용을 한다. 그 결과로 나온 자료는 다시 자연신 또는 백골신과 사람과의 감응으로 순식간에 전달된다.

권선징악

'남을 위하여 선행을 많이 한 집안에는 반드시 경사스러운 일이 넘친다.'라는 격언이다. 풍수사(風水師)들은 예외 없이 권선징악(勸善懲惡)의 철학을 강조한다. "명당을 얻으려면 3대가 덕을 쌓아야 한다." 또는 "부자는 그 부(富)를 지키거나 더 많은 부를 쌓기 위한 비행(卑行)으로 죄가 쌓여 3대를 지탱하지 못한다."라는 말이 있다.

묘의 집안 내력과 그 사람 생시의 행적을 살피기도 하는 바, 과거의 어떤 세도가가 권력을 얻고 지켜가는 과정에서 많은 악행을 행한 결과로서, 비록 돈과 권력으로 묏자리를 구하였으나 그곳의 혈(穴)을 점하지 못하고 엉뚱한 지점에 쓴 묘를 심심찮게 본다. 반면 지극한 효심이나 적선(積善)으로 뜻밖의 명당을 얻게 된 사연도 많이 보아 왔다. 이러한 현상이 우연히 그렇게 되었다고 하기에는 사례가 매우 많으니, 필자도 권선징악의 철학을 부정하지는 않는다.

대다수 풍수사는 권선징악의 영향을 주는 주역을 선대 조상이라고 설명하여 효를 부각시키나, 그러기에는 그 백골신(鬼)이 너무 나약하니 이치에 맞지 않는다. 또한, 혹자는 종교 신의 작용이라고 하지만, 그 신은 개인 간의 '카르마'에 관여하지도 않는다. 우리가 육안으로 보지는 못하지만, 타인에 대한 선행은 좋은 인업(人業)으로서 그 망자의 기체에 머물러 있을 것이고, 악행을 당한 사람들의 원망과 살기는 또한 그에 합당한 업(業)과 살(殺)이 되어 사후에도 악행자의 기운 속에 계속 남아 있다.

자연신은 이런 기운을 가진 백골신을 당연히 차별하여 자기와 합수-둘 이상의 신체(神體) 중 어느 한쪽이 다른 한쪽을 끌어당겨 자신의 일부로 합하는 현상-해도 될 대상인지 선택하려 할 것이다. 자손이 발복을 받아 부귀영화를 누리기 위해서는 조상의 백골신이 자연신과의 합수를 통하여 자연신의 기운을 전달 받음으로써 가능한 예가 많다.

연신감응의 이치

동기감응론의 첫 번째 한계인 감응의 메커니즘은 '마음 또는 느낌'이다. 또한, "만물은 기로 이루어져 있다."라고 한다. 그리고 신의 몸체는 기(氣)로 이루어져 있으니, 만물에는 물질 고유 모습의 신(氣體)이 있다.

다만 만물, 기, 신이라는 세 단어 중 유독 신이라는 말만 빼버린 상태에서 이제까지 풍수지리를 포함한 모든 분야의 연구가 이루어졌다.

따라서 기를 운용하는 주체는 사람신, 동토신, 산신, 나무신 등 흔한 만물형상 모습의 신이라 하였다. 물질과 달리 기는 자유도가 높으니 분리, 혼합, 이동이 쉬우므로 기로 된 신의 세계는 상상을 초월할 만큼 다양한 현상이 일어난다.

-한마디로 표현하자면 감응은 기(기는 미립자로 이루어졌다.)로 이루어진 신이 이동하는 현상이다.-

이 책 2장 과학과 도의 만남에서 코펜하겐 해석 중 미립자의 비국지성-잠깐이라도 인연을 맺었던 미립자들은 거리에 구애받지 않고 빛보다 빠른 속도로 서로 교감한다-이라는 특성과 상보성 원리의 추론-입자는 상황에 따라 알갱이 또는 파동 운동을 한다. 그리고 우리 마음의 실체는 우주 공간에 채워진 물질과 같은 미세한 입자들이다. 마음의 작용이 없을 때는 입자의 상태로 정지해 있지만, 마음을 움직이는 순간 마음의 입자들이 물결 운동을 하여 우주 공간으로 파동치며 순식간에 도달하는 원리이다.-에 따라 감응이 이루어진다. 신도 궁극적으로는 미립자로 이루어진 존재이기 때문이다.

참으로 <청오경>은 사람의 사후의 모습을 정확하게 기술하여 칭송할 만하니, 후세 사람들이 이를 바르게 해석해야 할 필요가 있다. "사람이 죽는 것은 생시의 현상을 떠나서 본디로 회귀하는 것이다. 정신은 신의 세계로……."라고 하여 묘에는 생시의 모습과 의식을 가진 조상신이 머물지 않고 단지 뼈-뼈에는 백골신이 있음-가 있을 뿐임을 설명하였으나, 사람들이 이를 간과하여 백골을 조상으로 떠받드는 관습을 철저히 지키며 효의 척도로 삼고 있는 것이다.

예로부터 풍수지리는 효와 발복 사상을 근간으로 하는데, <청오경>에서 밝힌 내용을 숙고해 보면 지금의 풍수지리가 효 사상과는 무관함을 암시하고 있다.

이 책의 앞부분에 사람의 구성 요소를 명시하였는데, 그중 풍수와 관련한 요소는 사람, 사람신, 백골신 그리고 사람에게 악영향을 주는 동물신-용이나 호랑이 등 주로 사납고 힘센 동물신을 말함-이 있다. 또한, 자연을 구성하는 산, 들, 바위, 하천 등 그 모습대로의 자연신과 터신이 주요한 위치를 차지하고 있다.

그러므로 두 번째 한계인 풍수에서 감응의 주체도 단순하지 않다. 대체로 명당 혈에서는 묘와 관련한 그곳의 터신 또는 자연신, 흉지의 경우는 그 묘의 백골신이다.

사람 사후에 묘와 관련한 모습을 다시 한 번 살펴보기로 한다. 사람이 생명을 다한 후 육을 빠져나온 사람신은 자신의 체백이 묻힐 장지에서 광중을 살피고 그곳에 머물지 떠날지를 판단하는데, 희박한 상황이지만 좋은 명당 혈일 때는 그곳에 머물기도 한다. 그러나 그 묘가 위치한 곳의 터신 입장에서는 원하지 않는 묘가 조성되어 땅속 생기를 빼앗기는 상황이 일어났으니, 결국, 그 신이 자신의 일부로 사람신을 합수하여 문제를 해결하는 현상이 종종 벌어진다. 물질계와 달리 기로 된 신계는 서로 섞임과 분리가 쉽기 때문이다. 이 결과 사람신은 신으로서 생명을 잃어버리고 단지 사람(자손)과 그곳 신 사이의 연결고리 역할을 하게 되니, 이 경우 감응의 주체는 터신이나 자연신이다.

따라서 터 주변의 '문필봉'이니 '노적사(露積砂)'니 '안산'이니 '요대수(腰帶水)'니 하는 표현은 그러한 모습의 자연신과 묘가 속한 터신 또는 자연신과의 기 감응 내용을 사람의 시각으로 표현한 것이다.

그러나 이는 어디까지나 일반적인 현상이다. 때로는 합수현상 없이 기 감응이 있을 수 있고, 유골(鬼)이 직접 자손에게 영향을 미칠 수도 있을 것이다. 왜냐면 그 영역은 사실 상상을 초월할 정도로 변화무쌍하니 이제까지 말한 것이 전부라고 말할 수는 없다. 물질이 배제된 신(기)의 작용이 워낙 변화무쌍하기 때문이다.

다음으로 묘가 수맥이 흐르는 등 좋지 않은 자리에 조성되었을 때에는, 사람신은 묘에 머물지 않고 대개 자손의 몸속에서 살아간다. 그러므로 위와 같은 터신과의 합수 현상은 일어나지 않으니 백골신-사람신과는 다른-이 감응의 주체이다. 문제는 백골신이 수맥파, 지전류, 나무뿌리 등에 의한 불편한 자극을 계속해서 받게 되므로, 좋은 터를 구하여 이장해달라는 요구를 지속해서 자손-정확하게 말하면 인연이 연결된 사람-에게 하게 되고 급기야 그 요구를 관철하기 위해 자손에게 해를 가하기도 한다.

위의 두 경우 중 어느 예를 보더라도 자손으로서 효의 개념은 없는 것으로, 처음의 예는 명당 혈에 묘를 조성함으로써 발복 감응이 일어나지만, 합수로 인하여 신의 생명을 잃은 조상신에 대하여는 오히려 대단한 불효가 된다. 그리고 나중의 흉지에 쓴 묘의 예에서는 진정한 조상이 아닌 백골신을 조상으로 섬기는 상황이 벌어지며, 동시에 사람에게는 좋지 않은 산화의 영향이 있게 된다. 따라서 우리나라의 묘터를 살펴보면 대부분이 흉지이므로, 조상신들은 대개 자손의 몸속에서 근근이 연명하고 있는 실상이다.

세 번째 동기감응론의 한계로, 동일 혈통이 아닌 사람 간에 이루어지는 감응현상을 설명하지 못하는 점이다. 즉, 전혀 혈통이 다른 예로서, 둘 중 하나가 망자(亡者)인 부부(夫婦), 양부모(養父母)와 양자녀, 시댁 조상과 며느리, 스승과 제자, 화장한 유골과 그 자손, 초혼묘, 가묘, 양택 등에 있어서 감응현상을 규명하지 못하는 한계가 있다.

그러므로 풍수에서의 감응의 쌍방은 생시의 생물학적인 혈통관계에 국한하지 않으니, 생시나 사후-망자를 자주 추억하거나 생각하므로 연이 맺어지기도 함-를 가리지 않는 상호 인연의 이치에 따라 감응이 일어나는 현상이다. 따라서 인연이 깊은 관계이면 감응도 강하게 일어나는 이치이다.

   과학 만능주의 즉, 과학의 경직성, 배타성과 후진성은 기와 신계에 대한 연구를 '귀신 타령'이라는 등 철저하게 외면하게 한다. 신이란 무지의 두려움이나 경외심을 가지는 그런 존재라기보다는, 흔하게 우리 주변에 널려 있는 만물과 같은 그런 존재일 뿐이다. 그리고 사람에게 영향을 끼치는 기는 스스로 주체가 될 수 없으니, 그것의 주인을 찾아내어 명칭을 부여함이 필요하다.
   귀(鬼), 영혼(靈魂), 신(神), 혼(魂), 백(魄) 또는 혼백(魂魄) 등 아직 용어조차 통일되지 않아 혼란스러우니 더는 한 치 앞도 전진하지 못한다. 그래서 앞에 나열한 단어들의 의미를 포괄하여, 만물의 기를 운용하는 주체를 '신(神)'이라 하였다. 동토신, 산신, 사람신, 나무신, 동물신, 바위신 등이 그 예이다.

   지금은 후천이니 '동기감응'이라는 용어와 같이 선천의 잔재로 말미암은 '기'라는 모호한 객체에 막혀 있던 상상력을 탈출시켜, 풍수의 주체이며 생명체인 '신'이라는 용어를 거리낌 없이 사용하고 신의 이치에 따른 접근을 하여야 한다.

   한 마디로 기 감응에 관련한 한쪽 파트너는, 앞의 영혼감응설에서의 '영혼'이라는 한정된 존재보다 훨씬 넓은 범위의, 천지의 만물에 깃들어 있는 신들이다. 그러나 풍수와는 무관한 신들이 너무 많으므로 정보량을 줄여 효율적인 연구를 할 필요가 있다 하겠다.
   따라서 자연에 속해 있는 수많은 신 가운데 사람과 인연이 있는 특정한 신들이 그 사람과 감응하니 **'연신감응설**(緣神感應設)'이라 한다. 감응의 주체는 기가 아닌 신이라 하였다. 즉 연관된 신-조상의 체백에만 한정하지 않고 자연신, 터신, 백골신, 건물신 등-이 주변 자연신이 보내는 정보와 상황을 인식하고 느끼는 마음의 작용이 곧 사람과의 감응으로 나타난다.

감응을 받는 사람도 본질은 신으로 생물학적인 '자손'으로만 국한할 수 없으니 양자, 며느리, 제자 등 그 대상이 다양하다. 또한, 한 사람 내지는 여러 사람-친자식과 제자 또는 딸과 며느리 등-이 감응을 받기도 한다. 따라서 이러한 마음의 작용을 잘 읽어내는 풍수가가 유능하다 하겠다.

선천에서는 이처럼 사람이 신에게 접근함을 철저히 막아 왔던 것이다.

앞에 설명한 코펜하겐 해석 중 얽힘 상태를 유지하는 양자 전송은 광속으로 도달할 수밖에 없는 아주 먼 거리에서도 측정할 수 있다는 내용이 있다. 즉 잠깐이라도 인연을 맺었던 미립자들은 가까이에 있든 아주 멀리 우주를 가로질러 반대편에 있든 아무런 장애 없이 빛보다 빠른 속도로 서로 교감하는 것이다.

이를 달리 말하면, 양자역학의 비국지성 및 상보성 원리에 따라 마음을 이루는 입자 상태로 있던 미립자(묘가 속한 자연신, 터신, 백골신 등)가 느낌에 따라 일순간 파동치며 얽힘 관계에 있는 다른 미립자(자손)와 순식간에 동조하는 연신감응이 일어나는 원리이다. 사람, 마음, 신 모두 미립자로 이루어졌기 때문이다.

풍수에서의 산천에 대한 해석을 포함하여 모든 분야의 기초가 되는 디자인 연구는 모양이나 물형을 중요한 정보로 취급한다.

그러나 그것은 어디까지나 '기'라고 하는 객체를 연구하는 단계이니, 앞으로는 기의 주체인 '신'에 초점을 맞추는 후천 풍수로 발전하여야 한다.

-왜냐하면 기는 일방적이고 모호하고 고정적인 비생명체의 개념이지만, 신은 끊임없이 서로 교감하고 명확하며 변화하는 생명체 자체를 뜻하기 때문이다.-

신계에 관한 지식은 이제까지 선천이 철저하게 숨겨왔던 기밀자료인 것이다.

지금까지의 사항을 종합하면, 기존 상식에 관하여 적지 않은 의혹이 일어나리라 본다. 만물의 영장인 인간의 사후 모습을 이 책의 앞에서 설명하였다고 하지만, 무엇보다 조상신의 정체에 관한 혼란스러움, 그와 관련된 효의 기준, '앞으로의 바람직한 장례문화' 등 여러 질문이 떠오르리라 본다.
지금까지의 혼란스러움을 명확히 정리하려면, 앞에서 신에 대한 관념의 변화와는 별도로, 인간 우월의 상념을 과감히 버리고 만물을 동등한 생명체로 보아야 하는 의식의 교정이 선행되어야 한다.

3장. 장례에 관한 넛지(nudge)

똑똑한 선택을 유도하는 부드러운 개입이라는 뜻의 '넛지 이론'이 요즈음 여러 분야에 적용되고 있다. 또 일부 외국에서는 이를 정책에 반영하여 정부의 '현명한 선택 설계'를 국민이 자연스럽게 따르도록 시도하는 추세이다.

팔을 잡아끌어서 어떤 행동을 하게 하는 적극적인 간섭이 아닌, '팔꿈치로 살짝 찌르는 정도의 부드러운 개입' 또는 '단지 팔꿈치로 툭 치면서 어떤 행동을 유도한다.'라는 의미이다.

사람들이 흔히 부적절한 선택을 하는 이유는 갖가지 편견 때문이라며, 현명한 선택을 하도록 부드럽게 유도하되, 선택의 자유는 여전히 개인에게 열려 있는 상태라는 말이다.

가령, "내일 투표할 거냐?"라고 묻는 것만으로도 실제 투표율을 높일 수 있다는 것이다. 또한, 암스테르담 공항에서 소변기에 파리 모양의 스티커를 붙여 놓는 아이디어만으로도 소변기 밖으로 새어 나가는 소변량을 80%나 줄일 수 있었던 사례가 널리 알려져 있다. 화장실을 깨끗이 사용하라는 경고나 파리를 겨냥하라는 문구를 붙여 놓았다면 그 효과는 현저히 감소하였을 것이다.

이제는 우리의 오랜 장례 풍습에 관하여 부드러운 '넛지'를 시도해 본다.

1. 효와 발복(發福)

건강한 사람의 기운은 음양이 조화를 이룬 상태이며, 사후에 양기(陽氣)인 '신(神)'과 음기(陰氣)로서 백(魄)에 담긴 '귀(鬼)'로 나뉜다.
여기에서 신이란 사람신을, 그리고 귀란 백골신을 말한다. 신계에서 백골신은 나약한 존재이지만 "지금 매장된 곳이 흉지이니 좋은 자리를 구하여 속히 이장을 해달라."라고 호소하기도 한다. 때로는 그 요구를 들어주지 않는 자손으로 하여금 화(禍)를 당하게도 하는 그런 존재이다. 또한, 명당에 있는 귀는 자연신과 합수되어 있기도 한데 이때는 본래의 정체(正體)를 상실한다고 하였다. 우리가 산자락에 묘나 집이 아닌, 다른 구조물을 설치한다 해도 마찬가지로 그곳의 자연신과 연결된다는 결론에 도달한다. 다만, 정도의 차이가 있을 뿐이다.

이제까지 백(魄)이니 귀(鬼)니 혼(魂)이니 신(神)이니 하는 말은 우리의 편견 탓에 다소 부정적인 이미지로 인식되어 왔다. 이에 대하여 실학자 성호 이익 선생께서 기술한 바를 요약한 내용으로, 신이란 원래 양명(陽明)한 성상의 것으로서 신령스럽고 영험함으로 지극히 밝은 '신명(神明)'의 경지에까지 이를 수 있는 존재라고 하여 그 고귀함을 일러두었다.
또한, <청오경>에서 사람의 사후에 정신은 신계로, 뼈는 흙으로…… 라고 이미 기술한 내용이 있는데, 정신이 곧 사람신이고 뼈에는 백골신이 있게 된다.
따라서 위 두 내용으로 미루어 보아도 묘에는 조상신이 머물지 않음을 미루어 알 수 있다.

백골신(鬼)은 땅속에서 처해 있는 모습, 즉 유골 또는 기타 형상의 기체(氣體)를 가지고 있는 반면, 신은 생시의 생김새와 의지가 있으니, 진정한 조상은 양(陽)의 기운을 가진 '신(神)'이다. 이제는 조상의 산소가 '효(孝)'와는 무관하다는 점을 눈치챌 때이다.

　-산소를 명당에 쓰고 정성스럽게 관리한다 함은 '발복(發福)'의 문제일 뿐이다.-

2. 장례 문화에 관한 편견

이제까지 전래하는 풍수와 장례에 관한 지식은 왜곡되고 과장된 내용이 많아 문제를 안고 있다. 또한, 여기에서는 '기와 신'을 대상으로 하니 과학의 시각에서는 이해가 어렵다. 바꾸어 말하면, 과학 수준이 아직 기와 신의 기준에 미치지 못한다고 하겠다.

장례 문화에 관한 편견 중 하나로, 음택이 양택보다 상대적으로 발음이 크고 빠르다 하여 양택 분야를 등한시하고 묘로 쓸 명당자리 구하는 데 혈안이 되어 있다. 이에 관하여 역사 속의 사례를 살펴보기로 한다.

『안동 시내에서 임하댐 방향으로 가다 보면 보물 450호로 지정된 의성(義城) 김씨 종가댁이 있다. 처음 이곳에 터 잡고 집 지은 김만근의 증손자 다섯 명이 모두 과거에 급제하였다 하여, 이 집을 '오자등과댁(五子登科宅)'이라 부른다. 그 외에도 과거 급제자 25명과 생원과 진사가 64명이 나왔다는 이유로 조선 시대의 양택 명당 모델이 되고 있다. 또한, 그 설계가 지혜로워 건축가들의 연구 대상이 되는 등 그 시대의 소중한 민가 건축 자료이다.

의성 김씨 종택

　전하는 바로는, 이 집에는 산실(産室)을 따로 두었는데 이 방에서 출생한 사람마다 과거에 급제하였다고 한다. 반면 다른 방에서 태어난 사람은 급제를 못 하였으니, 출가한 딸들이 출산이 임박한 때에는 친정으로 와 이 방에서만 아이를 낳으려고 했다고 한다.
　종가에서는 타성바지에게 지기(地氣)를 빼앗기지 않으려고 고심하다가 결국에는 그 방을 대청 일부로 만들어 폐쇄하기에 이르렀다. 그러나 그 후로 더는 인물이 나오지 않으니, 할 수 없이 폐쇄했던 산실을 복구하고 사용하게 하자, 다시 인재가 나오기 시작했다고 한다.』

　이외에도 비슷한 예가 많으나 강조하는 바는, 좋은 집터가 될 수 있는 곳을 묏자리로만 사용하려는 편견을 교정할 필요가 있다. 확실한 점은 양택이 음택 못지않게 발음이 빠르고 크다는 사실이다. 게다가 그 자리에 집을 지으면 여러 사람이 자연의 좋은 기를 받게 되니 더없이 좋은 '넛지' 아닌가?

또 다른 편견으로, 유해를 화장하면 조상과의 연이 끊어진다 하여 화장을 꺼리고 생장(生葬)-시신을 그대로 매장-을 선호한다는 관습이다. 또 혹자는 생장 시의 체질량과 화장 후의 유골의 체질량이 차이가 커 화장을 하면 상대적으로 발음(發蔭)-묘를 쓴 후 그 음덕으로 일이 잘 풀림-이 현저히 줄어든다는 주장을 하기도 한다. 이런 생각은 잘못된 관점에서 비롯한 오해이다. 저자는 전편에서 이 오해를 바로잡기 위한 '암시'를 상당 부분 할애하여 기술하였다.

-즉 발음은 물리적이거나 생물학적인 작용이 아니라 신적인 현상인 것이다.-

다시 상기하면, 비어 있는 가묘나 초혼 묘에서도 전혀 이상 없이 발음된다는 점이다. 그리고 체백(體魄)이 유골이나 납골 상태 또는 그 어떤 상태로 있든지 발복의 차이가 없다는 뜻이다.
미루어 굳이 비용이 많이 들고 자연 훼손이 심한 생장보다는 화장(火葬)이 훗날 벌초 등 관리하기에도 쉬울 것이라 함이 또 하나의 '넛지'이다.

3. 납골(納骨)과 자연장

앞에서 밝힌 바와 같이 사람과의 기 감응을 하는 실체가 분명해짐에 따라 장사(葬事) 방식을 선택하는 폭이 넓어졌다. 다행히 최근의 화장률이 74%에 이르고 있다 하니 고무적인 일이지만, 여전히 납골을 선호하는 추세이다. 그러나 화장 후 분골(粉骨)-뼈를 곱게 갈아서 가루로 만듦-하여 적당한 장소에 흩어 뿌리는 방법이 유골의 영향에서 완전히 벗어나는 무득무실(無得無失)의 방법으로 가장 바람직하며 앞으로 지향하여야 할 장사 방법이다.

하지만 풍습이나 법률 또는 정서상 집안 내의 합의가 어려운 이유로 이를 절충하는 대안으로, 돌로 만든 납골당에 골분(骨粉)이 담긴 용기를 안치하는 장법을 고수하여 왔다.
그런데 납골 장법은 결로 현상에 취약하여, 기계를 이용하여 강제 제습(除濕)을 하지 않는 한, 시간이 지날수록 불결한 환경으로 변하는 문제, 납골당 시설이 어느 산골짜기에 하나만 만들어진다 해도 그 일대의 전체 미관을 해친다는 사실, 그리고 비용면에서 그 설치 액수가 상당하다는 단점이 있다.

『참고로, 얼마 전까지 선호하였던 봉분형 산소는 봉분 표면에서 유골까지의 흙 깊이가 1.5미터 이상으로 우리나라 기후를 기준으로 볼 때 한서(寒暑)의 차이에 영향을 받지 않는 구조이다. 선인들의 지혜로 여름에 무더워 습기 차고 추운 겨울에 결로(結露)되는 현상을 극복하였다는 점이 구태여 말하자면 봉분형 산소의 장점이다.』

근래에 '자연장(정원장)' 장법이 고안되어 일부 호응을 얻고 있는데 필자도 산골을 하지 못하는 부득이한 경우에 이 장법을 추천하고 있다. 종래에는 봉분 하나나 둘을 조성하는 데 상당한 면적의 자연훼손을 할 수밖에 없었으나, 자연장은 봉분형의 한 귀퉁이 작은 땅의 규모에도 수십 기를 안치할 수 있어 대단히 효율적이다. 자연장의 방법은 몇 가지가 있는데 그중 하나를 설명한다.

먼저, 가로세로 각 30~50센티미터의 넓이와 0.5미터의 깊이로 땅을 판 후, '화장한 분골'과 '파낸 흙'을 잘 섞은 후 다시 메워 자연에 속히 친화되도록 하는 방법으로, 대단히 효율적이라 할 수 있다.

또 한 가지는, 화장한 후의 분골을 한지에 싸고 적절한 크기의 대나무 용기-죽공예함으로 통기성 좋음-나 통기 구멍이 있는 용기에 넣은 후 땅을 가로세로 각 30~50센티미터 넓이와 깊이 0.5~0.7미터 정도 파낸 후 안치하는 방법으로 지기(地氣)도 잘 받고 결로 현상이 없으며, 유실의 염려도 없어 만약을 대비하기에 좋은 장법이다.

다른 방법으로, 화장한 유골을 분골하지 않으면 크기가 밤톨보다 좀 큰데 그중 크게 남아 있는 것을 좀 더 작게 나눈 후 천연 재질의 용기에 담아 위와 같은 방법으로 좀 더 크고 깊게 땅을 판 후 안치하는데, 유골 사이의 통기성을 극대화하여 결로 현상을 극복할 수 있으나 부피가 좀 커지는 단점이 있다.

위의 장법 중 형편에 맞게 선택하여 안치한 후, 망자의 성명 등을 석판-흙 깊이가 얕게 안치하므로 빗물 침투를 방지하기 위해 메우는 흙을 잘 다지고 석판으로 덮는다.-에 새겨 각각 위치의 지면에 놓거나, 표지석 하나에 집단으로 성명, 사망일 등을 새겨 세우면 된다. 이어서 기존 석판에서 30센티미터를 띄우고 새로이 매장하는 식으로 차례차례 격자형 가족묘를 조성해 나가면 된다. 물론 표시물을 전혀 세우지 않아도 되는 선택이 있다.

　최근 권장되고 있는 '수목장'은 얼핏 자연과 어울리고 환경보호에 어긋나지 않는 듯 보여 인기를 얻고 있으나, 한 나무에 다수의 납골을 하지 않는 한, 땅의 활용에서 앞의 자연장보다는 효율성이 떨어진다. 무엇보다 나무 뿌리 옆에 안치하므로, 기의 측면에서 나무신이 백골신-조상의 유골신-을 합수해버리는 결과를 가져오기도 한다. 자손 또한, 나무신의 좋지 않은 영향-나무신 뿌리가 휘감아 마비, 반신불수, 동작장애 등의 발병 원인이 되기도 함-을 받는 예가 있으니, 오히려 그것을 자연으로 되돌리려는 애초 의도와는 동떨어진 잘못된 선택을 하게 된다.
　기로 이루어진 신계는 서로 섞임이 쉽다는 점을 유의해야 한다. 예컨대 '담배연기와 안개'가 자유롭게 섞이는 상상을 하면 된다. 또한, 우리도 신계에 속해 있지만, 물질이 개입되어 상호 간의 섞임이나 변형이 경직되고 자유스럽지 못할 뿐이다.

　자연장법은 가로세로 각각 3미터 정도의 면적만으로도 10여 기의 조상의 유골을 안치할 수 있다. 잔디를 심는 면적도 극히 작으니 벌초 걱정을 할 필요도 없다. 양지바른 곳이면 더 좋고, 깊은 산중이나 식수를 해결하지 못하여 주거용도로 쓰지 못하는 장소 중에서 혹 혈처가 있다면 여러 조상의 유골을 모시니 그 발복이 상당하다 하겠다.
　다만, 수맥파나 지전류를 피하여 자리를 정함이 좋다. '흉지'의 경우, 온전한 유골 상태에서는 자손에게 그 길흉에 영향을 주는 힘이 강하지만 분골된 상태로는 그 영향력이 현저히 감소한다. 다만, '이장을 해달라는 요구'가 오랜 세월 계속될 것이므로 흉지를 피하여 조성함이 바람직하다.

위의 예는 어디까지나 부득이한 때의 과도기적인 장법으로, 첫 번 예시한 방법대로 흙과 분골을 고루 섞어 되메우는 장법이 권장할 만하다.

그러나 종국에는 화장 후 산골-흩어 뿌림-함이 온전히 체백을 자연으로 되돌리고 신적인 현상을 사전에 방시하는 후천적인 장법이다. 또한, 헛수고와 낭비를 피하고 자연과 공생하며 사는 방식이다.

다만, 현재의 장사법이 산골을 제한하고 있으니, 상수원이나 식수원 등 일정한 범위에 산골 제한구역을 설정하는 내용의 법률 개정을 통하여 산골 장법을 활성화하여야 한다. 학계의 의견 또한 산골 장사법 제한을 완화해야 한다는 추세이다.

4. 혈처의 후천적 활용

여기에서 다시 암시하는 바, 이제까지는 하나 또는 둘의 체백이 수백 년 동안 혈처를 차지하는 현상이 있었으나, 앞으로는 좋은 자리를 산소로 조성함을 지양하고, 비단 당대의 식구들뿐만이 아닌 여러 후손이 대대로 좋은 생기를 받고 살 수 있게, 양택으로서의 이용을 먼저 생각하였으면 하는 '넛지'다.

나아가 좀 더 큰 대혈처인 경우에는 노약자나 병자들을 위해 요양이나 보조치료의 장소로 활용함을 적극적으로 권장한다. 즉 땅의 생기가 여러 사람에게 고루 혜택이 미치도록 하면서도 자연을 크게 훼손하지 않는 활용법이 후천적인 방법이다.

보이지 않는 분야도 물질적인 영역과 마찬가지로 사람을 위하여 존재하리라고 미루어 짐작하는 인간의 판단 기준은 어찌 보면 우매함의 극치를 달린다. 차라리 동물들은 모르는 세계에 대한 두려움과 최소한의 조심성은 가지고 있다.

이제는 자연을 보는 시각을 달리해야 한다. 움직이지 않으니 생명력이 없는 존재가 아닌, 기의 작용을 하는 유기체로서의 자연에 겸손하게 예의를 갖춰 대하여야 한다. 또한, 인간의 우월감을 털어 버리고 자연을 이용함에 고마운 마음을 지녀야 한다. 그리고 환경오염과 그 훼손은 최소한도에 그쳐야 한다고 생각한다.

돈 주고 살 수 있는 것은 물질뿐이니 보이지 않는 것까지 화폐로 살 수는 없는 이치이기 때문이다. 만물에 깃들어 있는 기는 잠시 빌려서 사용할 뿐이다.

4장. 풍수지리의 명칭

 이 책의 2장 과학과 도의 만남의 내용 중 양자역학과 관련한 여러 실험에서 '이중슬릿실험'과 '사랑/증오합니다의 기록에 의한 우유 부패 실험' 결과, 관찰자 효과-실험자의 의도에 따라서 변하는 미립자의 행태-가 과학적으로도 입증된 바와 같이, 세상 만물이 미립자로 이루어졌음을 안다면, 산천을 이름 짓고, 쓰고, 부르는 의식의 역할이 산천을 포함한 만물의 기운을 좌우한다는 것을 알 수 있다.

 예로부터 풍수와 관련하여 부르는 산천의 이름이 동물의 명칭이 많으니, 그 명칭들을 부르고 기록하면 할수록 동물의 강하고 좋은 기운이 그곳의 묘 또는 마을에 전해져 사람에게 영향을 미친다고 믿어왔다.
 그러나 앞에서 기술한 바와 같이 사나운 동물의 기운을 가진 신들은 사람들을 통제하고 속박하는 악한 존재-특히 신계(神界)의 경우-일 뿐이다. 그리고 그 기운을 받아 큰 인물이 난다고 함은 결국 동물신의 하수인으로서 능력을 발휘하니 자신 안에 남의 것보다 더 강한 동물신을 불러들인 결과이다. 흔히 '호랑이상'이나 '사자상' 등 사람의 이미지를 큰 인물로 빗대어 칭송하는 사극을 종종 보았을 것이나, 실상 보이지 않는 이면에는 그 동물신에게 예속된 무기력한 사람신의 모습만이 있을 뿐이다.
 사람끼리의 경쟁은 각기 사람 속의 신들 간의 생존경쟁을 위한

다툼이니 힘세고 사나운 동물상을 한 사람이 경쟁에서 이기는 이 치는 당연하다. 그리고 사람이 출세하면 신들은 그 결과를 사람의 육을 통하여 취하지만, 정작 힘없는 사람신은 아무런 이룸도 없게 된다.

사람들이 물질적인 것에만 집착하니 세상의 부귀영화가 전부이며 자신이 그것을 온전히 누린다고 생각하지만, 실상은 육을 가진 삶의 열 배의 시간을 신으로서 살아야 하는 사후 삶에 비추어 볼 때 자신을 사나운 동물신에게 더 강하게 속박 당하게 하는 결과만 있을 뿐 스스로 구제중생할 가능성은 더욱더 희박해질 뿐이다.

이처럼 자기가 아닌 타 존재, 즉 앞에서처럼 동물신을 통한 부귀영달은 반드시 부정적인 대가를 치러야 한다. 잘못된 종교나 도 단체의 대리자를 통한 구제중생도 마찬가지이니, 이제까지 사람들이 기와 신의 세계를 몰랐던 당연한 결과이다.

강조하는 바, 스스로 노력하여 이룬 것만이 사람신 자신을 위한 온전한 결과물이라는 신계의 이치를 잊지 말아야 한다.

그리고 명당에 묘를 쓰고 어떠한 메커니즘을 통하여 자손에게 발음(發蔭)이 이루어지는지를 앞의 연신감응설에서 밝혔지만, 여기에서는 '용'이나 '호랑이'와 같이 사나운 동물 명칭을 가진 곳의 명당으로부터 전달되는 기운이 우리가 아는 긍정적인 효과보다는, 부정적인 영향이 더 크다는 것을 밝힌다.

중요한 점은, 풍수적인 산천의 이름뿐만이 아니라 세상 만물의 명칭을 호명하고 기록하는 행위는 결국 그 이름에 해당하는 기운을 가진 신을 부르는 관찰자의 효과로 나타나는 것이다. 따라서 현재까지 사용하던 '용'이나 '호랑이'와 같은 야수의 명칭을 사용하지 말아야 하는 이유가 여기에 있다.

　이와 같은 동물신들을 아직도 호명하고 명칭을 기록하는 사람들의 의식으로 말미암아 없어져야 할 선천의 기운이 이어지고 있다. 그러므로 예를 들어 용맥(龍脈)은 '내맥(來脈)'으로 바꾸어 사용하여 본래의 명칭을 찾아주고, 좌청룡은 '좌비(左臂)'-왼팔이라는 뜻-로, 우백호는 '우비(右臂)'-오른팔의 뜻-로 각각 후천에 맞게 명칭을 바꾸는 등, 해당하는 여타의 풍수 용어를 바꾸어 정립하여야 할 과제를 안고 있다. 즉 그럴 듯하고 멋지다고 생각하는 명칭보다는 그 이름에 내재한 기운을 깊이 통찰한 후 명칭을 정하여야 한다.

5장. 산천을 해석하는 시각론

산천을 파악하고 자리(혈)를 찾는 접근 방법이 여러 가지이고 그 결과가 다양하다 보니 풍수지리는 안갯속을 헤매듯 모호하고 신빙성이 없다고 치부하기도 한다. 거의 모든 만사가 완전함이 없이 서로 진위와 정당성을 다투고 있듯이, 수천 년 동안 누적되고 이론화된 풍수지리 지식도 상호 다툼이 있을 수밖에 없다.

어느 방법이든 완벽하지 못하고 흠이 있는 이유가 그것이 보편화하는 과정에서 본질을 이탈하고 꾸밈으로 왜곡시킨 결과이다.

이제까지 산천을 파악하고 자리를 찾는 방법은 크게 나눠 물형론(物形論), 형기론(形氣論), 이기론(理氣論)이 있고, 각 이론이 서로 보완관계임과 동시에 상충하는 주장이기도 하다. 각각에 대하여 살피고 그 한계와 모순을 이끌어내는 과정이, 자연과 소통하는 후천적인 시각을 정립(正立)하는 데 반드시 필요하리라고 본다.

1. 물형론

물형론의 원리
　<장경>의 내용에 '土形氣行 物因以生 - 땅은 사람, 짐승, 곤충 모양 등 무수한 형체를 가지고 있는데, 이러한 여러 가지 모양을 이룬 땅속을 기가 흐르면서 만물을 생성시키는 역할을 한다.'라고

하였으며, <설심부>에서도 '物以類推 穴由形取 - 사물의 유형으로 땅을 헤아리고, 형체에 연유하여 혈을 찾는다.'라고 하여, 물형을 토대로 땅을 보는 방법을 설명하였다.

잉어

풍수연구가들의 물형론은 '산천의 겉모양과 그 속에 있는 정기(精氣)는 서로 통한다.'라는 가설에 기초한다. 즉 땅속에 내재한 기운에 따라 산천의 모양이 생겨났다고 보았으니, 애초에는 물형론이 만물에 담긴 기의 중요성을 간파한 훌륭한 토대에서 출발하였다.

목마른 말이 물을 마시는 형상(渴馬飲水形),
옥녀가 잔 올리는 형상(玉女獻杯形),

봉황이 하늘로 날아오르는 형상(飛鳳形),
꽃을 찾는 벌의 형상(飛蜂探花形),
신령스러운 잉어가 물을 거슬러 올라가는 형상(靈鯉逆水形),
피어나는 국화 형상(黃菊半開形),
등불이 하늘을 비추는 형상(掛燈照天形),
乃(내)자 모양으로 된 형국(乃字形) 등

물형론은 산과 주위의 형세를 사람, 동물, 곤충, 물고기, 꽃, 사물, 문자 등 만물의 형상으로 보는 방법론이다.

물형론의 정혈법

산세를 어떠한 생명체나 사물에 비유하였으면 다음으로 기가 뭉친 부위를 찾는 심혈법(尋穴法)-혈이 있을 만한 곳을 찾는 방법-의 단계가 있다. 앞에 든 예에서

목마른 말이 물을 마시는 형상이면 '말의 입',
옥녀가 잔 올리는 형상이면 '잔',
꽃을 찾는 벌의 형상에서는 '벌의 눈',
피어나는 국화 형상이면 '꽃의 중심',
등불이 하늘을 비추는 형상에서는 '불꽃'에 해당하는 곳을

기가 집중된 혈처로 본다. 즉 물형에서 힘을 모으는 곳이나 정신을 집중하고 긴장한 곳을 핵심처로 간주하여 심혈하고 그 길흉화복을 예단한다.

꽃과 벌

또한, 물형의 길흉을 해석하는 예로, 누운 소 형상의 와우형(臥牛形)은 배부르고 평화로운 성상(性狀)이니 살림이 풍성하고 집안이 두루 편안하며, 닭이 알을 품는 형국인 금계포란형(金鷄抱卵形)은 닭이 달걀을 부화시키듯이 후손이 번창할 것이라 하여 길격 명당이라 한다. 또 연꽃이 물 위에 떠 있는 형국으로 연화부수형(蓮花浮水形)은 물을 재물로 보아 큰 부자가 나는 대지라고 한다.

물형론의 한계

봉황은 긴 날개 중간마다 봉황 문양의 뭉침과 많은 깃털이 특징이니, 봉황 물형의 산은 좁아지다가 넓게 뭉치는 광협(廣狹)과 깃털처럼 많은 산자락이 있는 형상을 말함인데 <사진 1>의 '봉황산'은 그 특징을 잘 보여주고 있다.

(사진 1) 봉황산 72X51

(사진 2) 비봉산

<사진 2>는 우리나라 남부지방에 있는 비봉산(飛鳳山)-날아오르는 봉황 형상-인데, 날 짐승 형상임에는 이의가 없지만 보는 사람에 따라 학, 꿩 또는 비둘기 등 다른 종류로 물형을 정하여도 무리가 없어 보인다. 또 나르는 형상이 아닌 알을 품고 있는 형상(抱卵形)으로 해석한다 해도 무리가 없다. 아마도 조류 중에서도 봉황이 대단한 길조이고 날아오르는 기상에 걸맞은 큰 인물을 배출하고 싶은 그 지역 사람들의 바람을 반영한 결과이리라 본다.

　이처럼 각자의 바라는 바 이해관계, 습득한 지식의 질과 양 그리고 관을 하는 수준에 따라 산천의 물형을 보는 결과가 다르게 나타난다. 또한, 초능력을 가진 사람이 아니면 정확한 혈처를 찾기가 거의 불가능하고 길흉의 해석이나 기가 뭉친 곳 즉 심혈 결과가 서로 다르게 나타나는 물형론의 한계를 드러낸다.
　가령, 봉황이 하늘로 날아오르는 형상(飛鳳形)에서 혹자는 봉황의 머리가 바람을 헤쳐 나아가니 혈처라고 보지만, 날개에 힘을 모으고 긴장하니 봉황의 날개 부위에 기운이 뭉쳐있다고 주장하기도 한다. 또한, 신령스러운 잉어가 물을 거슬러 올라가는 형상(靈鯉逆水形)은 물고기가 지느러미를 사용하기도 하고, 또 다르게는 꼬리를 움직여 유영하는 것처럼, 각자의 핵심처에 대한 관점이 다르게 나타나기도 한다.

　같은 땅의 물형에 관하여 자신의 느낌을 무시하거나 아예 파악하려는 시도조차 하지 않고, 옛 선인 등 다른 사람이 먼저 명명한 것을 맹종하는 선입견도 물형론을 더는 객관화할 수 없는 요인이다.

　풍수 지식이 없는 사람은 언론 매체에서 산천의 형세를 물형으로 소개하는 자료들을 보고 흥미 있고 쉽게 이해하지만, 객관성 있고 체계적인 이론을 갖추지 못한 일종의 술법으로 여길 뿐이다. 하지만 실상은 물형론이 우리의 일상에 깊이 간여하여 있음을 알 수 있다.

물형론이 실생활에 반영된 예로, 서울의 안산(案山)인 남산은 서쪽 봉우리 모양이 누에머리 형상이라 잠두산(蠶頭山)이란 명칭으로도 전래했다. 누에는 뽕잎을 먹고 살기 때문에 남산의 지기를 북돋우기 위해서는 뽕밭을 만들어 줄 필요가 있었으니 한강 건너 남산이 바로 보이는 사평리(沙平里) 모래땅에 뽕나무를 많이 심었다고 한다. 그로부터 그곳의 지명이 잠실(蠶室)로 바뀌게 된 유래가 있으며, 서초구의 잠원동(蠶院洞)이란 명칭도 같은 맥락으로 이해할 수 있다.

한편 디자인 분야에서는 어떤 모양의 물체가 양질의 기를 발산하여 대중에게 좋은 이미지를 전달하는가, 반대로 어떤 모양과 색이 사람들에게 혐오감 등 부정적인 기를 전달하는지가 주 관심사로써 물형론과는 일맥상통한 분야이다. 두 분야 모두에서 모양이나 물형의 해석을 중요시하는 것이다.

다만 물형론에 비하면 디자인 분야에서는 한층 체계화되고 객관화된 정도가 월등하다. 달리 말하자면, 풍수지리의 특성상 물형론에서도 길흉화복을 추적 조사하여 보이지 않는 영역과의 인과관계를 체계화하고 객관화하려는 시도는 엄청난 시간과 노력을 해야 하는 난공불락의 거대한 벽에 가로막혀 있는 현실이다.

2. 형기론

형기론의 원리

선편에서는 땅을 보고 자리를 찾는 방법의 하나인 물형론과 그 한계 및 문제점을 정리해 보았다. 또 하나의 방법인 형기론(形氣論)은 산천의 형세를 보고 판단한다는 점에서 물형론과 유사하나, 산천의 좋고 나쁜 풍수적 형세를 미리 정형화해 놓은 이론으로, 좋은 쪽으로 정형화된 범위를 벗어나는 땅은 고려하지 않는 배타적 특성을 지닌다. 그러므로 땅을 보는 범위에 따라 명당의 범위도 좁아질 수밖에 없다.

따라서 물형론에서 땅을 해석하는 방법은 '느낌과 기감응에 의한 인식체계(認識體系)'이기 때문에 모호한 면이 많은 한편, 형기론에서는 좋다 아니면 나쁘다는 '이분법적인 사고로 축적된 경험논리체계(經驗論理體系)'에 기초하므로 물형론보다는 명료한 이론이다.

형기론에는 산맥의 형세를 보는 간맥법(看脈法, 간룡법), 명당 주변의 지세를 논하는 장풍법(藏風法), 혈자리를 정하는 방법인 정혈법(定穴法), 그리고 물길에 따라 땅의 길흉을 판단하는 수법(水法)이 있다. 이와는 달리 맥(脈, 용), 혈(穴), 사(砂), 수(水)의 분야로 이론을 전개하기도 하며, 그 밖에 기 감응에 의한 수맥과 지전류를 광의의 형기론에 포함하기도 한다.

간맥법

간맥법(간룡법)은 산이 처음 출발한 조산에서 혈장 뒤까지를 맥의 시종(始終)으로 보아 그 형세로 혈자리를 만들 정맥(正脈, 정룡)

을 찾으며 나머지 방맥(芳脈, 방룡)은 정맥을 호종(護從)하는가의 여부를 볼 뿐 더 이상 고려치 않는 방법이다. 정맥은 산의 정기인 맥이 흐르니 결혈하고, 기운이 없는 맥은 시체와 같은 사맥(死脈, 사룡)으로 보는 것이다.

산맥 절토공사 중인 현장.
중앙의 점선 부분 안에 절단된 생기맥이 노출되어 있다.

몇 달 후 절단된 생기맥을 보토하였으나 원상회복 효과는 없다.

장풍법

정맥을 따라 흐른 맥이 멈추고 기가 축장되는 명당을 만드는 데는 바람을 가두는 주변 지형과 지세를 만나야 하는데, 이를 해석하는 이론을 장풍법(藏風法)이라 한다. 만물을 살리는 기는 바람을 만나면 흩어지니 장풍이 되어야 그 흐름을 멈추고 혈을 만드는 전제 조건이 되니 장풍법은 땅을 보는 중요한 이론이다.

명당의 동서남북에 좌비(左臂)·우비(右臂)·주작(朱雀)·현무(玄武)의 산이 있어야 장풍이 된다는 조건인데, 여기에 더하여 땅의 형세가 음래양수(陰來陽受)로 음양의 조화를 이룬 곳이어야 한다는 주장도 있다.

정혈법

장풍법으로 검증한 장소에서 혈을 찾는 방법을 정혈법(定穴法)이라 한다. 조산으로부터 시작하는 생기맥이 주위 산의 호종을 받으며 흐르다가 장풍법의 이치에 맞는 장소를 만나 그 행보를 멈추고 결혈하는데 그 정확한 혈처를 찾음으로써 가장 중요한 목적을 달성하는 것이다.

정혈법에서의 진혈은 그 모양새가 와(窩-새 둥지 모양), 겸(鉗-두 다리를 벌린 형상), 유(乳-처진 젖과 같은 모양), 돌(突-솥을 엎어 놓은 것 같은 형상) 중에서 어느 하나에 해당하여야 한다.

또한, 부모산에서 혈산을 만들기 위해 낙맥하는 곳을 태(胎)라 하여 어미의 기운이 집중되는 양상이고, 낙맥 후 좁아지는 곳을 식(息)이라 하니 생명체의 회임에 해당하며, 좁아진 맥이 다시 일어나 혈성의 현무정을 만드는데 이를 잉(孕)이라 하여 어미의 몸속 생명체가 형체를 갖춤에 비유한다. 그리고 현무정 아래의 혈장인 육(育)은 어미가 자식을 출산하여 양육하는 단계에 해당한다. 이처럼 한 생명체의 잉태 및 출생과 성장을 상징하는 지형에 진혈처가 있다는 이론이다.

혈이 있는 혈장도 승금, 상수, 인목, 혈토 또는 입수(入首), 좌우선익(左右蟬翼), 전순(氈脣)이 둘러싸 혈을 보호하고 응집된 기맥의 손실을 막으며 외부로부터 바람과 물의 유입을 막아 주는 지형을 갖추어야 한다는 이론이다.

형기론의 한계

형기론이 혈처를 정밀하게 따지지 않는 마을의 입지 선정에는 크게 이바지하였지만, '산을 보는 데 3년이요 혈을 찾는 데 10년'이라는 구절이 전해 내려오고 있을 정도로 혈을 찾기는 지극히 어렵다. 형기론에 대한 최종 판단은 초능력을 지니지 않은 사람은 혈을 정확히 짚어내기가 하늘의 별 따기만큼 어렵다는 결론에 도달한다.

어렵게 정혈을 하였다 하여도 비혈(非穴) 또는 가혈(假穴)일 가능성이 있으니, 마치 '배가 부른 여자는 예외 없이 임산부이다.'라는 전제와 땅을 일정하게 정형화하여 파악하는 형기론은 같은 맥락의 모순을 가진다. 또한, 개간한 밭이나 형질변경한 땅과 같이 그 원형을 잃어버렸을 때에는 그 음양의 조화를 식별하기가 대단히 어려운 한계가 있다.

명당 주변을 흐르는 물의 형세로 유불리를 판단하는 수법(水法) 또한 형기론의 한 분야이다. 생기는 물을 만나는 곳에 결혈하

의령과 함안의 경계에 있는 솥바위

솥 모양 바위로 물 밑에 세 개의 발이 가리키는 방향에서 거부가 난다는 전설이 전래한다. 솥바위 반경 20리 안에 삼성, 금성(LG, GS), 효성그룹의 창업주 생가가 있지만, 하류에 있는 생가는 솥바위가 모아주는 남강의 기운을 받지 못하니 풍수 이치상으로는 맞지 않는다.

니 당연히 그곳에서 혈을 찾고 또 땅이 물을 가로막아 그 흐름을 머물게 하는 자리를 길지로 해석하기도 한다. 그러나 산이 물을 만나는 곳이 모두 결혈처가 아니듯 수법 또한 다른 간산법(看山法)과 긴밀하게 합작하여야 할 미완성 이론일 뿐이다.

3. 이기론

이기론의 원리

앞에서 살펴본 물형론이나 형기론은 산의 형세나 흐름을 눈으로 보아 해석하고 그 길흉을 예단하는 반면, 이기론은 패철-나경이라고도 함-을 이용하여 산천을 파악하므로 패철론(佩鐵論)이고 양기(陽氣)-바람, 물, 빛-의 순환 궤도와 양을 측정하되 특히 물이 들고 나가는 방향을 중요시하여 혈을 찾는 득수론(得水論)이며, 혈의 길흉 판단에 좌향을 우선시하니 좌향론(坐向論)이다.

또한, 물형론이나 형기론은 보는 눈에 따라 각자의 주관이 개입할 가능성이 많아 모호하고 이론에 합치하지 않는 예외 현상을 인정할 수밖에 없는 반면, 이기론은 상대적으로 명확한 논리체계를 가진 객관성이 높은 이론이라고 이기론자들은 주장한다. 어쨌든 형기론이 이분법적 접근 방법을 가졌다면, 이기론은 여러 방위 중 하나를 선택하므로 땅을 보는 범위가 더욱 좁아지는 대신 그 적중률을 높일 수 있다는 방법론이다.

또 다른 점으로, 이기론은 물형론이나 형기론의 경우처럼 혈을 정혈하는 데 그치지 않고, 혈자리의 좌향을 선택하여 주변과 조화를 도모하면서 길한 기운은 북돋우고 흉한 기는 피하는 방법으로 혈처에 대한 비보 역할까지 고려하였다.

이기론의 이론

중국의 당(唐)나라 때 방향을 중요시하는 이기론을 창안한 양균송에 이어서, 송(宋)나라의 호순신은 바람과 물의 흐름에 따라 지기를 12종류로 분류하여 땅의 길흉을 판별하는 12 포태법(胞胎法) 이론을 정립하였다. 그 후 청(淸)나라의 조정동은 88향법을 고안하여 이기론을 체계화하였다.

88향법은 혈을 향하여 부는 양기를 세분하고 그 순환 궤도와 양(세기)을 측정한 후, 그중에서 가장 유리한 양기가 유입되는 향을 선택하는 이론이다. 혈처 주위의 산들은 바람과 물 등의 양기 작용으로 그 형태와 고저가 형성되었으니 양기를 잘 파악하면 주위의 산천이 혈자리에 미치는 영향을 알 수 있다는 논리이다.

이외에 우리나라에서 주로 사용하는 동서사택 방위론이 있다. 8등분한 양택 패철 각 방위와 대문, 안방, 주방 삼 요소를 길한 방위와 조화시켜 가장과 집안의 번성을 꾀하려는 이기론이다. 동사택 및 서사택 각각 4개 방위로 짜여 있는데, 각자의 집이나 사업장이 동사택 또는 서사택 둘 중 하나에만 합당하여도 100점 만점에 60점짜리 건축이라 평가한다.

천문 나경

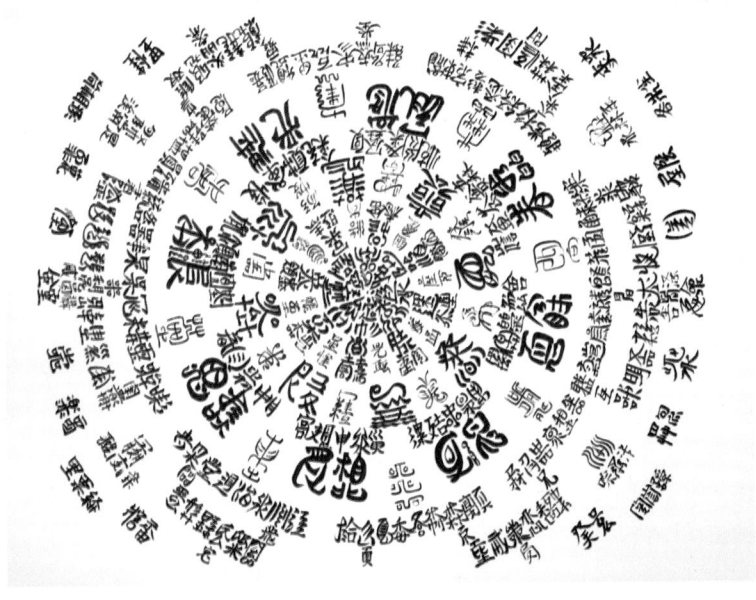

이기론의 한계

<청오경(靑烏經)>의 원문에 '향정음양(向定陰陽) 절막괴려(切莫乖戾) 차이호리(差以毫釐) 무이천리(繆以千里)'라는 구절이 있다. 즉 '향은 음양의 이치에 맞게 정확하게 정해야 하는데, 터럭같이 미세한 오차가 길흉화복에 미치는 영향력에서는 천 리의 차이가 난다.'라는 뜻이다. 이 내용이 강조하듯이 패철을 사용하여 맨눈으로 측량하는 이기론은 오차 없는 완벽함을 기대하기에는 무리라는 생각이며 한 치의 오차지만 그 길흉을 바꾸어 버리는 결과를 가져올 수도 있다는 취약점이 있다.

생기가 땅속을 흐르는 경로(맥로)에 관한 이론으로 대다수 풍수사가 알고 있는 분수척이론(分水脊理論)-빗물이 떨어져 좌우로 갈리는 산등성이의 최상부 바로 밑으로 생기맥이 흐른다는 이론-의 영향으로 많은 산소 자리가 분수척 위에 자리하고 있음을 볼 수 있다. 또한, 이기론에서도 이 이론에 근거하여 방위를 측정한다.

반면, 용척이론(龍脊理論)을 따르면, 맥로는 반드시 분수척 밑에 있지 않고 주변 여러 조건에 따라 일정 범위를 벗어나서 진행하는 경우가 오히려 더 많은데, 분수척에서 양쪽 사면으로 10~30m 이내를 용척으로 보고 이 범위 어느 곳에나 기맥이 흐를 수 있음으로 보아, 분수척을 기준으로 맥로의 진행 방향을 정하는 이기론은 그 부정확함을 드러낼 수밖에 없다.

또 다른 측면으로, 지구 자기장의 변동으로 패철의 자북(磁北)-자침이 가리키는 북-과 땅의 진북(眞北)-북극성 방향-은 편각(偏角)-진북과 자북의 차이가 만드는 각-을 이루는데 우리나라의 현재 편각은 약 6도 정도이고 수백 년 간격으로 최대 30도까지 변하고 같은 시간대라도 장소마다 다르게 나타난다. 정확성을 가장 중요시하는 이기론에서는 이 편각의 차이가 심각한 오류로 나타날 수 있음을 미루어 알 수 있다.

또한, 고위도 지방에서는 자침의 자력이 약해져서 방위나 위치를 제대로 측정하기 어려운 문제점이 있다.

이렇듯 방위만을 중요시하기에는 한계가 있어 앞서 살펴본 형기론과 물형론의 방법을 병행하여 사용할 때 비로소 이기론이 좀 더 바람직한 이론이 될 것이다.

4. 본디에 관한 시각론

본디의 시각에서 본 각 이론의 한계

'본디'라는 말의 뜻을 사전에서는 '사물이 전하여 내려온 그 처음', '복잡하고 다양한 모습으로 바뀌기 이전의 단순한 모습'으로 기록하고 있다. 또한, '사물의 본질이나 본바탕'이기도 하다. 그리고 풍수적 관점에서의 '원시반본(原始返本)'은 만물이 생겨난 때의 본 모습으로의 회귀이다. 따라서 본디로 돌아가 순수한 눈으로 자연을 보면 가려져 있던 산천이 본디로 나타나는 것이다.

이제까지 살펴본 세 이론 중, 물형론은 자연의 겉모습만을 파악하는 한계를 가진다. 그것도 머릿속에 각인되거나 이미 명명한 몇 가지 형상의 틀에 산천의 모습을 꿰맞추는 수준이다. 그리고 산천을 우리와 같은 생생한 생명체로 보지 않고, 육안에 비친 형체와 그 속에 담긴 기운만을 추정하려는 태도가 그 맹점이다. 따라서 사람이 본디로 돌아가 자연을 그 모습 그대로의 살아 있는 생명체로 대하려는 태도가 긴요하다. 이 전제를 우선하여야 진정 산천과 교감하는 준비를 하는 것이다.

그러나 비록 물형론이 산천의 겉모습만을 해석한다고 하지만, 그 접근 태도를 보면 형기론이나 이기론보다는 훨씬 본디적인 이론이다.

형기론은 똑같은 모습이 존재하지 않는 산천을 유형별로 정형화하여 판단하려는 무리수를 두었다. 이 또한 산천을 사람과 교감하는 대상으로 보지 않고, 거기에 내재한 기운을 추측하는 데만 급급하니 생명체의 무한한 다양성을 포괄하지 못한다. 즉 경험과학은 과거의 사실에만 완벽하게 적중하는 이론인 것이다.

주왕산 시루봉(시루보다 사람 얼굴 형상에 가깝다.)

한편, 산과 나는 서로 정면으로 대하거나 등지고 있을 수 있으며, 옆 모습을 보일 때도 있다. 산이 포근히 감싸 안은 자리가 혈처라고 한다면 응당 산의 등 쪽이 아닌 정면에서 접근하여야 하지만, 이기론의 맹점은 산이 등 돌린 곳을 좋은 방위로 판단하기도 한다. 이기론 역시 다양한 생명체의 본디 모습을 보지 못하는 결과이다.

생각의 본디(느낌)

어느 하나 완벽하다 싶은 이론이 없음은 비단 풍수 분야뿐만이 아니다. 가장 쉬운 예로 나름 진리의 정점에 도달했다는 각 종교 간 이견도 예외는 아니다. 신앙의 본디를 잃고 꾸며지고 왜곡되어 각자 '편이한 생활의 틀'로 자리 잡은 결과이리라 본다. 그러므로 각자가 세상만사의 본디를 볼 가능성은 극히 희박하다. 그러나 그것을 '바라보는 방법의 본디'를 알면 그 길이 보이기 시작하리라 본다.

햇빛(=지식, 전통)이 가려진 후 명확히 드러나는 가파도와 마라도

'사막에서 길을 잃었을 때는 길을 찾지 말고 방향을 찾아라.'가 정답이다. 즉 뭇사람이 답습한 흔적이라고 반드시 진리는 아니다. 그러하니 그곳에서 지도(=논리)는 무용지물이고 나침반(=본질)이 본디를 찾는 수단이 되는 것이다.

'생각'으로 짜인 논리적이고 객관적이라는 틀이 본디를 가리는 역할을 한다. 덮어쓰고 있는 생각의 굴레를 벗어버리고 대중이 옳다고 여기는 집단적 편견과 오해로부터 자신을 탈출시킬 필요가 있다. 어떠한 존재가 각자의 눈을 가리고 판단력을 흐리게 하는지는 그다음의 문제이다.

또한, '움직임 없는 사물 → 비생명체 → 소통대상이 아님'이라는 잘못된 등식에 대하여 사람들은 별다른 이의를 제기하지 않는다. 이 모두가 만물의 본디를 알기 위하여 타파해야 할 사고이다. 산천은 살아 있는 생명체이다.

인내천 - 본디 사람은 하늘에 닿아 있다(人乃天). 그러나 출생 때부터 이어지는 꾸며진 의식, 특히 자기를 비하하여 하늘에 간절히 구하고 속죄하는 의타적인 방식에 익숙해진 결과 시간이 지날수록 각자가 가진 의자적(依自的: 의타적의 반대) 의식과 능력을 자신 안에 점점 깊이 가두게 된다.

어떤 상황에서 어른은 할 수 없는 관(觀)을 어린아이가 하는 현상이 바로 이 경우를 잘 설명하고 있다. 어른은 타인의 눈치 보기에 급급하여 자신을 보지 못하나, 어린아이는 자신을 고집하지 않는 순수함이 있으며 지식(생각)이 개입하지 않은 '마음의 눈'으로 느끼기 때문이다.

풍수인 대부분이 오랜 시간 노력을 하여도 산천 생기의 흐름을 파악하지 못하니, 이 한계를 극복하기 위하여 신통력 개발에 매달리기도 한다. 그러나 각고의 노력 끝에도 스스로 초능력을 개발하지 못하고 타(他)에 의한 신통력을 펼치게 되니 처음에는 영락없는 초능력자로 보이지만, 점차 타의 하수인이나 도구로 전락하고 종내에는 버림받는 운명이 된다.

  자기 안에서 느낌을 주는 나와 교감하지 못하고 자신의 생각을 휘둘림당하기 때문이다. 가려지거나 모순된 부분을 알 수 있는 도구는 생각 이전의 느낌인 것이다. 처음의 느낌은 바로 뒤이은 생각이 떠오르면서부터 사라지고, 나 아닌 남의 생각(기존 지식, 전통, 습관 등) 속에 잠기게 된다. 그러므로 처음의 느낌은 본디와 통하는 수단이고 뒤의 생각은 본디를 가리는 장애이다.

기존의 틀(대문)을 통해 보이는 시각의 한계

이치의 본디

물형의 호칭

우리는 태어난 후 줄곧 이기심으로 꾸며진 언어를 교육받아 익숙해져 있으나 스스로 느끼지 못할 뿐이다. 비봉산, 구룡산, 연화부수형, 제왕봉조형, 청학포란형 등의 명칭에서 알 수 있듯이, 인간의 영달을 위하여 작명한 언어는 본디(자연)의 소리와 교감할 수 없으니, 산천의 언어에 주파수를 맞추는 소통의 이치에 따라야 한다.

수맥파

이제까지의 분야와는 별개로, 사람의 건강을 해치고 또 음택에서도 해악을 일으키는 수맥파(水脈波)가 있다. 지표나 땅밑 수 미터를 흐르는 건수(乾水)-평시에는 마른 상태이나 비가 오면 땅 위 또는 얕은 깊이로 일시적으로 흐르는 물-는 지하 수십 미터를 흐르는 수맥과는 구별된다.

수맥은 장마철은 물론 갈수기(渴水期)에도 흐르며 파(波)를 발생하는데, 그 파는 생체 리듬을 교란시켜 건강에 지장을 주고 구조물을 파괴하려는 속성으로 집터나 산소 자리를 정할 때 그 흐르는 지점을 피하게 된다. 수맥파는 기나 물체와 다른 순수한 파동으로서 신의 개념은 아니다.

인간 우월사고는 그들이 보지 못하는 영역도 당연히 자신들을 위한 영역이라는 지극히 위험하고 아둔한 착각을 하게 하는 원흉이다. '이 방은 수맥이 흐르니 수맥차단공사를 하여야 한다.'라는 말은 귀에 익은 말이다.

그러나 땅은 그 자리에서 장구한 세월 동안 스스로 기맥을 순환

하며 생명 활동을 하여 왔다. 그 자리의 원주자는 사람이 아니라 자연이다. 본질과 본 모습에 덧칠하고 왜곡된 자연관은 장차 없어져야 할 이치이다. 또한, 만물은 같은 생명 단위-영(靈)-를 가진 존재이니 있는 그대로의 산천을 자연의 구성원으로 인정해야 한다. 따라서 '수맥이 원활하게 흐를 수 있도록 사람이 가로막지 말아야 한다.'라고 바꾸어 말해야 한다. 수맥 흐름은 땅의 생리 작용이기 때문이다.

지전류

지금까지는 지하의 생기와 수맥 그리고 지상의 응기를 매개 인자로 한정하고 산과 물을 융합한 결과를 길흉화복의 풍수적인 예측에 활용하였다.

위와는 별도로 지전류(地電流)는 지표 부근을 흐르는 전류로서, 이에 장시간 노출되면 암 등 각종 질병이 생기는 해로운 것으로 역시 기피 대상이다. 수맥파를 피하기도 어렵지만 지전류는 지표 4~5m 간격마다 바둑판 모양의 격자형으로 흐르고 있어, 이를 피하여 자리를 잡을 수 있다면 이미 절반은 성공했다고 표현할 만큼 장소 선별이 쉽지 않다.

지전류는 수맥보다도 더 강하게 인체의 리듬과 면역체계를 교란하는 것으로 알려져 있다. 그 전류는 미미하여 최소 수백 미터 떨어진 두 지점의 전위차로 그 세기를 수치화하기 때문에 계측기를 이용한 측정이 쉽지 않다. 다만, 어떤 대상이 항상 같은 위치에서 지전류에 노출되면 그 영향이 누적된다는 데 문제가 있다. 지전류는 지하에서 광맥을 만나면 더욱 강하게 흐르기도 하며, 수맥처럼 계절별 수량에 따라 변하지도 않고, 그 광물질을 제거하기 전까지는 변함없이 흐른다.

사람들은 단순히 지전류가 인체에 악영향을 끼친다는 점만 고려하여, 수맥과 마찬가지로 기피대상으로만 이해한다. 그러나 '생체전류'란 생명체가 만들어내는 생명활동에 필요한 전류이다. 크게는 지구란 생명체를 광범위하게 흐르는 전류가 있고, 또 지구 안의 수많은 생명체 내부를 흐르는 국지 전류도 있다. 그러므로 자연의 처지에서 보면, 지전류는 땅이 생명활동을 하는 데 꼭 필요한 '생체전류'이니 그들에게는 기피대상이 아닌 필수요소이다.

지하 광산로

기의 흐름

자연에는 수많은 종류의 기가 있겠지만, 예를 들어 땅속을 흐르는 생기-만물을 살리는 기운-는 수맥이나 지전류와 함께 그 산 모습을 한 산신(자연신)의 생명 활동에 간여한다. 신이라 하였으니 당연히 생명체이다. 사람신이 본신의 통제를 받는 것과는 달리 산신이나 기타 자연신은 온전히 자신의 의지로 자신의 삶을 산다는 사실을 이 책의 앞에 설명하였다. 따라서 신의 생명체로서 근본은 생명의 씨앗인 '영'이므로, 이 영이 산신의 생명 활농을 위한 순환체계를 관장한다. 즉 산의 영은 자신의 몸 어느 부위에 기를 소통해야 할 것인지를 결정하고 순환하게 한다.

　지금까지의 풍수지리는 땅속 생기의 흐름인 맥로 및 혈의 규모나 위치를 찾는 데에만 온 힘을 쏟아온 반면, 그 이면의 기를 운용하는 주체에 관하여는 관심을 두지 않았음을 부정하지 못할 것이다. 이처럼 산천을 바라보는 시각이 바로 선천 풍수의 한계이다.
　본래 사람과 산은 개개의 생명체이므로 서로 의사소통이 가능하게 되어 있지만, 유독 사람만이 본신제도에 따라 본신과 주신의 통제를 받고 있는 이유로 소통-산을 포함하는 모든 자연은 의사소통 준비가 되어있지만-을 하지 못하고 있다.
　영통이란 신통력 또는 심통력과 같이 자신 안의 타신이 하는 관 내용을 전달받는 방식과는 달리, 자기의 영이 상대 영과 직접 대화하는 소통 방식이다. 후천 풍수란, 사람이 본신과 주신의 지배를 벗어난 상태에서 스스로 자연과 대화하여 지식을 얻는 영통의 체계이다. 역설적인 말이지만, 사람이 만물의 영장이지만 사람은 영통하지 못한 존재인 것이다. 즉 사람만이 선천의 기운을 그대로 지니고 있는 현실이다.
　이제까지는 선천의 방식대로 '터신'이나 기타 힘센 동물신들이 자신들에게 편리하도록 땅속 기의 흐름을 바꾸어 놓은 사례가 많았으니 자리 찾기가 더욱 어려웠던 것이다.

그러나 후천이 된 지금부터 머지않아 자연이 자체 정화를 하기 위하여 많은 재해를 일으킬 것이니, 그 후 대부분 땅의 모습이 바뀌게 된다. 이처럼 땅의 모습이 바뀐 후에는 영통에 의하지 않고서는 땅속 기에 관한 자료를 얻지 못하게 되니, 바로 이 영통 체계가 후천 풍수 시스템이다.

『20년이 채 안 되는 과거의 일을 기록한다. 하늘에서 선천 세력과의 7년 전쟁이 계속될 때, 지상의 산신(山神)들은 자신들의 안위만을 위해 후천 편도 선천 쪽도 아닌 어정쩡한 중립의 위치를 계속 고수하고 있었다.

주재자께서는 이들을 후천의 편으로 끌어오기 위하여 그 영들을 불러 기로 만든 옷을 입힌 후, 하늘로 불러올리시어 하늘의 태천 세계를 견문하고 선천의 것과 비교하여, 후천의 시작이 필연이라는 깨달음을 얻도록 하신 후, 그들을 후천의 편에 서게 하신 적이 있다.

본래 영은 흩날리는 민들레 홀씨처럼 뚜렷한 형체가 없이 불분명하지만, 그때 이후로 산신들은 옷을 입은 그들 고유의 모습을 한 '영체'-사실은 영이 옷을 입은 모습으로 옷은 영체가 아니다-를 갖추고 있음을 관을 통해 볼 수 있다.』

음양오행

물형론을 제외한 형기론과 이기론은 음양오행의 이치를 골격으로 구성한 부분이 많다. 모든 만물이 생길 때 음양의 이치도 같이 나왔으니, 점(압축)과 폭발, 하늘과 땅, 육지와 바다, 빛과 어둠, 여와 남 그리고 태극이 곧 '음과 양'이다. 음과 양의 만물은 서로 생산(출산), 화합, 조화, 보완 그리고 하나로 합하려는 기운을 가지고 있으나, 다른 체계와 섞이면서 음양 본디의 틀이 변형되었을 뿐이다.

　반면, 오행이론은 태초로부터 오랜 세월이 흐른 뒤, 금, 목, 수, 화, 토의 각각의 사물에서 고유의 기운을 발산하게 하였는 바, 상생하는 기운이 있어 좋아 보일 수 있으나, 결국은 극하는 기운을 만나 서로에게 해를 가하는 대립, 갈등, 전쟁, 파괴를 소장하는 틀을 가지고 있다 하였다. 애초의 창시 의도가 악의적이어서 장차 없어져야 할 체계이니, 단지 과도기적으로 사용해야 할 뿐 이치의 본디는 아니다.

　결국, 어느 것은 다른 것을 좋아하거나 꺼린다든지 또는 도움이 되거나 해롭다는 등 긍정과 부정의 기운이 섞여 있어 세분되고 복잡화된 체계와 본디 하나인 전체를 여러 분야로 나누어 관장하게 하는 분할 구도 등은 모두 사람을 분열시키고 속박하려는 선천의 교묘한 덫인 것이다.

　태초에 만물의 본디는 분할이나 대립의 모습은 찾아볼 수 없는 모습으로, 모두가 화합하는 단순하면서도 온전한 이상향이었다. 그런 태초의 이상향을 재현하여야 하는 과제가 후천 사람들에게 주어진 것이다.

　　　　　　　　　오색 등축제

괴교혈

지식의 틀을 벗어난 후, 막혀 있던 자기 고유의 '생각의 본디'를 찾아 자유로운 상상을 하여야 한다. 한 예로, 대다수 풍수사가 혈을 찾는 데 가장 어려워하는 '괴교혈'(怪巧穴)-眞脈이 행보하다가 일반적인 기준에는 맞지 않는 기이하고 교묘한 곳에 맺는 혈-이 있다. 이 혈은 하늘이 감추고 땅이 숨겼다는 천장지비(天藏地祕)의 혈로 초능력을 가진 신안(神眼)이나 각안(覺眼)급 풍수사만이 분별할 수 있다 하여 일반 범안(凡眼)은 감히 논하지 말라는 주장도 있다.

좀 튀는 추측으로 보이겠지만, 땅속 생기가 신의 영역에서도 귀중한 에너지 자원이라면, '어떤 존재가 그 기운을 탐내어 중간에서 가로챌 수도 있겠구나!'하는 입체적이고 막힘없는 상상도 할 수 있어야 한다. 바로 남들이 하는 보편적인 생각이 자기의 생각을 막고 자유로운 사고를 방해하기 때문에 생각을 가두게 된다. 따라서 괴교혈은 정규 풍수 이론으로는 심혈하기가 거의 불가능한 비정형적인 구조라는 결론을 내릴 수밖에 없다. 즉 보통의 혈은 자연이 만든 구조를 갖추고 생기를 받아들이지만, 괴교혈은 생기가 끌려온 후 일정한 지점에서 멈춘 현상이다.

괴교혈로 생기를 가로채던 존재는 사납고 힘이 센 선천의 동물신들이었다. 즉 괴교혈은 그들의 거처였다. 지금은 이들이 사라졌지만, 아직도 이치를 모르는 사람들이 산천의 지형과 결부시켜 그 동물신들을 의식함-관찰자 효과에 따라-에 따라 그 기운이 지속하고 있다.

이렇듯 보편타당한 지식의 통로를 벗어난 '전대미문의 발상'을 존중하는 태도도 본디에 이를 수 있는 한 방법이다. 일상을 뒤엎는 획기적인 발견은 전혀 의도한 바 없이 '뜻밖에' 하게 된다. 즉

'뜻=생각'이므로, 뜻 안에는 타의 생각이 있고 나의 본디는 뜻 밖에 있음을 발견한다.

혈

우리가 그토록 찾아 헤매는 '혈처'를 권선징악과 적선의 철학, 즉 선하게 살고 남에게 베푸는 자에게 하늘이 허락한 자리라고 강조한다. 즉 주변의 모든 것은 사람을 위하여 오로지 존재한다는 발상이다. 그동안 우리는 사람과의 의사소통 이외에는 실상 그 어떤 생명체의 소리도 듣지 못하였으니 이 철학은 수천 년간 확고한 진리로 치부되고 있다.

그러나 시각을 바꾸어 생명체인 산의 처지에서 보면, 산이 자신의 생명활동을 하기 위해 생기를 필요한 부위에 보내어 순환 작용을 하도록 하였으나, 그 생기가 더는 흐르지 못하고 뭉쳐 있는 아픈 부위가 '혈'이다. 이곳에 묘를 써서 자손의 부귀영달을 꾀하려는 탐욕스러움에 앞서, 그 아픔을 이해하고 뭉친 기를 풀어주며 치유해주려는 공생정신이 필요한 것이다.

산천을 해석하는 시각론

본디적 시각론

산이 있지만 보지 못하고, 산이 소리치지만 듣지 못하는 현실이다. "진정한 여행은 새로운 풍경을 보는 것이 아니라 새로운 시각을 가져라"라는 말이 의미하는 바와 같이, 이제까지와는 다른 시각으로 허상에 가려진 만물의 본디를 찾아야 한다.

타신의 눈이 아닌 자신의 눈으로 산천의 본디를 보는 방법은 흔히 말하는 신통력이나 심통력이 아니다. 누구나 자신 안의 '타신'-본신과 주신을 포함-과 싸워 이기며 자신을 성장시켜야 하는 어려운 숙명을 지녔지만, 지금까지는 그 주어진 숙명을 모르는 삶을 살아왔다. 타신을 극복함으로써 가려졌던 눈을 뜰 수 있으며, 그 본디의 눈으로 자연을 보고 자연과 호흡한다면 비로소 그 소리를 풀어내는 작가로서의 탁월한 소질을 발휘할 수 있으리라. 이것이 진정한 '영통력'이다.

후천 풍수에 골몰할수록 보이지 않는 영역의 선봉에 서 있다는 고독감을 떨칠 수가 없으나, 그렇게 서 있지 않으면 답을 찾지 못하므로 그렇게 할 수밖에 없는 일이다. 다만 자신의 본디가 이치의 본디와 느낌을 바탕으로 산천의 본디와 교감하는 '무릉도원(武陵桃源)'이 각자의 지척에 있음을 공허(空虛)로운 마음으로 알려 드릴 뿐이다.

보이지 않는 세계는 누구를 위하여 준비되었는가? 그 세계를 이해하고 학습하는 자가 바로 주인공이다.

제3부 풍수 이야기

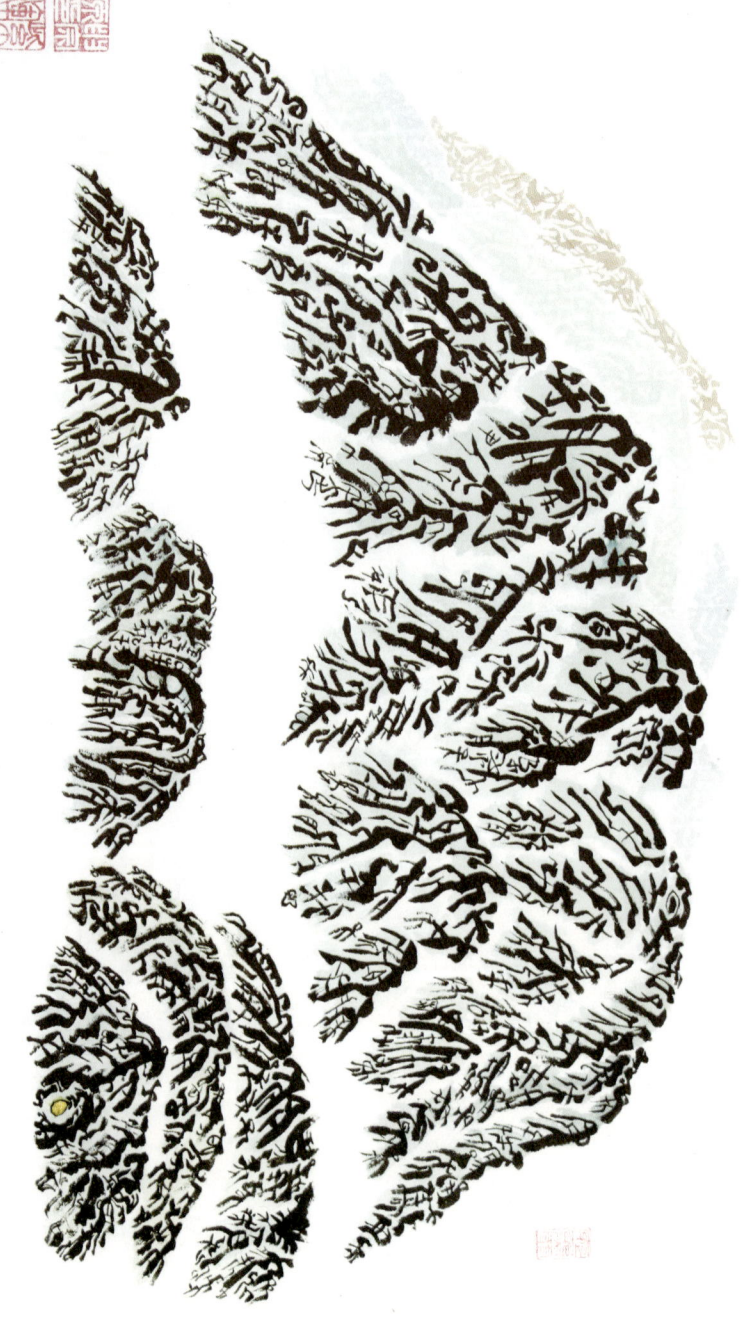

생각과 느낌

사람이면 누구나 초능력을 가지고 있다.
초능력(超能力)의 사진적 의미는
정상인의 능력을 초월하는 초자연적인 능력으로
염력, 예지, 텔레파시, 투시 따위의
초감각적 지각을 이르는 말이라고 한다.
즉, 가려지거나 멀리 떨어진 곳 또는 미래와 과거의
정황이나 신호를 시청각할 수 있는 능력이라 하겠다.

인과응보(因果應報)를 사전에서는
전생에 선을 행하면
현생 또는 내세에서 선의 결과가,
전생에 악을 행하면
현생 또는 내세에서 악의 결과가
필히 나타난다고 하였다.

이러한 초능력의 소질은 유아기 이후 성장을 할수록
과학적 사고와 합리성 그리고 보편타당성을
강조하는 교육에 막혀 그것을 끌어내기가 어려워진다.
다시 말하면, 후천적 배움에 의하여 구획된 기준에 갇혀
그 외부의 것들을 갈수록 강하게 외면하게 된다는 말이다.

후천적 배움은 어떠한 상황이나 사물을
사람 머릿속의 전기적 회로작용에 의한 생각으로
합리성을 판단하고 반응하게 한다.

이 결과 본래 가지고 있는 초능력과 관계있는 소질은
점점 더 단단해지는 사고의 벽에 갇히게 된다.
사람의 생각은 세상을 사는 데 중요한 작용이지만,
생각과 사고를 뛰어넘어 각자가 살고 있는 세계의
테두리 밖으로 나갈 수만 있다면
훨씬 더 경이롭고 멋진 세상, 우리들의 본향이 있다.

생각을 생각하기가 결코 쉽지 않다.
깊은 생각을 한다고 한들 실제로는 '나'를 배제한
'남'의 생각 중심에 생각 없이 서 있게 된다.
'느낌' 다음에 반드시 '생각'이 떠오르며
느낌이 사라진 생각이 두뇌를 꽉 채우면서부터
생각다운 생각을 하지 못하고
각박한 생활 방식을 강요받게 된다.

'느낌'은 우리를 본래의 아름다운 고향으로
안내하는 문을 여는 긴요한 역할을 한다.
이것은 마음으로 보고 듣고 느끼는 방법으로,
생각이 개입하기 전의 뭉클한 가슴 움직임의 감각을
키워나갈수록 '느낌'으로 사물이나 상황을
인지할 수 있는 능력을 키우게 된다.

가령 처음 만난 사람이 어디서 본 듯하며,
그 사람의 용모 속에 옛날의 친숙함이 풍기는 느낌,
처음 겪는 상황을 언젠가 똑같이 겪었던 느낌이거나,
모든 사람이 진실이라는 상황이 무언가 틀렸다는 느낌
이런 것들이 생각을 배제한 느낌의 예이다.

풍수에서의 초능력은 '심(신)통력'이라고 하여
육안으로 볼 수 없는 땅속이나 차폐된 장소의
지기와 수맥의 흐름을 파악하는 능력이며, 혹은
지형지물 상호 간의 기 교감을 읽는 부분을 포함한다.
풍수인들은 이 초능력을 가진 사람을
신안(神眼)이니 심안(心眼)이니 하여
풍수 분야의 최고의 경지에 이른 상태로 본다.

십수 년씩 풍수 이론과 현장 실습을 하여도
산천의 생기의 흐름을 오판하거나 파악하지 못하니,
이 한계를 극복하기 위하여 심(신)통력이라는
초능력 개발에 몰입하기도 한다.

그러나 대개는 자신의 능력을 개발하지 못하고

다른 신(타신)의 힘에 의하여 초능력을 펼치게 되니,
그 신의 하수인이나 도구로 전락한다.
사람을 통하여 관 능력이 표현되니
영락없이 그가 초능력자로 보이지만,
나중에는 버림받는 운명을 극복하지 못한다.
자신 안에서 '마음의 느낌'을 주는
진정한 나와 교감하지 못하고
자신의 '생각'을 휘둘림당하기 때문이다.

아무 의심 없이 진실이라고 묵인된 일정 수준의
지식에서부터 우리의 배움은 출발한다.
모든 배움이 예외없이 '무'에서부터 시작하지 않으니
'무'에서부터 가르칠 사람이 아무도 없는 이치이다.
과거에 축적된 기초가 진실이 아니라면,
우리의 배움도 거짓의 기반 위에서 출발한다.
또, 감춰지거나 미처 알아내지 못한 진실도 있을 것이다.
이런 것들이 장차 지식의 블루 오션이다.
가려지거나 모순된 부분을 알 수 있는 유일한 도구는
생각을 하기 이전의 '마음의 느낌'인 것이다.

소문과 들은 것 그리고 추측을 믿지 마라.
옛날부터 내려온 전통을 믿지 마라.
옛 성현의 가르침과 기록을 믿지 마라.
습관화된 지식을 진리라고 믿지 마라.
스승이나 선배의 권위를 보고 믿지 마라.
직접 관찰하고 분석하여 이치에 합당하고
올바름과 착함을 권장하여 모든 이를 유익하게

한다면 그것을 진리로 알고 따르라.
마음의 느낌이 조금 더 강했던 성현의 말이다.

가슴 뭉클함은 마음의 느낌이며 '영의 울렁임'이다.

2011년 8월

세 개의 '나'

'나'라는 존재를 나 자신은
당연히 잘 알고 있어야 하나
이 세상의 지식 중
가장 철저히 가려진 부분이다.

수천 년의 철학과 종교 역사를 뒤져도
'나'를 명확히 말해 준 적이 없다.
진아를 알지 못하게 하던 선천이었다.

가장 알기 쉬운 '나'는
우리가 잘 아는 생로병사를 겪는 육체이다.
우주의 시간으로 보아 찰나를 살고
좀 더 살려고 집착하는 존재이며
그 너머의 '나'를 찾는 것을
머리 아파하고 포기하게 하던 존재이다.

그다음의 '나'는 육체에 머물지만
육의 옷을 벗으면 홀로 남는
기로 이루어진 '신'이다.
물질계에 익숙한 사람들은
이 '신'이 무덤에 머물러

자손과 기교감을 한다고 착각을 한다.

그래서 풍수공부를 하는 사람들은
조싱 무덤을 살 돌봄이 효를 다하고
복을 받는다는 수천 년의 교훈을
전혀 의심 없이 배우고 가르친다.

그러나 생시의 기억과 모습을 지닌
진정한 '자기'는 그곳에 없다.
다만, 뼈라는 물질로 된 또 다른 '신'이
자손과의 인연으로 이어져 있다.
그러하니 음택(무덤) 풍수의 효와 복 중
효의 의미는 사실 없는 것이다.
과거의 지혜 있던 사람들은 한 육체에
여러 신이 있음을 간파하였다.

육을 벗어 훨씬 자유로워진 '나'는
육보다 훨씬 긴 시간을 어디서 어떻게
살아가고 있는가?
이제까지 은폐되었지만
애석하게도 육을 벗은 후를 몰랐으니
맨 하부 약자의 삶이 기다릴 뿐이다.

대개는 그분들이 갈 곳이 없어
자손의 육 속에 머무르지만,
살아 있는 사람들은 알지 못하고
"너무 애절하여 가슴에 묻었다."라고

입버릇처럼 말한다.

일 년 중 유독 5월(가정의 달)이 오면
작고하신 부모님 그리움으로
가슴 저미곤 한다.
조상을 좋은 곳으로 모신 사람으로서
필요없는 가슴앓이지만
생시에 살갗 비비던 그리움이리라.
오히려 모름이 약이라고
좋은 데 모시지 못한 사람들이
걱정이 없어 보인다.

첫 번째 '나(육)'보다 훨씬 오래 사는
두 번째 '나(신)' 속에는
세 번째의 '나(영)'가 담겨 있다.
두 번째 나라는 '신'도 죽으면 흩어지고
세 번째 '나'가 흘러나와 자의와는 무관하게
곤충류, 동식물, 사람 등등으로
무수한 윤회를 하여 왔다.

세 번째의 '나'야 말로 진아(眞我)이다.
종교계에서는 '신'과 '영'의 단어를
혼용하여 혼란스럽게 하였다.
두 번째 '나'가 '신'이고
세 번째 '나'는 '영'이다.

이 '영'은 주재자와 창조주께서
출생시키신 이후 자식으로서
진한 애정을 받아 온 존재이다.
태천부터 수조 억 년을
온갖 생명체로 윤회하여 왔으니,
수천 년 전의 성현들과도 비교할 수 없는

고귀한 지성체이다.

육과 신이 무수히 윤회하면서 쌓아 놓은
두꺼운 때 속에 영의 빛남이 묻혀 있다.
이 영을 다시 발광하도록 깨끗이 씻어냄이
육체인 내가 짊어진 삶의 숙제이다.

        2011년 8월

네 종류의 관(觀)

관(觀)의 보편적 의미는 '본다'이지만
여기에서는 보고, 듣고, 느끼는 것을 포함한
모든 자극이나 신호를 감각하는 넓은 뜻을
말하고자 한다.

'관'을 하는 주체인 육, 신, 영
세 종류의 '나'가 있으니
관을 하는 방법도 여러 가지이다.

우선 몸으로 하는 '육관(肉觀)'이 있다.
육체의 시청각 기관을 통하여 전달되는
자극 그대로이니 착시, 환청 등을 제외하면
맞고 틀리다는 시비가 없다.
육관의 일부를 상실하면 대신 다른 관법이
발달하는 긍정적인 면도 있다.

다음으로는 자기 안의 신이 관을 하여
알려주는 '신관(神觀)'의 단계가 있다.
이 신관은 두 가지 경우가 있는데,

하나는 신내림을 받은 무속인이나

빙의된 사람을 통하여 하는 관이 있다.
사람의 몸에 있는 외부의 신이
그 사람의 생각을 지배하며 정보를
알려주는 형태이니 알려주는 정보가
얼마든지 틀릴 수 있다. 다시 말하면,
그 신에게 유리하도록 얼마든지
정보를 꾸밀 수 있다는 뜻이다.

문제는 많은 사람이 정도 차이가 있을 뿐
경증 내지는 중증의 빙의 상태에 있다.
다만 가벼운 빙의 상태인 사람은
자기는 전혀 빙의된 것이 아니라고
부정할 뿐이다.

신관의 다른 형태는
자신의 생각을 휘두르는 신을 제압하고
부단히 자기 고유의 신을 강하게 하는 도를

연마한 결과로 자신(自神)이 직접
초능력적인 정보를 시청각하는 경우이다.
앞서의 경우처럼 정보를 왜곡할 필요가
없는 참된 정보를 판단하고 대처하니
이를 '정관(正觀)'이라고 한다.

여기에서 좀 더 진보하면
자신(自神) 속에 깃들어 있는
'영'을 통하여 모든 정보를 인지하는데
이를 '영관(靈觀)'이라 한다.
만물이 생명 현상을 유지하는 데는
각각의 영이 깃들어 있기 때문인데,
이 단계에서는 각 영들과 교감을 하니
수 조 억년 동안의 정보와 지혜를
서로 공유할 수 있는 것이다.
이를 달리 말하면 '영통하였다'라고 한다.

산과 물을 보는 풍수의 시각을,
자기를 가장한 신이 자신의 생각을
마음대로 휘젓는 수준에서 진일보하여,
자신의 올바른 시각인 정관을 키우고
만물과 조화로운 영통의 단계로 높이면
생명과 대자연의 소중함을 알게 되니
비로소 자연이 재앙자의 모습을 바꾸어
다정한 동반자요 공생자로 다가오게 된다.

2011년 9월

윤회의 대차대조표

풍수지리를 맹신하고
명당에 집착하는 정도는
예나 지금이나 변함없이
신앙에 가까운 신념이다.

조상 묘의 산화에 관한 현상은
사람의 길흉화복과 긴밀하고
대단히 복잡하게 얽혀 있다.

한편, 선대 묘의 산화 영향과 함께
나와 조상이 지은 전생의 업은
사람의 운명에 지대한 영향을 준다.

또한, 조상 묘와 업은 물론
의식주를 위하여 하는 행위 자체도
길흉화복을 결정하는 요인이 된다.

대개는 사람의 운명에 영향을
주는 요인을 풍수 분야 외에는
크게 고려하지 않기 때문에
그 길흉화복 현상이 맞지 않아

사람들이 풍수지리를 반신반의하고
미신이라고 하는 한 원인이다.

부실로 판명된 금융기관
지점장의 자살,
알토란같은 돈을 맡긴
사람들의 피맺힌 절규,

성 상납 강요를 견디다 못한
연예인들의 죽음,
장애학생을 상습 성폭행한 교사들,
그 탓에 신체장애에 더하여
처참하게 짓밟힌 존엄성,

치사율 1위의 암으로 죽어 가며
자신의 운명을 개탄하는 가장과
불의의 교통사고로 인한

동승한 식구 간 생사의 갈림,

명령으로 전장에서
하릴없이 죽어가는 군인들,
팔짱 끼고 그 명령을 내리는
사욕스러운 지도자,

정보의 선점이나 속임수로
야비하게 먹고 처연하게 먹히는
경제적 강자와 약자,

수없는 결혼과 이혼에 따른
인연과 한(恨),

그 외에, 언론보도의 사각지대와
야생에서 벌어지는 약육강식의
가해행위와 그 결과,

과거의 피해에 대한 보복 또한
잘못임을 받아들이지 못하고
응징을 교차 반복하는
역사의 수레바퀴,

수일이 멀다 하고 발생하는
사람 간 갈등과 해악으로 인한
불의와 불균형이 만연하는 세상을
우리는 살아간다.

대단히 혼란스럽고
뒤틀린 세상이지만,
선의지로 노력하면
바로 잡힌다는 희망으로
속아 사는 사회이다.

이러한 연유로 '신은 죽었다.'
'양심을 지키고 살면
많은 손해를 볼 뿐더러
인생이 편치 않다.'라고
고뇌한 후 타락해 버린다.

사실은 신이 죽은 것이 아니고,
윤회하는 생물체에 서린 업 때문에
일어나는 인과응보를 지켜볼 뿐
그 철칙을 건드리지 않는다 함이

옳은 말이다.

진정한 '나'는 '영'이요
윤회의 주체도 '영'이니
한 생의 주체도
육으로서의 '나'가 아니다.

그 '영'이 윤회를 반복하는
수억 겁의 세월이
대차대조표에 기록하는
생(生)의 범위이다.

그렇게 장구한 세월 동안
만나는 셀 수 없이 많은 '연'과
행위를 한 선행 및 악행의 무수한 '업',
그에 따라 주고받는 업의 중간정산이
매번 육생(肉生)에서 이루어진다.

바꾸어 말하면,
대차대조표상의 대여금 회수와
차용금 변제의 '살'을
피할 수 없다는 뜻이다.
물론 대여금은 전생의 선행이요
차용금은 전생의 악행에 해당한다.

인과응보(因果應報)를 사전에서는
전생이나 현생에서 선을 행하면

현생이나 내세에서 선의 결과가
전생이나 현생에서 악을 행하면
현생이나 내세에서 악의 결과가
반드시 뒤따른다고 기록히고 있다.

인과응보의 법칙은 깨어지지 않는다.
다만, 육으로 사는 동안
우리가 수긍할 수 있는
온전한 '업'의 정산(定算)을 다하기에는
육체의 삶이 너무 찰나이다.

따라서 한 장에 도식화되어 있는
'육생(肉生)의 대차대조표'가 쌓여서
빈틈없이 연결한 수많은 페이지의
'영생(靈生) 장부'를 구성하는 것이다.

고로 현생의 불행과 악연을
그리 억울해할 이유가 없지 않은가?

그저 남보다 잘나가면
'전생에 나쁜 업이 많지 않았었네.'
반대로 평생을 불운하게
지지리도 펼치지 못하고
억울하게 피해만 보았다면
'나와 내 조상이 지난 생에서 많은
악업을 만들었으니 당연하지'
라고 슬기롭게 자조(自嘲)함이

적절하지 않겠는가?

커다란 업은 느끼지도 못할 만큼
우리를 짓누르고 있지만,
우리가 생각하는 사소한 오해나 미움도
빚쟁이처럼 '업'으로 붙어 있으니
옷깃만 스쳐도 인연이라 했다.

중요한 것은,
자신의 여생과 후생을 위해
신중히 생각하고 현명하게 행위하도록
가치관과 태도를 가다듬고
또한, 좀 더 멀리 보아야 할 필요가
있지 않겠는가.

기체(氣體)로 이루어진 '업'은
검버섯이나 혹 또는 악성 종양같이
피부에 섞여 분리할 수 없게
깊숙이 박혀 있다.

'업'으로 생기는 삶의 부침(浮沈)을
겪는 것은 불가피하나,
나쁜 운이 닥치는 이치를 알고
체념함에 그치지 않고,
악업의 '살(煞)'이 나타나기 전에
업장 소멸하는 차원 높은 수도를
한다면 훨씬 더 좋지 않겠는가?

신은 피조물과 그 삶의 질서를
그리 허술하게 만들지 않았다.
다만, 사람들은 보고 느끼는 일부만을
받아들이고 해석할 뿐이다.

                      2011년 10월

음양과 오행을 다시 생각함

우주 만물의 시작에 관한
과학의 입장은,
점과 같은 상태에서
대폭발(빅뱅)이 일어나
팽창하여 현재에 이르고 있다는
설명이다.

성서에서는,
주재자님과 창조주님께서
무주공천으로부터
하늘과 땅, 빛과 어둠,
뭍과 바다, 낮과 밤을
말씀으로 창조하였다는
창세기 기록이 있다.

그리고 우주의 시작에 관한
동양의 이론은,
그 어떤 것도 없는
무극(無極)의 상태에서
외부 자극이 개입한 후,
같은 근원이지만 반대의 성질인

음과 양이 태극을 이루며
만물이 태동하기 시작하였다고 한다.

이러한 입장이나 이론은
크게 보아 서로 일맥상통하는
선상에 있는 견해로서
점(압축)과 폭발, 하늘과 땅,
육지와 바다, 빛과 어둠 및 태극이
곧 '음과 양'이요 창조의 출발임을
알 수 있다.

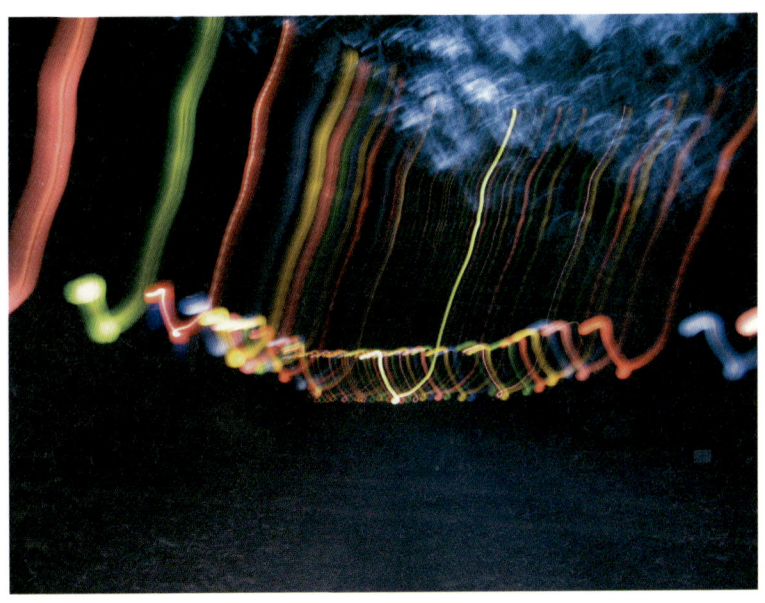

음양오행의 이치는
풍수지리이론의 골격이며

만물의 섭리에 스며 있으나,
정작 그 근저(根柢)가
불분명하고 애매한 상태로
대부분의 일상(日常)에서 쓰인다.

남녀는 음양 그 자체이고,
일주일 중 화, 수, 목, 금 토의
오행일을 반복하여 살고 있으며
수성, 금성, 화성, 목성, 토성의
지구 주변 별을 늘 보고 있지만,
그저 역학이나 심지어 미신쯤으로
음양오행을 치부해 버린다.

그리고 자신 있게
음양과 오행을 같이 뭉뚱그리고
음양에서 오행이 파생하고
발전하였다고 주장하기도 한다.

그러나 음양과 오행은 서로
그 출발과 창시 당시의 의도함이
전혀 다른 정반대의 이치이다.

카오스에서 음양의 것만 나왔으니,
오행의 기운이 없었던 태천시대에서는
음양의 하나가 되려 함과 생산,
화합, 조화 그리고 보완의 기운이
충만하였던 살기 좋은 세상이었다.

흔히 오해하는 예로서,
물과 불을 음과 양으로 생각하나,
물은 수(水)요 불은 화(火)이니
엄연한 오행의 범주에 속힌다.
즉 서로 대립하는 기운으로서
물은 불을 없애는 기운이다.

음양으로 보는 비슷한 표현은,
차가움과 뜨거움이다.
그래서 둘이 하나 되어
'따뜻함'을 낳는 이치이다.

오행을 누가 창시하였는지
밝혀진 바가 없고
고대 역사상의 인물을 지목하거나
음양 이론에서 파생하였다는
추측이 있을 뿐이다.

처음 창조된 1 우주에서 3 우주까지는
주재자께서 주관하심으로
음양의 화합과 조화의 기운이 충만한
평화로운 태천세상이었으나,

유불선 최고신들이 주축이 되어
4 우주에서 힘을 합해 배역한 결과
태천이 무너지게 하였으니,
이때부터가 선천의 시작이었다.

그 후 최고신들 간에는
태천의 주재자 지위를 차지하려는
끝없는 신들의 전쟁을 계속하였고,
그 와중에도 그들은 자신들과는
다른 종인 사람을 통제하기 위하여
저승사자제도, 사람수명 단축,
언어의 혼란, 본신제도 등의
여러 시스템을 만들었다.

유교 계열을 주관하던
선천의 한 최고신은
사람을 통제하기 위한 여러 시스템 중
가장 독한 방법으로, 금 목 수 화 토의
각각의 모든 것에서 고유의 기운을
발산하게 하는 '오행'을 만들었다.

이러한 결과 선천시대의 신들은
더욱 강하게 사람들을 지배하고
사람들로 하여금 신들을 대리하여,
서로 극하는 기운을 가진
개인이나 집단 또는 국가끼리
해하고 죽이는 전쟁의 임무를
끊임없이 수행하게 하였다.

후대 사람들은 이를 모르고
오행이론을 복잡하게 분화 발전시켜
사람에게 유익하게 적용하려 하였지만,

애초의 창시 의도와 운용 체계가
대립과 갈등, 전쟁과 파괴를 수단으로
서로를 견제하는 골격을 갖추었으니
신들을 위한 크고 작은 대리전쟁의 역사는
지금도 그칠 줄 모르는 것이다.

풍수에서도 먼저 음양이치에 따른 후,
오행으로 생하여 주는 상대를 골라
자리나 방위의 길흉을 추측한다.

금생수, 금극목
목생화, 목극토
수생금, 수극화
화생토, 화극금
토생금, 토극수

이렇듯, 자기에게 유익한 상대를 선택하니
얼핏 이상적인 체계로 생각하기 쉬우나
생함과 동시에 언제나 극하는 기운과
대립을 하게 하는 구조로 되어 있다.

지구의 자전축이 기울어진 결과로
사계절의 기후 변화가 생기고,
이 또한 봄은 목, 여름은 화,
가을은 금, 겨울은 수 그리고
일 년은 토의 오행 이치를 담고 있다.

후천이 되었지만,
아직 사계절의 변화를 떨치고
살아갈 수 없으니
오행 이치를 완전히 배제하여
일시에 세상을 고칠 수는
없는 노릇이다.

자전축이 바로 서게 되면
사계절의 금목수화의 기운이 소멸하고
순수한 토의 기운이 남겠지만,
그때까지는 오행이 필요악임을
알고 운용하는 권도(權道)가
필요한 시기이다.

그리고 오행, 그것에 대하여
생각하고 몰두하는 자체가
서로 극하는 기운을 만드는 원인이다.
생각은 신이요

신은 기를 운용하기 때문이다.

오래된 전통이나 지식 자체를
익히는 것에만 몰두하지 말고,
그 너머의 숨겨진 이치와 뜻을
간파해 보려는 노력과 지혜가
필요하지 않겠는가?

또한, 말과 글로 표현된 지식은
왜곡되었거나 불완전한 부분이 있어

그것이 전달하지 못하는 느낌을
알아챌 수만 있다면
족히 도통한 경지이리라.

       2011년 10월

탈신공 개천명(奪神工 改天命)

　땅은 만물을 생성하고 이롭게 하는 생기(生氣)를 머금고 있으며, 그 이동과 멈춤 및 만물의 상호 응기(應氣)를 연구하고 그 결과를 이용하여 사람의 운명을 유리하게 바꾼다 함이 풍수지리의 목적 하는 바이다. 즉, 제목과 같이 "신이 작업함을 빼앗고 하늘이 정한 운명을 바꾼다"의 의미로서 중국의 풍수 古書 금낭경(錦囊經)에 수록된 글귀이다.

　　우리나라의 인구가 약 4,700만 명이고
　　평균 수명을 70세로 보면
　　연간평균 출생자 수는 67만 1,500명이며,
　　이를 다시 365일로 나누면
　　약 1,850명이 된다. 이 숫자를
　　時(사주에서는 하루를 12시로 나눔)에 따른
　　출생자로 산출하면 154명이고
　　남녀를 구분한 숫자는 대략 77명이다.

　즉, 사주팔자가 같은 남녀별 우리나라 사람 수는 77명이 되나, 이들의 운명이 같거나 유사하지 않고 다양하여 이 분야를 연구하는 사람들이 자주 그 한계를 느끼고 또 다른 분야인 관상학 등에 매달리게 된다. 하지만, 이 분야도 같거나 비슷한 신체 일부 등의 연구대상을 가진 사람들을 어렵지 않게 발견할 수 있지만, 그들 간의 운명에 관하여 공통분모를 도출해 내기에는 미흡한 면이 많다.

전술한 바와 같이 인간에 내한 사주팔자나 관상에 따른 운명을 연구하는 사람들이 한계를 느끼며 여러 풍수지리 단체들을 찾아와 그들의 연구영역을 확장하려 함을 종종 본다. 바꾸어 말해, 풍수지리는 그 어떤 주변 분야보다도 인간의 운명에 미치는 영향이 크고 그 수단이나 방법이 대단히 능동적이다.

이 풍수지리 분야는 자연과학과 인문사회적인 접근방법이 모두 동원되는 분야이며, 한편 "氣"를 모르고서는 그 깊이를 추측할 수 없는 여러 난제가 도사리고 있다. 하지만, 너무도 우리 생활에 밀착되어 인간의 길흉화복에 지대한 영향을 주고 있다. 조상의 장사, 건물의 설계, 가택 및 사업장의 입지선정, 가구원별 방배치, 가구배치, 실내장식, 수맥처치 등 주변에서 그 예를 쉽게 찾을 수 있다.

주변 사람들이 자신의 풍수지리 환경-특히 조상의 음택 환경-을 바꾸어 운명을 변화시킨 사례를 본인은 종종 접하고 있다. 그러나 그 환경개선과 운명의 변화에 대한 인과관계를 현재의 과학지식 범주 안에서 사람들이 수긍할 수 있게 설명하거나 실증해 보일 수가 없다. 그 연구 대상이나 방법을 달리하지 않고서는 불가능하다 하겠다. 이에 대하여는 추후 필자의 연구내용을 기술하기로 한다. 날이 갈수록 풍수지리를 연구하는 제도권 학과정이 늘어나고 있어 그들의 과학적인 접근방법이 빛을 발휘할 날들이 올 것으로 생각한다.

필자가 속한 학회에서, 전술한 운명변화의 사례들을 익히 접하는 젊은 층들의 풍수지리에 대한 믿음을 비유하면, 쾌청한 하늘에 기우제를 지낸다는 소식을 듣고 우산을 들고 달려갈 정도여서, 그 적극성과 확신에 찬 행동에 실소하기도 한다. 한편으로, 요즈음 젊은 층 사이에서 유행하는 성형술이 관상학적인 운명을 일부 개선할 수 있다는 주장은 논외로 하고, 이 치열한 생존경쟁 속에서 자기의 운명을 바꾸어 보겠다는 열정적인 태도 하나만은 높이 살 만 하겠다.

풍수지리는 크게 음택(산소)과 양택(집, 사업장)으로 구분된다. 이제까지는 음택 분야를 중시하였으며 양택은 근래에 생활수준의 향상에 편승하여 관심이 증대되고 있다. 그러나 비교적 양택이 그 개선이나 환경변화가 쉬우며 효과도 매우 빠르다. 양택에 대한 활발한 영역 확장이 절실하다 하겠다.

인생을 사는 세 부류,
첫째는 자신에게 주어진 운명에 순응하며 사는 사람,
둘째 자기 운명에 부단한 노력을 기울여 그것을 개척하며 살려는 부류,
셋째는 주변환경을 자신에게 유리하게 바꾸고 나서 끊임없이 노력하여 그 운명을 변화시켜가는 사람이 있다.

두 번째의 노력하면 성공한다는 "지식"에 근거한 판단 기준보다는 세 번째로 같은 노력이라도 그 성과가 배가될 수 있게 유리한 환경 조성을 먼저 할 줄 아는 적극적이고 "지혜"로운 사고를 하는 사람이 진정한 풍수지리인이요 탈신공개천명적인 사람이다.

2009년 11월

'터'의 길흉이 바뀐다.

상암 일대의 지형을 바꾼 하늘공원과 노을공원

근래에 서울에서 가장 지형 변화가 심한 지역은 단연 상암동 일대이다. 난지도가 성토되어 하늘공원과 노을공원이라는 거대한 산이 조성되었고, 2002년 월드컵 대회를 치르기 위한 대규모 축구경기장이 건설되었으며, 요즈음에는 상암DMC(digital media city) 건설이 한창이다. 풍수적으로는 그만큼 빈부의 변화를 격렬하게 겪고 있다.

하늘공원

상암동(上岩洞)의 동명은 수상리와 휴암리에서 각각 한 글자씩 합쳐서 만들어졌다. 1914년 경성부 연희면의 수상리, 구리동(舊里洞), 휴암리와 고양군 하도면 덕은리 일부(난지도)를 합하여 고양군 연희면 상암리로 하였다. 1949년 서울시로 편입되어 상암동이 되었다.

상암동을 이루고 있는 구석말은 귀리(歸里)의 구석에 있는 마을이라는 뜻인데 구리깨라고도 한다. 모로 돌아 한강가에 위치한 마을이라는 뜻이다. 물치는 물위치 수색(水色), 수상리(水上里), 수생리(水生里)라 하는데 수색동 앞 넓은 들 건넛마을을 말하며 장마 때면 한강물이 이곳 앞까지 오므로 붙여진 명칭이다. 압도(鴨島), 중초도(中草島)는 난지도(蘭芝島)라고 하는데 글자 그대로 난초와 지초로 어우러진 경치가 아름다운 곳이었다.

빈천과 풍요가 교차하던 상암

북한산에서 서울의 대명당을 만든 지맥 일부가 서진하여 서오릉을 작국(作局)하였다. 여기에서 다시 한강을 향하여 천전도수(穿田渡水)-밭을 지나고 물을 건너감-하다가 지금의 월드컵 경기장 서문 앞에 원형으로 용호가 감싸 만든 명당과 혈처에 단정하게 자리하였다. 이어서 팔을 뻗어 한강의 수기를 역으로 걷어 올리니, 이 수기는 재물을 의미한다.

중앙의 산(경기장 서문 앞)에 명당 혈이 있으나 현재는 주차장이다. 왼쪽 공터와 아파트 뒤쪽이 상암DMC 조성 공사 중이고 오른쪽 아래가 하늘공원이다. 이 산의 이름은 매봉산으로, 상암 경기장을 향하여 개면하였다. 이 산이 감싸 안은 명당의 옛날 명칭은 '풀무터'로 쇠를 녹여 엽전을 주조하는, 지금의 조폐 공사 역할을 하였고 주차장의 혈처는 당시 세도가의 집터였을 것으로 짐작된다. 또한, 최근에 조성된 하늘공원은 한강의 수기를 더욱 많이 받게 하니 풍요와 부가 더해짐이 예견된다.

매봉산과 월드컵경기장

세상에서의 양면성이 풍수지리에서도 엄격하게 적용된다. 산줄기의 한쪽이 유정(有情)하여 부(富)나 귀(貴)를 논하게 되면, 그 반대쪽 터는 빈천할 수밖에 없다. 매봉산 동쪽의 풍요를 점검하였으니, 매봉산이 등 돌린 서쪽 골짜기는 유사 이래 서울의 모든 쓰레기가 쌓여 산을 이루는 버림 받은 땅이었다. 그 옛날에는 골짜기 상류에 자손이 없는 궁중 나인들의 무덤이 집단을 이루었다고 한다.

뒤바뀐 상암 일대의 풍수지리

하늘공원과 노을공원은 상암 일대의 지형을 결정적으로 바꾸었다. 원래는 압도와 중초도로 이루어진 일명 난지도였는데 비가 오면 잠기고 개이면 모습을 드러내는 나지막한 섬이었다. 풍수에서는 이를 나성(羅星)이라 하며 강물의 흐름을 느리게 하므로 재물에 이로운 길사(吉砂)로 본다.

이곳이 서울의 쓰레기 매립장이 되며 거대한 산을 이루었고, 그 탁하고 나쁜 기운이 꽤 오랜 세월 동안 정화되며 좋은 기를 발산하게 된 점, 또한 강변을 따라 튼튼한 도로가 조성됨은 버림받은 골짜기의 상류에서부터 흘러내린 물이 한강으로 직입수됨을 막아 그 일대 지리의 흉함을 크게 보완하였다고 본다.

이러한 영향으로 이 골짜기에는 대단지 아파트와 상암 DMC가 건설되고 있어 부와 풍요가 고이는 곳으로 탈바꿈하였다는 생각이다. 또한, 풍수에서 양택을 논할 때 1,000호 이상이면 그 터의 길흉을 논하지 않는다. 자연적인 지형 위에 지반을 높여 도로를 개설한다거나 건축 전단계로서 터의 평탄 작업 등은 물길을 개선하며, 나아가 그 지역의 운명을 개선시키는 효과로 나타난다. 이 또한 그 일대가 거침없이 개발되는 이유 중의 하나일 것이다.

상암 일대의 버림받은 곳이 재물이 모이는 좋은 도시 터로 바뀌는 현상 뒤에는 우리가 간과하는 희생의 대가가 있음을 또한 헤아려 볼 수밖에 없다. 바로 서오릉을 출발한 지맥이 천전도수하는 지점에, 예의 상암 DMC의 초고층의 거대한 건물들의 기초 공사로 수십 미터 깊이의 지하 굴착 작업을 하고 있으니, 불과 수 미터의 지하를 흘러오는 생기 맥을 단절시킬 수밖에 없다는 점이 무척이나 안타까울 뿐이다. 꽤 잘 생긴 매봉산을 기가 흐르지 않는 껍데기 산으로 전락시키는 꼴이다.

이를 정리하면, 과거 조폐(造幣)를 하고 수년 전 월드컵 축제를 하던 풍요롭던 터가 그 지기를 빼앗기게 되는 반면, 그 반대쪽 빈천한 운명을 타고난 터가 개명(改命)할 수 있다는 사실이다. 사람이 아닌 땅도 태어난 팔자를 고칠 수 있다는 이야기이다. 바로 현대에 발달한 건설 장비와 기술이 이것을 가능하게 한다는 결론에 도달한다.

앞으로 바라는 점은 도시 조성 초기 단계에서 양쪽 다 상생할 수 있는 설계, 즉 주요 기맥을 선 조사 후 해당 지상 부분을 도로 또는 녹지로 할애하여 그 기맥 손상을 피하여야 한다. 동시에 풍수지리에 합당한 도시 개발이 되도록 설계하여 개발지가 좋은 운명으로 새 출발하도록 배려하여야 한다. 자연에 대한 송구함과 고마움이 교차하는 주유상암(周遊上岩) 후의 소감이다.

2009년 12월

풍수로 본 행복도시(세종시)

한 나라의 중요한 행정기능 도시를 자리 잡는 일은 백년대계로서 신중히 결정되어야 한다. 따라서 요즈음 핫이슈(hot issue)중 하나인 행복도시-행정복합도시-에 대한 풍수지리적인 고찰을 하였다. 왜냐하면 풍수적인 관점은 어떤 정치 논리나 인문사회적인 배려 등 한시적이고 인위적인 요소에 좌우되지 않는 평가 기준이 되기 때문이다.

당시 신행정수도 후보지 평가에 있어 기본 5개 항목별로 평균 4개 정도의 총 20개의 세부기준을 두었다. 그 중 하나로서 '삶의 터전으로서 자연조건'에서 '배산임수(背山臨水)'라는 항목의 가중수치가 총 100점 중 1.12점에 불과하여 풍수지리적인 고려가 너무도 미약했다.

처음의 신행정수도가 축소된 행복도시로 조정되었으나, 국무조정실, 기획재정부등 12개 부, 4개 처 그리고 국세청 등 모두 21개의 중앙 행정기관이 이전할 계획이다. 여전히 국가의 중추 행정 기능이 이전하게 되는 중요한 국사이다.

행복도시 선정 이유

충청남도 연기군 남면의 장남 평야에 세종시를 건설하게 된다면 그 일대의 진산(鎭山)은 해발 254m의 원사봉이나 260m의 전월산이 되겠다. 원사봉은 맹금류가 날개를 펴고 비상하려는 듯한 형상으로 그 앞의 국(局)을 잘 감싸는 모양이 풍수에서 길격이다. 북쪽의 조치원과 청주시 사이를 흘러 온 미호천과 대청호에서 대전시 북부를 거쳐 온 금강이 전월산의 좌측에서 합류하니 이 또한 길함이다. 그리고 평가항목인 배산임수의 조건을 갖추었다. 이러한 연유로 당시의 신행정수도 건설에 대하여, 일부 긍정적인 평가가 언론에 보도되지 않았나 싶다.

지난 2004년에 앞서 말한 후보지 평가 결과를 확정 발표한 바, 연기·공주지구가 총점 88.96점을 받아 1위로서 신행정수도로 선정되었다. 2위인 80.37점을 받은 공주·논산보다도 월등한 호평을 받았다.

여기서 고려해야 될 점으로 기본 항목 5개를 합한 100점 만점 중 '국가균형발전효과'라는 항목에 과다하게 편중된 가중치 35.95를 배정하여 지리와 교통조건을 가장 중시하였다. 참고로, 여기에서 연기·공주지구는 31.85점을 득하였다.

풍수지리적인 검토
어느 한 지역을 풍수적으로 평가하는 기준으로, 그 지역을 관장하는 주산(主山)과 명당을 만든 내맥(來脈), 주산 아래 몇 절을 거쳐 자리 잡는 혈(穴), 맥과 혈을 제외한 그 지역의 주위에 있는 산(砂) 그리고 주변을 흐르는 물(水)의 형세를 살펴 그 길흉을 판단한다. 여기에서 혈은 주인 격이며, 내맥은 조상으로서의 근원이다. 또한, 사는 부인이나 부하직원 또는 거래처 등을 의미하고, 수는 재물을 뜻하니 지리를 모른다 해도 먼저 물길을 보고 부의 길흉을 살피도록 권장한다.

전월산 ⓒ연기군청

　원사봉이나 전월산은 장남 평야에 비하여 너무 미약하여, 마치 어린아이가 거구의 어른을 억지로 껴안으려는 듯 한 모습이다. 그러하니 좌비(左臂)나 우비(右臂)가 광활한 평야를 포근히 감싸 주기에는 턱없이 미미하다. 백두대간의 속리산에서 분지맥(分支脈)한 한남금북정맥의 칠현산을 거쳐 금북정맥의 국사봉에서 갈라져 나온 지맥이 원사봉을 만들었다. 그 내맥(來脈)의 기세가 중요한 국가기관들이 자리할 지역을 만들기에는 심히 나약하다.

　풍수에서는 상대적인 균형과 조화를 중시한다. 적어도 중중한 산맥이 배후를 든든하게 지원하는 형국이어야 한다. 원사봉이 날개를 펴고 장남 평야를 정면으로 개면(開面)하지 않고 전월산 쪽으로 다소 방향을 튼 점도 자리를 온전히 품지 못하는 이유 중 하나이다. 또한, 왼쪽으로 뻗어 자신보다 더 큰 전월산을 좌비로 작국하였으니 하극상의 형세이고, 설상가상으로 전월산의 끝이 바깥으로 휘어져 배반하는 흉격이다. 장남 평야를 둘러싼 산세는 전반적으로 토막 지듯 끊어짐이 많고 산만함이 또한 길하지 못하다.

주인산의 규모가 왜소하니 혈 또한 그 규모가 작다. 그 혈처는 원사봉 아래 곡촌 마을 일대를 관장하는 정도의 규모이며 이에 상응하는 명당도 상대적으로 좁은 범위로 보인다.

장남 평야를 가로지르는 금강의 건너편은 계룡산 자락으로서 조산(朝山)에 해당한다. 주인산에 비하여 손님 또는 신하격인 조산이 너무 위압적이니 더욱 힘 한번 쓰지 못하는 국세이다. 경복궁이 관악산의 지기 때문에 신하들이 조정을 흔들고 나라가 외세에 시달렸다는 주장이 있으나 그보다 더 험악한 조산 형세이다.
또한, 장남 평야는 금강이 만들어 놓은 전형적인 퇴적 평야로 보인다. 따라서 변변한 산줄기 하나 찾아보지 못하니 주인산의 책상(탁자)으로서의 안산(案山)이 아예 없다. 마치 주인이 탁자도 없이 위압적인 손님을 면전에서 대하는 형국이다.

마지막으로 재물로서의 수(水)를 논하자면, 금강 북쪽의 면적 즉 물이 힘없이 빠져나가는 넓이가 강 이남의 물이 들어오는 면적보다 두 배 정도 넓다. 그리고 전월산 뒤로부터 들어오는 물은 일순간이고 물 빠지는 수구 쪽을 향하여 오래도록 구부러짐도 없이 흘러가는 수세이다. 또한, 수구 쪽이 관쇄(關鎖)되지 못하고 넓고 허전하여 지속적인 재물 손실을 암시하고 있다. 현 서울의 국세를 만들었다 해도 과언이 아닌 요대수(腰帶水)로서 한강과 이를 역으로 흐르는 청계천의 수세가 장남 평야에 절실하게 필요한 지세이다.

국토개발은 백년대계(百年大計)
행복도시 추진에 대한 풍수적 결론은, 한 마을의 뒷산으로서의 원사봉 역할만을 강조하고 싶으며, 여타 지리적 판단으로 제일 중요한 국가의 부강함에 정반대의 조건을 갖추었음에 도달한다.

    지난 역사 속에서 우리는 선인(先人)들의 소중한 경험과 지혜의 보물들을 가지고 있다. 나라를 개국한 왕들이 도읍지를 정하기 위하여 얼마나 신중하게, 풍수 외적인 요인을 배제하고, 각고의 노력을 기울여 지리를 판단하고 검토하였는지를 상기해 볼 필요가 있다. 또한, 관청이나 서원을 세우는, 크지 않은 일에도 좋은 터 잡기에 부족함이 없었음을 사적을 통하여 익히 배우고 있다.

    수십 년 전 고속도로 건설을 시작할 때에도 경부선의 특정 구간을 시초로 하여 공사를 시행하고 나서 문제점을 검토하고, 다음 구간에 그것을 반영하는 신중함을 보였다. 근래의 단임제 대통령 체제에서 나타나는 현상으로서, 국가적인 대계를 충분한 검토 과정이나 단계적인 추진 과정 없이 임기 내에 확정 짓거나 시작 내지는 완성하려는 조급함이 있어 씁쓸한 기분이다. 그 여파로 불과 몇 년 후에 국민이 갈등과 혼란을 겪고 국토가 곤욕을 치르고 있으니, 그 덕분에 우리의 역사는 역사(逆史)가 아닌가 싶다.

2009년 12월

청계천과 4대 강 사업

현 정부가 출범하고서 지속적으로 국론을 들끓게 하는 이슈가 세종시와 함께 4대강 정비사업이다. 국가적인 백년대계 사업이지만 불행하게도 국민의 염원과 지지를 받지 못하고 정부가 일방적으로 무엇에 쫓기듯이 추진하는 듯한 인상을 주고 있으니 안타까운 마음을 금할 수 없다.

이 사업에 대한 문화재 지표조사는 공사 범위를 확정하지 않은 상태에서 사전에 진행하였고 수중 조사는 생략하였다. 청계천 복원 사업을 할 때의 문화재 조사가 일 년 동안 시행되었음을 참고하면, 고대로부터 삼국시대의 중요 문화 유적지인 4대강 유역을 불과 두 달이 채 안 되는 기간에 걸쳐 조사했다는 사실을 이해하기도 어려운 상황이다. 더구나 4대강 사업의 범위는 청계천의 200여 배에 이르고 있으니 말이다. 또한, 실시설계도면을 국민에게 공개하여 그 이해를 구하고 이견 조율 과정을 거치는 절차를 생략하고 서둘러 공사를 하는 상황이다.

4대 강 살리기 사업은 정부가 애초의 '대운하' 구상을 국민의 반대 여론에 따라 포기하고 내놓은 사업으로, 이 사업을 통하여 여러 긍정적인 효과가 있음을 강조하고 있다. 반면, 이에 대한 반대 의견이 만만치 않아 찬반 양쪽의 견해를 풍수적으로 검토해 볼 필요가 있다.

풍수에 있어서 물은 풍요를 상징하니 국부(國富)와 밀접한 관련이 있고, 또한, 생기를 머물게 하여 좋은 터를 만들고 인재를 배출하는 중요한 역할을 하기 때문이다.

4대강 사업의 찬반 주장

먼저 이 사업에 대한 정부의 홍보 내용으로서, 홍수 예방과 물부족 해소, 생태 습지 조성과 하천 주변 조림으로 녹지 벨트를 조성하고 나아가 지구 온난화 해소에 기여, 농업용 저수지 개량을 통한 물 공급으로 하천 수질 개선, 일자리 창출 및 경제 살리기 효과, 지역 특성에 맞는 문화행사 및 이벤트 활성화, 그리고 관광객을 유치할 수 있다는 점을 들고 있다.

그리고 자연생태계 복원으로 시민에게 열린 공간을 제공하는 효과를 거둘 수 있다고 한다. 또한, 녹색뉴딜 사업으로 지역경제를 활성화시키고 물 관리의 글로벌리더로서 국가 위상을 제고시킨다는 야심 찬 목표를 열거하기도 한다.

반면, 이 사업을 반대하는 여러 단체 및 개인의 주장으로, 식수원인 낙동강과 한강의 환경오염 우려, 하상(河床)을 준설함으로 인한 생태계 파괴, 홍수 발생 때 배수 불량으로 피해 발생가능성, 자연 친화적인 사고에 어긋나는 점, 추후 문제점이 나타나도 완전한 환경 재복원이 불가능하다는 점, 공사 구간에 존재하는 문화재들의 수몰 및 훼손 발생 가능성, 그리고 형편없는 식량 자급률을 농토 잠식으로 더욱 저하시킨다는 점 등을 들고 있다.

또한, 사안의 중대성에도 불구하고 국민적 합의 없이 졸속으로 진행하려 하는 점, 운영 효율이 지나치게 떨어지는 점, 관광, 레저 방향으로 이득이 될 수 있다는 점은 지나친 비약이며 효용성이 없다는 점 그리고 우리와는 지형적, 경제적 여건이 다른 외국의 국가들의 선례를 끌어들여 사업의 타당성을 끼워 맞춘다는 점을 들고 있다.

이미 홍수 대비책으로 96%의 국가 하천 정비가 완료된 상태에서 소 난위의 친목학적인 예산 투입은 국민의 혈세를 낭비한다는 주장, 몇몇 메이저 건설사들이 4대 강 사업 1차 사업자 선정 과정에서 담합으로 낙찰률이 90%대-통상적인 공공부문 낙찰률은 정부 추정 금액 대비 60~65%대-를 웃도는 결과로 나눠먹기식 공사로 특정 업체에 엄청난 예산 퍼주기 상황이 벌어지고 있다고 주장하기도 한다. 아무튼, 나라 전체가 갈등과 정쟁 속에서 신음하는 듯하니 착잡함을 금할 수 없다.

청계천의 명암

찬반 양론 속에서 고역을 치르고 있는 4대강의 풍수적인 고찰을 하기에 앞서, 과거 정부의 주요 치수사업의 하나인 청계천의 예를 살펴볼 필요가 있다. 과거 청계천은 고려시대에는 장마 때를 제외하고는 물이 흐르지 않는 건천(乾川)이었다. 조선 태종은 개천(開川)도감을 설치하고 5만여 명의 군사를 동원하여 사대문 안에서 우수와 하수를 흘려보내는 개천(청계천) 굴착 공사를 시행하였다. 영조 때는 57일간 21만 명을 동원해 개천 폭을 넓히고 석축을 쌓으며 수로를 직선화하는 등 하천의 준설, 보수작업에도 심혈을 기울여 왔다.

서울의 물길을 살펴보면 남산 북쪽 기슭과 북악산의 남쪽 산자락에서 흘러드는 1차 내당수가 청계천으로 모여서 흐르다 뚝섬에 이르기 전 중랑천과 만난 후 이어서 한강과 합류한다. 청계천은 경복궁 터를 힘 있는 명당으로 만들기 위하여 한강을 역수(逆水)하여 진행한다. 이 역수 현상은 풍수지리의 측면에서 설명하면, 현

서울의 수태극(水太極) 명당 터를 만드는 데 결정적인 역할을 하였다는 중론이다. 이처럼 풍수지리는 역(逆)을 추구한다.

이런 소중한 지리 유산을 관리하지 못하여 조선 5백 년 동안 많은 빈민이 개천 변에 움막을 짓고 살면서 오물을 버리고 시체까지 버렸다는 기록이 남아 있다. 이어서 6·25 사변을 치르는 와중에 나라의 치안이나 통제 기능이 마비된 상황으로 말미암아 하천은 극도로 불결해지고 천변의 판잣집은 날로 늘어나기에 이르렀다.

궁여지책으로 자유당 정부에서는 청계천을 복개하기로 결정하고 1958년부터 공사를 진행하기 시작하였다. 그 후 5.16 군사혁명으로 태동한 제3공화국은 공사를 서둘러 1961년에 1단계 복개 공사를 거쳐 1970년대 초 완공하기에 이르렀다. 당시에는 막대한 예산을 투입한 치수 사업이었다.

기막힌 일은 악취가 퍼져 나가지 않고 오수가 보이지 않게 덮어 버린 청계천을 모델로 하여 당시 몇몇 주요 지방 대도시에서도 그곳의 개천을 마찬가지로 복개하였다는 사실이다. 더 나아가 문화 유산을 더욱 더 철저하게 보존해야 할 천 년의 고도 경주에서는 성 주위를 둘러 판 도랑인 해자(垓字)마저 복개해 버리는 결정적인 실책을 범하기도 하였다.

이런 연유로 청계천은 30여 년 동안 지하에 묻혀 오수와 함께 탁기(濁氣)가 흐르는 천덕꾸러기로 사람들의 기억 속에서 아물거리는 신세로 전락하게 된다. 그 후 2003년부터 2005년까지 2년여 동안 서울시에서는 상당한 예산을 사용하며 청계천 복원 사업을 시행하여 맑은 물이 흐르는 하천으로 탈바꿈하였다. 비록 옛날

같이 내당수가 흘러 모이지는 못하나, 한강물을 끌어오고 지하철에서 나오는 지하수를 흘려보내는 방법으로 맑은 기운이 흐르게 하였다. 이처럼 잘못된 역사를 뒤늦게나마 바로 잡는 상큼한 일이 있으니 그나마 다행이다 하겠다.

맑은 물이 흐르는 청계천

여기에서 청계천을 거울삼아 보면, 하천에는 항상 맑은 물이 흐르게 하여 터에 이로운 기운을 전달하는 역할을 하도록 풍수지리의 측면에서 각별한 관리를 할 필요가 있고, 비록 오염된 후에도 그것을 깨끗이 정화하려는 노력을 기울임이 바람직한 반면, 막대한 재원을 써서 치부를 덮어버리는 임시변통 방법은 극히 경계하여야 할 실책이라는 점이다. 한 가지 강조하는 바는, 과거 역사로 보아 풍수지리를 염두에 둔 정책 입안은 실패한 적이 없다는 사실이다.

　과거 청계천의 치부를 덮어 은폐하던 방편처럼, 4대 강 사업이 그 어떤 딜(deal)을 덮기 위한 수단이 아니며, 일부 정치 지도자들의 주장처럼 정치적 지지기반 확보를 위한 도구가 되지 않았으면 하는 간절한 바람이다. 덧붙여, 과거 청계천 복원의 성과를 기준으로 4대강 사업의 타당성에 힘을 싣는 '평면적 사고'의 우를 범하지 않았으면 한다. 정권을 잡기 전후와 여야의 각기 입장에 따라 좌우되는 국토의 운명이 개탄스러울 뿐이다. 우리는 잠시 이 땅에 머물다 가는 존재임을 망각하지 않았으면 한다.

청계천 등축제

이제까지 우리는 청계천의 준설, 복개 및 복원이라는 치수사업 검토를 통하여 앞으로의 4대강 사업의 지표가 될 만한 자료를 추정하여 보았다. 정책을 시행하는 시각과 풍수적인 관점이 얼마든 시 다를 수 있으나, 그 귀결은 항상 근접하거나 같은 방향으로 나타남을 알 수 있다.

4대 강이라 함은 한강, 낙동강, 금강 그리고 영산강을 말하며 이 모두가 역사적으로나 지역적으로 중요한 위치에 있다. 한강과 낙동강은 그 길이가 500km를 넘어 사업 범위가 상대적으로 넓지만, 금강은 400km를 약간 못 미치는 전장으로 충청남도와 전라북도 사이를 흐르고, 영산강은 약 115킬로미터의 길이로 전라남도를 비스듬히 관통한다.

여기에서는 풍수적인 고려 대상을 유역 면적 26,219평방킬로미터의 한강과 24,000평방킬로미터의 낙동강으로 국한하여 보기로 한다. 두 강 유역을 대상으로 하는 사업이 국가 차원에서의 파급력이 지대하기 때문이다.

한강과 낙동강의 풍수적인 검토
한강은 강원도 태백시의 검룡소에서 발원하여 서해로 흘러가는 강이고, 낙동강의 발원지는 강원도 태백시의 작은 저수지인 황지못이다. 이 강은 대구 분지를 지나 부산 서쪽에서 분류되어 바다로 들어간다. 발원지에 대하여 다른 견해가 있으나 크게 보아 강원도와 경상북도에 걸쳐 있는 해발 1,346 미터의 구룡산에서 처음으로 남북으로 갈라지며 출발하는 물줄기가 각각 진행하여 낙동강과 남한강이 된다.

천문풍수도 - 구룡산 72X50

한강과 낙동강의 전장은 각각 514km와 525km로서 거의 같은 높이로 전술한 구룡산을 출발하여 바다로 흐르니 얼핏 보면 두 강이 대동소이한 것처럼 보인다. 여기에서 '경부대운하사업'을 계획할 당시 조사한 평균 경사도 자료를 보면 한강이 1/3,000인 반면, 낙동강이 1/5,000로 경사가 상대적으로 완만하고 좀 더 굴곡함을 알 수 있다. 이러한 까닭에, 이 강은 하구에 을숙도와 같은 광대한 삼각주를 형성할 정도로 퇴적 현상이 심하다.

풍수지리에서는 물길을 판단할 때, 물이 얼마나 완만한 경사의 지형을 흐르고 굴곡을 많이 하는가를 보는데, 소리를 내며 급히 흐르거나 탁하거나 좋지 않은 냄새가 나는 물은 흉하고 천한 것으로 피해야 할 대상이다. 즉, 급격한 변화없이 머물러 있는 듯 흐르면서 떠나기가 아쉬운 듯 자리를 맴돌고 돌아보며 굴곡하는 맑은 물을 수법(水法)에서는 길격으로 평가한다.

시리를 볼 때 선사께시는 '산을 보기 전에 물을 먼저 보라.' 하여 물길의 중요함을 일러두었다. 물을 보고 아울러 내맥(來脈)도 살펴 지리를 '종합적으로 판단'해야 한다는 말이다. 여기에서는 먼저 양대 강 유역의 산세를 검토하고 나서 그 결과와 함께 논점이 되는 물길을 풍수지리의 관점에서 종합 평가하기로 한다.

한강 유역은 동쪽에서는 백두대간, 북으로는 한북정맥 그리고 남쪽의 한남정맥이 잘 감싸는 광대한 지역이다. 서울은 수구(水口)-강물이 흘러나가는 곳-에 자리잡고 있어 상류 지역에서 흘러오는 기를 흡수하여 번창하니 한 나라의 수도로서 손색이 없는 대명당이다. 다만, 한북 정맥이 강 유역을 잘 감싸며 내려오다가 방향을 북방으로 살짝 돌리며 멈춰 버린 형국과 남으로 한남정맥이 한강 하구까지 유정하게 환포(環抱)-둥글게 둘러쌈-하여 기를 모아 주려 하지만 그 산세가 약하여 누기(漏氣)-기가 새어나감-됨이 대명당의 지위를 한 단계 낮추었다고 본다.

한편, 백두대간이 남하하다가 태백에서 방향을 서쪽으로 바꾸며 소백산, 속리산, 덕유산 그리고 지리산을 만들고 낙남정맥으로 이어져 김해에서 멈춘 내맥은 낙동강 유역을 더없이 잘 감싸고 있다. 그리고 태백에서 동해안을 따라 내려온 낙동정맥은 부산까지 이어졌으니 그 내맥이 멈춘 지역이 번창할수 밖에 없는 수구처이다. 수구가 조밀하게 잘 관쇄(關鎖)-문을 잠그듯이 잘 막혀 있음-되어 흠을 찾기가 어려울 만큼 대단한 대국(大局)의 명당 조건을 갖추고 있다.

이처럼 더없이 좋은 산세가 강 유역을 감싸는 점과 낙동강의 물
길을 연관하여 보면, 동과 서에 있는 백두대간과 낙동정맥의 기
세가 중중하니 다시 작은 농맥(壟脈)-언덕으로 이어지는 산줄기-과 지
각을 각각 동서로 뻗어 내린 국세이다. 이 산자락 사이를 돌고 돌
아 낙동강이 또 유정하게 곳곳의 명당을 아쉬운 듯 돌아보며 흐르
고 있다. 또한, 경사가 완만하고 수구처가 잘 닫혀 있어 물길이 정
중동으로 진행하며 퇴적사를 만들었으니, 산천을 흐르는 생기를
오래도록 붙잡아 둘 수 있음이며 부(富)에도 유리함을 볼 수 있다.

아마도 옛날부터 서울 경기지역을 포함한 다른 어떤 지역보다
도, 이 낙동강 유역에서 유독 인물을 많이 배출하는 연유를 위와
같은 풍수지리적인 배경에서 찾아야 한다는 생각이다. 그리고 낙
동강의 하류 일대를 제외하고는 평야지대에서 흔히 볼 수 있는 시
원스럽게 펼쳐진 변변한 논과 밭도 별로 없는 고장임에도 생동감
있고 부족함이 별로 없어 보이는 이유가 바로 지리의 힘이라고 말
하고 싶다.

4대 강 사업의 풍수적인 고려

전편에서 정부 측 발표사항으로 열거한 4대 강 유역 공사항목
중, 일정 지점에 보(洑) 설치와 물의 저장, 그 결과로 강 유역 일
정 부분의 수몰, 토목공사를 통한 강변의 정비로 말미암은 지형
변화 그리고 강바닥의 준설작업 등을 풍수적인 고려사항으로 요
약할 수 있겠다.

물길을 거스르는 산자락(下水砂)이나 화표(華表), 한문(捍門), 북
신(北辰) 등 물가의 바위, 그리고 낮은 섬(羅星)과 같이 유속을 느리
게 하는 지형지물을 풍수지리에서는 아주 좋은 지형지물로 판단

한다. 이들이 생기를 끌어들이거나 붙잡아 두기도 하며 오래 머물게도 하여 자리를 명당으로 만드는 중요한 역할을 하기 때문이다.

이제까지의 예로 보아 치수 사업으로서의 토목 공사는 구불구불한 곡선 형태의 물가를 직선형의 수변(水邊)으로 변모시켜 왔다. 이 과정에서 앞서 말한 물가의 바위나 섬 그리고 모래톱 등의 길사(吉砂)를 파괴하여 자취를 감추게 하는데, 그 결과로 그 일대는 물의 유속이 빨라지고 생기가 머물지 못하는 흉지(凶地)로 전락하게 된다.

또한 보나 둑을 만들어 치수하는 방법은 물을 풍부하게 저장할 수 있는 긍정적인 면이 있으나, 강변의 수몰과 동시에 산자락 일부도 잠기게 되니 산천을 흐르는 기맥의 변화를 가져오게 한다. 그리고 물의 자연스러운 흐름을 막고 수질을 악화시키니 풍수적인 판단에 부정적인 영향을 준다.

또한, 물의 저장 공간을 늘리거나 빠른 유입을 위한 강바닥의 준설작업은 수중의 지형 변화가 수반되는데, 멈춘 듯 도도히 흐르는 물을 빠르게 빠져나가도록 하여 생기의 축장(蓄藏)-모아서 저장함-이 어렵거나 그 손실을 가져온다.

전체적으로 보면, 일정한 거리마다 건설하는 보는 4대 강과 같은 큰 물길의 자연스러운 흐름과 그에 수반되어 흐르는 기의 리듬을 깨뜨리게 된다. 흡사 교향곡의 연주 중간중간에 보사노바 리듬이 끼어들어 불협화음을 만드는 것과 같다. 산천의 총체적 리듬의 조화가 불협화되는 현상으로 나타난다는 말이다.

한강

자연에 순응하는 정책

골짜기나 기타 적당한 곳에 다수의 물 포켓(소형 저수지)을 설치하는 등 좀 더 자연 훼손이 덜한 방법을 연구해 봄이 좋을 듯싶다. 큰 강의 물길에 변형을 주게 되면 부작용이 커지고 그에 적응하려면 오랜 세월이 소요된다. 더구나, 그것을 다시 복구하는 문제는 불가능하지 않겠느냐는 생각이다.

강을 이용하는 수송 체계는 내륙이 깊은 평야 지대의 국가에서 채택하였던 시스템이다. 삼면이 바다이며 내륙과 바다의 거리가 가까운 우리나라로서는 '인천-목포-부산-울산' 등과 같은 해상운송체계에 역점을 두는 방안을 권하고 싶다. 아울러 다도해의 섬 등 쓸모없이 방치된 섬들은 더없이 좋은 해상 관광자원이다.

전 세계적으로도 훌륭한 지리 유산인 이 섬들을 서로 연결하여 관광자원화하고 국토 개발의 개념과 영역을 해상으로 확대하여 효율적인 이용을 하는 한편, 내륙은 지속적인 수질관리를 하고 자연 상태를 최대한 보호하는 열린 공간을 마련함이 오히려 자연 훼손을 피하는 합리적인 시책이 되리라 본다.

이제까지 우리나라의 국부(國富)는 주로 4대 강과 그 유역을 중심으로 창출되었음을 상기할 필요가 있다. 자연의 기 흐름이 변화되고 그 리듬이 불협화되는 현상은 무엇보다도, 그 강 유역의 산천이 걸출한 인재들을 변함없이 배출시킬 수 있을까 하는 물음에 부정적인 답을 할 수밖에 없을 것이다. 자연을 길들이고 굴복시키려는 태도와 국토를 수단으로 삼는 성급한 이기주의는 우리가 지양해야 할 흉격(凶格) 자아들이다. 자연에 순응하는 정책만이 국토를 보전하는 길임을 명심해야 할 때이다.

2010년 2월

구름 속에 사는 새의 지혜

　전라남도 구례군 소재지에서 동쪽으로 직선거리 5km를 못 미쳐 집터로서 명당이라는 '운조루(雲鳥樓)'가 있다. 1776년부터 6년에 걸쳐 지은 이 고택은 중요민속자료 제8호로 지정되어 조선시대의 사대부 가옥의 면모를 보여주고 있다. 풍수에 관심이 많은 사람으로서 둘러보고 싶었던 곳이기에 얼마 전 봄날 화견례(花見禮)를 겸한 남도 행을 하였다.

　'운조루'라 함은 택호로서, 원래는 큰 사랑채 누마루의 이름으로 '구름 속에 새처럼 숨어 사는 집'과 '구름 위를 나는 새가 사는 빼어난 집'이란 뜻을 함께 가지고 있다. 710평의 대지에 처음 지을 당시 78칸의 규모였으나 지금은 모두 63칸이 남아 있고 건물의 평수는 129평이니 고택으로서는 상당히 큰 규모이리라 본다.

　많은 사람들이 풍수적으로 또는 들어서 아는 지식 차원에서 운조루를 대단한 양택 명당으로 인식하고 평가한다. 우리가 가장 범하기 쉬운 실수는, 과거와 현재의 이면(裏面)을 간과한 채, 현재의 모습만으로 전체를 알려고 함이다. 남들이 대단히 좋다 하니 따라서 '우리나라 제일의 집터'라고 평가하는 식이다.

운조루와 뒷산

  오로지 그곳의 지형지물과 현재 상황 자료만으로 풍수적 판단을 하는 좁은 사고를 넘어 그 안목을 넓혀야 하고, 거기에 관련한 사람의 작용을, 더 나아가 필사적인 '터 주인의 노력'을 반드시 알아채야 한다. 풍수가 우리에게 한층 흥미롭고 유익한 지혜를 제공하는 대상인 이유가 사람과 불가분의 관계에 있기 때문이다.

  풍수로 보는 가옥

  조선 영조 52년 유이주(柳爾胄)옹이 낙안군수로 있을 때 건축했다고 하는데, 큰 사랑채와 안채가 주요 부분이며, 그 밖에 중간 사랑채, 행랑채, 사당, 연지(蓮池) 등으로 구성되어 있다. 가옥 전면의 수로와 길 건너에 연지를 조성하였고 안채 북동쪽에 사당이 있으며, 동과 서의 행랑채 사이에 편안하게 들고 날 수 있는 문턱 없는 솟을대문이 있다.

운조루 앞 연지

천원지방(天圓地方)사상에 따라 직사각형의 못과 원형의 섬으로 연지를 축조하였는데, 맞은편에 보이는 오봉산(五峰山) 삼태봉(三台峰)이 화산이어서 화기를 막기 위한 것으로 전한다. 그러나 앞산을 온전한 화산(火山)으로 보아 그 기를 수기로 제압하려던 생각에 앞서, 물을 모아 재물이 고이는 효과를 더 의도하지 않았나 하는 추측을 한다.

마을 앞 들판이 섬진강 쪽으로 완만한 경사를 이루었으니 재물과 생기가 멈추지 못하고 새어나가는 지형이다. 따라서 이곳의 물은 뒷산으로부터 흘러 온 생기를 더는 흐르지 못하게 차단하여 집안에서 맴돌게 하니, 인공으로 만든 이곳의 연지는 대단한 길사(吉砂)임이 분명하다. 즉 집터 혈처의 허술함을 연지로 비보(裨補)하여 생기가 새어 나가지지 못하도록 하였을 것이다. 운조루 창건주(創建主)의 뛰어난 풍수 식견과 비범한 지혜를 엿볼 수 있는 대목이다.

운조루는 조선 후기 사대부 주택의 형태를 잘 간직하는 몇 안 되는 건축물이다. 대문을 들어서면 중간 사랑채 한쪽 끝의 우진각 지붕이 올려다보이고, 큰 사랑채의 서쪽 끝은 팔작지붕이다. 그 외에는 모두 오행상 좋은 기운이 흐르는 맞배지붕이고 홑처마 집이다.

행랑채와 사랑채는 각각 一자와 丁자형으로 배치하였으며, ㅁ자 형태의 안채는 애초 경상도 대구 출신의 창건주가 거기에서 보아 왔던 상류층의 가옥 배치를 그대로 옮겨 놓은 것으로 보인다. 조선의 상류층 집은 一자, 丁자, ㄷ자, ㅁ자의 형태를 갖추어 실내 기의 집중에 불리하나, 당시 주류를 이루는 가옥 배치이니 그 길흉을 판단함은 별 의미가 없으리라 생각한다.

운조루의 지리
지리산을 관장하는 산신은 노고(老姑=노파)이고 산신제를 지내던 곳이 노고단(老姑壇)이니, 다른 어느 곳보다 노고단이 지리산 일대를 관장하는 중심이다. 여기서부터 오미리 마을의 주산인 형제봉을 거치며 주맥이 흐르다 마을 뒷산을 못 미쳐 우로 방향을 틀어 입수하였으니 사도리 마을을 주혈처로 본다. 그 중 일부가 오미리의 운조루로 유입되었는데, 뒷산이 다정하게 마을을 품은 형국이다.

오미리의 서쪽에서 섬진강까지 뻗어 내린 백호는 사도리 마을의 청룡이 되는데, 이 마을 앞에서 섬진강과 서시천이 합수(合水)하니 좋은 기를 청룡이 새어 나가지 못하게 막아 서 있다. 반면, 오미리 마을에서는 동쪽 왕시리봉 산자락이 청룡이 되나 짧게 뻗어 내려 수구를 잘 관쇄하지 못하였다.

이처럼 사도리에 정을 주는 섬진강이 오미리에서는 열려 있는 수구 쪽으로 흘러나가고, 명당수는 운조루 앞에서 섬진강 쪽으로 완만하게 빠지니 크게 보아 재물에 유리한 국세는 아니다. 동쪽 문수재에서 흐르는 물줄기도 운조루를 등 돌리고 멀리 흐르다 파구처에서 외당수와 합수하니 기의 축장에 도움이 되지 못한다.

그러나 고택 앞의 오봉산은 둥근 금성(金星)체로 들판에 나락을 쌓은 다섯 개의 노적사(露積砂)의 형국이니 부(富)를 부르고 있다. 그 왼쪽으로는 단아한 문필봉이 자리하니 학자나 과거급제자와 같이 집안의 뼈대를 지탱할 인물을 배출하는 안산을 마주하고 있다. 이 앞산이 잘 보이도록 집안에 세 곳의 누각을 배치하여 좋은 기를 잘 받을 수 있게 한 가옥 설계가 돋보인다.

오봉산

창건주(創建主)의 지혜

 이처럼 오미리에 운조루가 들어서기 전의 지리 여건을 살펴본 결과는, 부족한 지리 여건들이 혼재하니 일급지의 명당은 아니라는 선이다. 그 중 가장 중요한 물길이 집터에 불리하게 작용을 하고 있음을 고택의 터를 잡은 창건주가 모르지 않았을 것이다.

 오미리 마을에서의 풍수 하이라이트는 운조루 앞을 흐르는 작은 개울이다. 마을 동쪽 위에서 흘러내리는 물길을 마을 앞으로 유정하게 지나도록 하여 섬진강과 그 흐름이 반대되는 수태극을 만들었다. 또한, 그 물이 오래 머무르도록 중간에 연못과 저수지를 조성한 현인(賢人)에게 찬사와 경의를 보내지 않을 수 없다.

인공 개울과 저수지

다음은 일본강점기에 무라야마(村山智順)라는 사람이 쓴 <조선의 풍수>의 일부 내용을 요약하였다. 구례군 토지면 금내리 및 오미리 일대에 1912년쯤부터 이주자들이 모여들었다. 전국 각처에서 상당히 지체 높은 양반까지 와서 집을 짓기 시작하여 현재(1929년) 이주해 온 집이 일백여 호이고 계속 증가 추세에 있다.

비기(秘記)에 말하기를 이곳 어딘가에 금귀몰니(金龜沒泥-금거북이 진흙 속에 숨어 있는 곳), 금환락지(金環落地-하늘에서 금반지가 떨어진 곳), 오보교취(五寶交聚-다섯 가지 보물이 숨겨져 있는 곳)의 세 진혈이 있어 이 터를 찾아 집을 짓고 살면 힘들이지 않고 천운을 얻어 부귀영화를 누린다고 전해온다. 이 세 자리 중 오보교취 자리가 제일 좋은 자리라 한다.

이곳 오미리의 유씨 집이 가장 오래되었는데, 그 택지는 유씨의 원조 유부천(柳富川)이란 사람이 지금부터 300년 전 즈음에 복거(卜居)-살만한 터를 살펴서 정함-한 것이라고 전한다. 그가 집의 초석을 정하려 할 때 지금의 부엌 바닥 자리에서 귀석(龜石)-거북 모양의 돌-을 출토했는데 비기에서 말한 금귀몰니(金龜沒泥)의 땅이라는 것을 알고 그곳에 집을 짓고 살았다고 기록하고 있다.[17]

또 하나인 금환락지(金環落地)는 운조루에서 들판으로 조금 내려온 '곡전재(穀田齋)'라는 부농 저택이라 전해진다. 오미리의 취약부분인 물길을 극복하기 위하여 역시 이 가옥도 필사적인 '물 붙들기 노력'을 기울였다. 바깥마당에 물을 끌어들여 구곡수(九曲水)를 만들고 안채 옆에는 아예 커다란 연못을 만들었다.

일제강점기에 남아 있는 한 곳 오보교취 명당을 의식하고, 많은 가구가 몰려 와 거주하다 또 그만큼 빠져 나갔던 기록이 있다. 모두가 명당이라고 자리하여 살아보았으나, 운조루나 곡전재의 경우와 같이 부족한 지리를 개선하려는 어떠한 노력도 하지 않은 채, 실망하여 다시 떠나갔으리라 본다.

곡전재 바깥 마당의 구곡수

상생을 통한 비보(裨補)

운조루의 창건주는 다른 사람들과의 상생(相生)이라는 방법을 택함으로써 결과적으로는 지리의 약점을 훌륭하게 보충하는 효과를 도출하였다고 생각한다. 6.25전쟁 때 공산치하를 경험했던 연령층은, 평소에 모나게 행동한 연유로 전란이 일어나 이웃들에 의하여 밀고를 당하고 총살되는 마을 유지와 인심을 잃은 사람들을 거울삼아, 평소의 언행을 자제하고 삼가라고 당부하곤 하였다.

이곳 오미리 사람들은 한때 밤에는 빨치산 낮에는 국군의 세상이라던 지리산 자락에서 밤과 낮으로 약탈의 대상이 되어 숱한 고초를 겪었으리라 짐작한다. 여순반란사건, 6.25전쟁 그리고 긴 고난의 시간으로는 일제강점기가 있다. 특히 마을 유지나 지주는 당시 제일 먼저 처단해야 하는 존재로서 빈곤층의 한풀이 대상이었던 시절을 운조루 사람들도 예외 없이 살아야 했을 것이다.

이곳 사람들이 전란 중에 희생된 자 없이 무사했던 연유가 '타인능해(他人能解)'정신이다. 운조루에서 200년 된 뒤주의 마개 부분에 쓰인 문구이다. 이 뒤주로 운조루는 더욱 유명해졌으며 그 정신에 관하여 수없이 회자(膾炙)하고 있다. 이 집안의 상징인 뒤주는 사랑채에서 안채로 통하는 문간에 있는데 '외부인 누구나 이 쌀독을 능히 열 수 있다.'라는 의미이다.

부농이었던 운조루에서는 식량이 없는 사람은 누구든 이 뒤주를 열고 쌀을 가져갈 수 있도록 했으며, 뒤주의 위치도 가져가는 사람을 배려하여 눈에 잘 띄지 않는 곳에 두었다고 전한다. 또한, 78칸 규모의 사대부 가옥이지만 굴뚝을 아주 낮게 하여 밥 짓는 연기가 외부에서 보이는 것을 막아 끼니를 때우기 어려운 시절 이웃들이 위화감을 갖지 않도록 세심한 배려를 한 자취도 보인다.

처음에는 이 뒤주에서 가능한 많은 양의 쌀을 가져가려 하였을 것이나, 뒤에는 항상 뒤주가 채워져 있음을 보고 먹을 만큼만 취하게 되었다고 한다. 나중에는 이를 수치스럽게 여겨 불가피한 경우가 아니면 쌀을 가져가지 않게 되었으니, 매월 그믐에 이 집의 어른은 뒤주를 점검하여 다 비워지지 않았을 경우 큰 며느리에게 큰 꾸중을 하였다고 전한다.

'타인능해' 뒤주

 지난 근대사에서 겪었던 전란으로 인근 마을의 부호들은 끌려가 죽임을 당하였으나, 이곳 운조루의 사람들에게는 타인능해라는 '가진 자의 철학'이 가문의 수호신 역할을 한 셈이다. 오늘날에도 부자들의 의무와 처세함에 있어 꼭 필요한 교훈이 되고 있다.

 이곳 사람들은 지리적인 터 또는 고택에서 나오는 발복으로 별 수고함이 없이 편안한 생활을 하지 않고, 근면과 노력으로 가풍을 지키고 있음을 엿볼 수 있었다. 그리고 왠지 있어야 할 존재가 없는 한구석 허전함을 느끼며 고택을 뒤돌아 나왔다. 바로 이 집의 창건주인 유이주옹이 무릎에 어린아이를 올려놓고 있는 그림

풍수 이야기 309

을 떠올리게 된다.

예로부터 어린아이들은 터의 기운과도 민감하게 교감하니 좋은 기운이 맴도는 자리에서 출산하고 키우기를 주저하지 않았다. 요즈음 열병처럼 앓는 농촌의 젊은 층과 딸린 아이들의 기근 현상이 이곳에서도 나타나고 있음이리라 생각해 본다. 산천이 주는 기가 중요하지만, 그 기운을 잘 받아서 배가시킬 수 있는 생동감 넘치는 사람의 생기도 절실함으로 다가온다.

2010년 5월

자연미인 부석사

태백산맥에서 소백산맥으로 분지되는 경상북도 영주 땅의 봉황산 중턱에 우리나라에서 가장 오래된 사찰의 하나인 부석사(浮石寺)가 있다. 명당인 터를 잡은 사연이 특이하고, 목조 건축기법에 있어 타의 추종을 불허하는 자연미를 간직하고 있어 마치 화장을 하지 않은 여인의 빼어난 미모를 대하는 듯하다.

의상대사가 신라 문무왕 16년(676년) 2월에 왕의 뜻을 받들어 창건한 것으로 알려졌으며 고려 때 지금의 규모로 중창되었다. 조선시대와 근대에도 부석사 건물의 중수와 중건 기록들이 있다. 부석사는 우리나라 화엄종의 종찰로 고승 의상에 의해 수천의 제자들을 배출하며 그 법통을 지켜져 온 전통적인 사찰이다.

역대 고승들의 이야기를 수록한 <송고승전(宋高僧傳)>의 부석사 창건과정을 보면 그 터가 대단한 길지로 보인다. 의상이 중국에서 유학한 후 귀국선에 오르자 그를 사모한 '선묘낭자'가 바다에 뛰어들어 용이 되어 의상을 따르며 지키게 되었다 한다. 귀국 후 의상은 '화엄경'을 펼칠 곳을 두루 살피던 중 이곳을 발견하였으나 수백의 잡귀들이 이미 차지하고 있어 곤경에 처하자 용이 된 선묘가 재차 거대한 바위로 변해 허공에 뜬 채 위협하여 이 무리를 물리쳤다 한다. '뜬 돌'이라는 뜻의 부석사라는 이름이 여기에서 유래하였다.

공간 창출의 절묘함

흔히 절이나 궁궐은 단청하여 그 아름다움을 가공하나, 부석사의 건물들은 무단청으로 그 속살을 드러내고 자신 있는 매력을 발산하며 주변 자연과 조화를 이루고 있다. 또한, 경사가 급한 산자락을 아홉 개의 석축을 쌓아 안정감 있는 공간으로 창출하고 그 위에 건물들을 배치하였다. 석축 또한 생김새 대로의 크고 작은 수많은 돌들을 각기 개성을 살려 끼워 맞춰 하나의 통일된 축조물을 탄생시키는 미적 감각을 엿볼 수 있다.

안양루와 석축

범종각이나 안양루의 밑을 통과하여 계단을 오를 때마다 별천지인 듯 또 다른 공간이 다가오는 절묘한 공간배치가 전혀 지루하지 않고 자연스럽게 눈앞에 펼쳐지는 마술을 보는 듯하다. 건물과 주된 통로의 배치에 있어서도 공간을 적절히 배분하여 자연과 어울리고 풍수사상에 적합한 설계를 하였다.

양택이론으로 보아, 우리가 흔히 '막다른 골목 집'은 피해서 살아야 한다는 말을 한 번쯤 들어 봤음 직하다. 골목이 그 길이가 길 때는 그 통로에서 생긴 기류가 강해져 살풍이 되고 막다른 집을 때리듯 불어대니 문이나 창문들이 소리를 내고 삐걱거리는 현상이 있어 사람 살기가 어렵다는 말이다. 또 그 바람이 집안의 기를 분산시키고 흉한 기운을 몰고 오니 하등 이로울 것이 없다는 이론이다.

부석사의 첫 관문인 일주문에서부터 천왕문을 거쳐 범종각까지의 주된 통로가 일직선으로 뻗어 있지만, 안양문에서부터 좌측으로 20~30도 가량을 틀어서 무량수전에 이르는 통로를 조성하였으니 소위 '막다른 골목 집' 현상을 비켜선 풍수적 지혜가 엿보인다. 또한, 무량수전이 바로 앞 단아한 봉우리를 안산으로 굽어 보도록 향을 하였으나, 그 아래 공간의 범종각에서는 그 봉우리가 높으니 안산으로 부적합한 지형 한계를 절묘하게 조절하였다고 본다.

건축양식

우리나라의 가장 오래된 목조 건물의 하나인 무량수전의 기둥은 안쏠림(엔타시스)방식으로 축조하였는데, 기둥을 수직으로 세우지 않고 사방에서 건물 중심부 쪽으로 미미하게 기울게 세워 지붕의 하중과 지진에도 견고하게 버티도록 설계하였다.

이 엔타시스방식은 기원전 4세기에 세워진 그리스 파르테논신전의 기둥에서 그 선례를 찾아볼 수 있다. 중앙을 향하여 기울어진 기둥들의 연장선이 4.5km의 상공에서 만난다는 계산 결과가 있듯이, 이 신전은 거센 폭풍우와 지진에도 견고하게 버터 왔으나 1687년 인위적인 충격(베네치아 군대의 포격)으로 상당 부분이 무너져 내려 현재의 모습으로 남아있다.

무량수전

　무량수전의 기둥은 또한 배흘림기법을 채용하였는데, 지붕 하중을 가장 많이 받는 기둥 중간 부분을 굵게 보강하고 직선 원통형 기둥에서의 상부가 넓어 보이는 착시현상을 교정하는 건축기술이다. 또한, 처마 끝 부분을 살짝 올린 귀솟음과 안허리곡-처마 끝을 중앙보다 더 돌출시킴-기법을 채택하여 우리나라 목구조 건축기술의 백미로서 그 섬세함을 인정받고 있다.

　또한, 부석사 건물의 지붕은 맞배지붕과 팔작지붕을 혼용하였는데, 특이한 점은 범종각의 전면은 팔작지붕인데 반해, 뒷면은 맞배지붕으로 건축하여 위에서 내려다보는 시각에 맞추어 건물이 경쾌하게 보이게 함과 동시에 개방감을 주는 배려를 잊지 않았다. 각 건물의 내부 천정도 크고 작은 모든 부재를 그대로 노출하여 그마다 스토리를 들려주고 강약을 보여줌과 동시에 답답함을 주지 않는 개방형 구조로서 결코 좁아 보이지 않는 공간을 만들었다.

무량수전에서의 전경과 범종각

무량수전의 입지

 일주문에서 천왕문 사이를 기(起), 천왕문과 범종각의 공간을 승(承) 그리고 범종각에서 안양루까지를 전(轉)으로 하면, 마지막 무량수전에 이르는 공간은 결(結)이 되니 이곳은 부석사 전체를 결론하는 가장 중요한 위치이다. 이 건물의 중앙문을 열면 보통은 부처상을 정면 중앙에 배치하는데, 여기에서는 좌측에 안치하여 동쪽을 바라보도록 하였다.

 이 배치에 대하여, 우리나라와 중국의 방위 개념은 전면이 남쪽인 방위에 좌우가 각각 동과 서이다. 이와는 다르게, 전면 방위가 동쪽이고 좌측이 북방이고 우측이 남방인 불교발상지 인도의 방위 기준에 따랐다는 설이 있으나 설득력이 없다. 아미타여래좌상을 서쪽에 안치한 이유는 서방정토가 있음을 믿으며 아미타불 세계의 왕생을 구하는 방위적 의미가 있으리라 판단한다.

무량수전 뒤의 승금

　풍수에서 생기가 뭉치는 혈자리는 승금(乘金-오행상 둥그런 금형이며 혈보다 위쪽에 있고 주위보다 높다. 혈자리로 물이 흘러들어오지 못하게 하며 흘러온 생기가 빠져나가지 못하게 함), 상수(相水), 인목(印木; 승금에서부터 두 팔을 벌리듯 혈토를 감싸 안아 생기가 빠져나가지 못하게 함), 혈토(穴土)로 이루어져 있는데, 뒤편 산자락에 승금이 뚜렷이 보이니 무량수전 터가 혈처임이 한눈에 들어온다. 나머지 상수, 인목과 혈토는 터를 평토하고 그 위에 건물을 지어 흔적을 찾을 수 없다.

　생기가 감싸는 좋은 터에 세워진 무량수전이 오랜 세월에도 고고함을 잃지 않음이 오히려 당연함으로 다가온다. 세련된 매력과 부드러운 속살을 지닌 구름 위의 가인(佳人)께서, 아스라이 이어지는 태백과 소백을 굽어보는 금빛 석양 풍경을 뒤로하고, 아쉬움과 함께 속세로 향한다.

2010년 5월

알프스의 체(體)와 용(用)

유럽의 주산(主山)인 알프스의 기슭에 있는 '스위스'와 '오스트리아'는 대부분 가파른 산맥 아래에 마을과 도시가 형성된 국가라는 공통점을 가지고 있다. 다만, 알프스 산의 북서쪽에 스위스가, 그리고 북동쪽에 오스트리아가 자리하고 있으며, 면적은 둘을 비교하여 스위스가 반절 정도로 좁다는 차이점이 있다.

스위스는 주로 게르만 민족으로 구성된 인구 약 750만 명으로 국토면적이 41,290㎢로 좁은 데다 산이 많고 농경지가 적으며, 지하자원도 빈약한 국가이다. 그러나 1인당 국민소득이 약 56,700달러로 세계 상위수준이고, 풍부한 관광자원을 바탕으로 한 서비스업과 안정된 자국 통화에 기초한 국제금융업 및 외국 자본의 피난처로서의 은행업 그리고 고부가를 창출하는 정밀기계, 화학과 제약업이 주된 산업이 되고 있다.

알프스의 준령들

'동쪽'이라는 뜻을 가진 오스트리아 역시 대부분 게르만계로 83,855㎢의 영토를 보유하였다. 스위스와 마찬가지로 영세중립국이며 산지가 대부분으로 초지와 경지를 합하여도 국토의 40%를 약간 넘는 정도이다. 주력 산업은 제철업, 금속가공업 그리고 관광업으로 구성되어 있으며 1인당 국민소득이 약 44,300달러이다.

두 나라 모두 풍수에서는 길지로 볼 수 없는 산지의 급경사의 지리조건을 가지고 있다. 그러나 세계 부자나라의 하나인 스위스로서는 귀(貴)와 부(富)의 발현이 모두 크다. 반면, 오스트리아는 많은 인재와 뛰어난 예술(음악)가들을 배출하는 국가의 대명사이니 부(富)보다는 귀(貴)의 나타남이 우세하다. 두 나라의 지리조건을 비교 검토하고 지리가 사람에게 미치는 영향을 추측해 봄은 우리에게도 미래의 국토관리계획에 참고할 가치 있는 일이 되리라 본다.

체(體)인 산과 물인 용(用)

만물은 필연코 그 생(生)과 멸(滅)이 있게 되는데 만물 그 자체는 체(體)이고 생하고 멸하는 것은 용(用)이다. 이를 단어로 말하자면 정신과 물질, 바탕과 쓰임, 안과 밖, 주와 객, 근본과 응용 그리고 본체와 작용으로 표현할 수 있는데, 전자가 체요 후자가 용에 해당한다 하겠다.

이는 관점을 어디에 두느냐에 따라 변화하는데, 그림은 붓으로 그리니 그 붓이 화가에게는 主임과 동시에 체가 되고, 전투에 참가한 군인에게는 무기가 主이고 체이다. 즉, 군인에게 붓이 체가 될 수 없으나, 그가 편지를 쓸 때는 체가 될 수도 있다는 이치이다. 그러므로 체를 올바르게 알아야 용을 응용할 수 있으니, 붓이나 무기에 대하여 제대로 알고 있어야 그것을 용도에 맞게 쓸 수 있게 된다는 뜻이 된다.

먼저 체를 키움이 기본이요 그다음이 용이지만, 때로는 용을 체로 착각하고 용을 키움에 주력하기도 한다. 그러다 보면 결국 용의 작용이 체를 통하여 이루어짐을 느끼게 되니, 그 선후가 바뀌기도 한다. 음양(體)이 발전하면 오행(用)이 되나 오행에는 또다시 작은 음양인 체가 존재한다. 그러니 둘을 분리할 수 없다. 다만, 용을 체로 오인하여 혼란스러워한다. 그러므로 둘을 엄격하게 구별할 필요는 있다.

산이 있다 할 때 산 그 자체는 체가 되고 그 산을 존재하고 작용하게 하는 것은 용이다. 물이 계곡을 흐르며 산을 그 자리에 있게 하니 용이라는 의미이다. 또 물을 일정한 양과 모양으로 흐르거나 고이게 하는 주체가 산이요 체이다.

그러므로 풍수에서의 산은 사람에 대한 개성과 적성, 현명함과 우둔함 그리고 지위(신분)의 귀하고 천함을, 그리고 사람 간의 위계질서와 호감 또는 비호감 등 정적인 상태를 주로 표현한다. 즉, 사람이 평생 지니는 정체성(正體性)을 짐작게 한다.

한편, 물은 산(體)의 생김새대로 휘돌아 흐르기도 하고 고여 있기도 하니 풍수에서는 동적이고 변화하는 성질로 파악하여 재물로 본다. 돈이나 재산이 없어지기도 하며 생기기도 하는 이치이다. 그러하니 용으로서의 물은 체인 산보다 사람의 길흉화복에 앞서서 빠르게 작용한다.

1. 스위스의 체(體)와 용(用)

풀밭의 소도 미끄러져 낙상할 정도의 가파른 산비탈에서 생활하면서 어떻게 세계 상위권의 부를 가진 나라를 이루었는지를 누구나 한 번쯤은 생각해 본 적이 있을 것이다. 그러나 이 나라의 지리조건은 앞서 말한 체와 용을 모두 갖춘 나라이다. 흔히 '스위스' 하면 풍광 좋은 알프스 산의 준령과 경사지의 초지를 떠올리지만, 1,450개나 되는 크고 작은 호수로 이루어진 호수국가라는 사실을 간과하고 있다.

알프스와 호수

스위스 최고의 관광도시 '인터라켄(Interlaken)'은 영어로는 Inter Lake, 즉 호수 사이에 있는 도시라는 의미로서 호수변에는 어김

없이 마을을 형성하고 있다. 국토의 반 이상을 차지하는 3000m 이상급 알프스산 정상부에 쌓인 만년설의 무게가 점차 늘어남에 따라 골짜기 아래로 이동을 시작하는 빙하가 되고, 경사가 완만한 곳에 멈추어 움푹 팬 지형(Kar; 圈谷)을 만드는데 이곳에 빙하가 녹은 물이 담겨 빙하호를 형성한 것이다. 이렇게 만들어진 호수가 전 국토의 30%에 달하니 엄청난 용을 지닌 나라이다.

한편, 페스탈로치와 루소를 길러 낸 알프스의 영봉 가운데, 융프라우와 마터호른 문필봉 같은 고산 영봉들은 나라 안의 여러 곳에서 볼 수 있는 체의 모습이니 그 영향력이 넓은 범위에 이른다. 따라서 29명의 노벨상 수상자에 대한 인구 1인당 비율은 타 국가의 추종을 불허하며 그 중 다수가 기초과학분야를 연구하는 과학 두뇌들이다. 정부와 민간의 풍부한 자금으로 연구개발을 전폭 지원하니 특허보유율도 세계 상위권이다.

알프스의 봉들은 붓끝처럼 뾰족한 삼각 형태로 '문필봉(文筆峰)'이니 또한, 글 잘하는 선비 상인 체이다. 풍수적으로 이 체만으로는 머리 좋은 선비가 고고한 자세로 그저 서 있는 모습 그 자체일 뿐이지만, 이 나라의 풍부한 용은 이 거대한 선비들을 깨우고 재능을 발휘하게 한다. 물(用)이라고 다 같은 물이 아니니, 여기에서는 '흐르는' 동적인 물을 말한다.

흐르다 호수에 이르러 합류하면 고여 있는 정적인 물이 되고, 그 자체가 재물이니 국토의 곳곳이 거대한 금고가 된다. 빙하가 경로를 따라 흐르면서 계곡의 석회 성분을 다량 함유하게 되었으니 이 물은 마실 수 없고 물고기도 살지 못하여 실생활에서는 쓸모가 적은 자원이지만, 기의 세계에서는 대단히 귀한 보물이 되고 있다.

융 프라우

    몇 년 전 박사를 유독 집중적으로 많이 배출하고 있는 강원도 춘천시 서면의 마을 일대의 풍수지리에 관한 자료를 수집하여 검토한 적이 있다. 그곳에서는 1968년부터 2005년까지 110명의 박사를 배출하여 '박사마을'이라 부르고 있다. 유사 이래로 단 한 명의 박사도 배출하지 못하여 왔던 극히 빈곤한 시골 마을에서, 어느 시점부터 갑자기 학위 취득자가 나타나더니 그 수가 꾸준히 증가한 기록을 확인하였다.

    이어서, 1965년 마을 앞 춘천댐이 완공되어 담수량이 많아지기 시작한 때와 박사를 배출하기 시작한 시기가 맞아떨어짐을 밝혀낸 성과가 있었다. 여기에서도 마찬가지 이치가 적용되니, 마을의 학생으로서 잠자는 체를 풍부해진 댐의 용이 일깨우고 자극하는 효과로 나타났다고 본다. 체와 용은 떼려야 뗄 수 없는 불가분의 관계인 훌륭한 동업자이다.

2. 오스트라아의 체(體)와 용(用)

앞서 알프스 서부를 국토로 하는 스위스의 지리와 그 영향에 따라 나타나는 전반적인 여러 현상을 살펴보았다. 오스트리아 역시 알프스 동쪽 기슭이 영토인 산악국가이지만, 스위스의 산맥보다 완만하고 길게 뻗어 있으며, 서쪽 알프스 정상부의 가파른 직선 삼각형태보다 좀 더 둥근 곡선 모습을 하고 있다.

이를 달리 지질학적으로 보면, 북으로 서서히 이동하는 아프리카판이 유라시아판을 조금씩 밀어 올리는 결과 그 압력으로 스위스 일대의 지반은 균열하고 단절된 지층이 되어 각진 모습의 산들이 되고, 반대편의 오스트리아에서는 주름진 형태의 지각이 만들어지며 곡선형 산맥을 형성한다. 풍수에서는 지리를 볼 때 먼저 산(맥) 모양을 오행(木, 火, 土, 金, 水의 五行)으로 분류하는 단계를 반드시 거친 후 그 결과를 다른 자료에 반영하게 된다.

전편의 삼각형 스위스 산두(山頭)들은 '선비', '학자' 또는 '문장(文章)'을 상징하는 木 또는 火형으로 귀(貴)가 속히 나타나며 대귀(大貴)하게 된다. 그리고 곡선이 많이 나타난 오스트리아 산맥들은 물결 형태의 수(水)와 반원형의 둥근 금기(金氣)를 주로 띠는데, 수성이 깨끗한 모습이면 영리하고 재주가 있으며 금성이 청아하면 관성(官星; 벼슬)과 문장(文章)의 기운으로 나타난다.

오스트리아의 예술
이 나라는 서쪽으로 스위스와 독일, 북쪽의 체코와 슬로바키아, 동쪽에 헝가리 그리고 남쪽의 슬로베니아와 이탈리아에 둘러싸인 유럽 중부의 공화국이다. 스위스와는 달리 25개 EU(유럽연합)

국의 하나로서 만성 적자상태의 국가 재정을 회복하는 데 몰두하고 있다. 풍부한 문화유산을 보유하여 연간 국내총생산(GDP)에 대비한 관광수입규모는 역내 타 국가들 중 가장 높다.

구불구불한 水형 산맥 지형은 마치 어떤 선율이 아련하게 때로는 장중하게 연속되는 듯한 영감을 부르는데, 이 영향을 받아서인지 클래식의 천재들인 볼프강 아마데우스 모차르트, 프란츠 요제프 하이든, 프란츠 슈베르트, 요한 슈트라우스 그리고 헤르베르트 폰 카라얀이 이 나라 태생이다. 그밖에 아놀드 쇤베르크, 알반 베르크, 안톤 베베른 등 현대음악의 거장들을 배출하였다.

'모짜르트 혼자서 오스트리아 절반을 먹여 살린다'라는 말이 있을 정도이며, 그의 음악을 들으며 매일 아침을 시작한다고 한다. 악성 루드비히 반 베토벤은 청년기 이후의 왕성한 연주와 작곡 활동을 이곳에서 하였고 사후에 빈에 묻혔다. 그리고 영화 사운드 오브 뮤직의 배경 장소와 빈 교향악단과 소년합창단 등이 이곳에 있어 온통 음악으로 이루어진 나라인 듯하다.

오스트리아의 빈은 음악적인 열정 이외에도 현대 미술의 거장 '구스타프 클림트', '쉴레'와 같은 훌륭한 화가들을 많이 배출한 도시이다. 클림트의 작품 중 '아델레 블로흐 바우어 부인의 초상'은 얼마 전 경매에서 1억 3500만 달러(한화 약 1300 억원)에 매각되기도 하였다. 일설에 의하면, 레오나르도 다 빈치는 그의 작품 모나리자의 배경으로 '도나우'강을 묘사하였다고 한다.

이 나라를 대표하는 훌륭한 음악과 예술은 당시 합스부르크왕가의 아낌없는 지원과 배려로 세계적인 수준으로 도약하게 되었다. 특히 18세기에 마리아 테레지아(1717~1780) 여제는 음악, 건축 및 미술 분야의 천재들을 친히 양성하고 후견인이 되기도 하여, 유럽 각지에서 빈으로 음악가와 화가들이 몰려들었다.

한편, 철의 여제로 불리는 그녀는 대국인 신성로마제국의 영토를 지키기 위해 수차례 전쟁을 치르는 등 본인 스스로 '내 심장에는 남성이 흐르고 있다.'라고 하였다. 그리고 자신의 미모를 닮은 10명의 자녀를 대상으로 에스파냐, 이탈리아 그리고 프랑스의 브르봉가와의 정략결혼으로 세력을 확장하고 인물 거래로 국력을 키우는 등 뛰어난 외교 수완을 발휘하기도 하였다.

그 대표적 예가 막내딸 '마리 앙투아네트'로, 200년간 숙적이었던 프랑스의 왕 루이 16세와 혼인시켜 그들의 지지를 이끌어 내기도 하였다. 한편으로는 겸손한 아내와 어머니로서 가정을 잘 꾸려나간 정숙함도 갖추었으니, 말하자면 마리아 테레지아는 힘과 능력을 갖춤과 동시에 오스트리아의 미(美)를 수출하였던 영리한 군주인 셈이다.

'스와로브스키' 브랜드는 세계 여성들이 가장 선호한다는 귀금속과 액세사리 제조 본사를 이곳에 두고 있는데, 그의 조국인 체코의 풍부한 크리스털 재료로 전 세계의 80%, 10만 여 종의 크리스털 제품을 이곳 인스브루크에서 생산한다고 한다. 아마도 오스트리아 땅에 넘쳐흐르는 '미 감각'과 융합한 효과이리라 추측한다.

오스트리아의 풍수지리

용(用)의 멈춤과 축적이 스위스호수의 그것처럼 많지 않지만, 굽이굽이 많은 변화를 동반하며 흐르니, 이것은 용의 뛰어난 응용 감각 표출로 나타난다. 또한, 산(體)은 자태가 아름다우며 그 강약을 조절하며 이어지니, 이곳의 용과 체는 결과적으로 탁월한 예술적 창작능력과 미적인 감각 표현능력을 발휘할 수 있게 한다는 생각이다.

　오스트리아 도시의 산세는 '우리나라 전라북도 임실군 삼계면에 있는 또 하나의 박사마을'의 지세를 연상케 한다. 마을을 병풍처럼 빽빽하게 둘러싼 산맥들이 기의 축장에 유리하니 이 나라의 노벨상 수상자 숫자도 세계 상위권이다. 다만, 스위스의 빙하호처럼 풍부한 용의 저장이 아쉬울 뿐이다.

　'도나우'강과 많은 지류가 동부 유럽의 여러 나라를 휘돌아 흐르듯이, EU 국 간의 자유로운 왕래로 각 문화와 예술이 한 덩어리로 융화됨과 동시에 그 속에서 각자 개성이 빛을 발한다. 주변국

　　　　도시를 둘러 싼 산맥

에 막혀 사는 우리의 처지로서는 부러운 시선으로 바라볼 수밖에 없다. 용의 축적이 풍부해지면 인물과 부가 어우러진 명실상부한 부강국으로서 더 수준 높은 예술가의 산실과 고전적인 미의 보고가 되리라 본다.

우리나라를 예로 하면, 체(體)를 잘 갖춘 대표적인 곳이 강원도이다. 이곳은 지금까지 국토개발사업에서 소외된 채 방치되어 있다. 그러니 이 머리 좋은 거인들을 자극하여 재능을 발휘하게 하는 용(用)의 키움이 절실하다. 산골짜기 곳곳에 소형 담수시설(Water Pocket)을 축조하면 잠자는 체를 깨우고 재물이 쌓이는 효과로 나타난다.

가시적으로는 4대강 사업보다 더 효율적인 물 부족 현상을 해결할 정책이 될 것이다. 이러한 기의 작용을 개인적으로는 어느 정도 이해하고 있다고 하지만, 이를 공공재로 판단함에 있어서는 어김없이 물질의 잣대를 들이대곤 한다.

체와 용은 의식 속에 갇혀 있는 대상이 아니고 우리 주변의 만물 자체이며 그 작용이다.

2010년 6월

베네치아의 물과 부(富)

풍수에서 물(用)의 역할은 아무리 강조해도 지나침이 없다. 사람이 거주하는 곳을 살필 때는 제일 먼저 물길을 보고 그 일대의 인심과 살림 형편을 미루어 짐작한다. 다음으로, 산세와 지세를 관찰하고 그곳 주민의 조상에 관한 기록을 검토하는 순서를 밟는다. 여기에서의 물이란 흐르고 고이는 물 뿐만 아니라 논밭과 같은 평지를 포함하며, 차도나 오솔길도 기가 왕래하니 물로서 취급한다.

찬란한 르네상스 문화를 꽃피운 피렌체나 밀라노 또는 여느 유럽의 도시가 아닌 베네치아의 풍수에 대하여 쓰는 이유가 있다. 모든 도시가 원래 주어진 땅을 기초로 세워졌으나, 베네치아는 습지의 척박한 환경을 극복하여 원래는 없었던 땅을 만든 후, 그 위에 세워진 도시이다. 바꿔 말하면, 가진 것은 사람과 소금뿐인 무(無)에 가까운 상태에서 순전히 창출한 공간 세계이다.

더구나 이러한 환경하에서도 한때 '이탈리아의 진주', '공화국의 귀부인'이라 불렸을 만큼 무역을 독점하고 유럽의 부국(富國) 중 하나로 발전하였으며, 공화국으로서 국가 형태를 천 년 동안 내내 유지한 강한 도시 국가였기 때문이다. 이렇듯 살아가야 할 땅마저 물리적으로 만들어버릴 정도의 강인한 의지와 '베니스의 상인'처럼 뛰어난 상술 등이 우리가 쉽게 간과할 수 있는 이 도시가 번영할 수 있던 이유이다.

베네치아 본섬

그러나 그 이면에 사람의 의식이나 행동을 근본적으로 지배하는 기에 대한 풍수적인 검토를 해보고 싶다는 호기심이 발동한다. 이제까지의 풍수지리는 흙 입자로 가득 차 있는 땅을 대상으로 생기, 수맥 등 기의 흐름을 연구하고 그것이 사람 또는 사회에 미치는 작용을 규명하여 왔다. 이와는 반대로, 흙이 적고 물이 대부분인 이곳의 풍수 조건이 매우 흥미롭게 다가온다.

베네치아의 역사

베네치아는 오랫동안 그 일대의 정치, 경제 및 문화의 중심지였으며 이탈리아의 북부 베네토주의 주도(州都)이다. 원래 5세기경에 이미 라군(Lagoon, 潟湖)-모래 삼각주 따위가 만의 입구를 막아 바다와

풍수 이야기 329

격리되며 생긴 호수. 우리나라의 영랑호, 청초호 등-의 작은 섬에 사람들이 거주하였으나 6세기 훈족과 7세기 랑고바르드족 공격에 쫓긴 피난민의 유입으로 인구가 증가하였다.

이들은 바다를 간척하고 습지와 염전에 엄청난 수의 통나무를 박고 다시 수평으로 나무를 연결한 뒤 돌을 까는 방식으로 건물이 설 기초를 조성해 나아갔다. 세계적 관광지이며 운하의 도시로도 유명한 베네치아는 만(灣) 안쪽의 석호 위에 흩어져 있는 118개의 섬과 이들을 연결하는 약 400개의 다리로 이어져 있다. 인구는 2006년 집계 당시 268,934명이다. 이 중 176,621명이 육지에 살고 있으며, 30,702명은 석호에, 61,611명은 구시가지에 살고 있다. 전체 면적은 약 412㎢이다.

697년 초대 총독(도제; 종신직)이 선출되고 이어서 독자적인 통치가 시작되었으며 그로부터 약 1,000년 동안 독립된 도시국가로서 공화국 정부 형태를 유지하였다. 도제 이외에 '10인 위원회'라는 의사결정기구를 만들어 나라를 운영하였는데 원로원 출신들로 '10인 위원회'를 구성하였다.

원로가 주도하는 정치 체제는 베네치아가 천 년 동안 건재할 수 있었던 원동력이 되었다고 역사가들은 평가하고 있다. 베네치아는 최고 통치자가 있었으나 합의제를 거치지 않고는 어떠한 정책 결정도 할 수 없었던 민주적인 운영 형태를 갖추고 있었다. 전제군주정치가 주류를 이루었던 그 시대에 획기적인 의사결정 시스템을 가지고 있었던 셈이다.

인구가 가장 많았을 때 17만 명에 불과한 작은 나라였으나, 한

때 유럽 전역에서 가장 강한 군사력을 가진 도시국가였다. 초기에는 기존의 염전에서 산출되는 소금을 독점 판매하여 신속한 부를 이루었으나, 그 후, 베네치아의 강한 함대는 지중해 연안에서 유럽과 동양을 연결하는 교역을 독점할 수 있게 하였다. 또한, 뛰어난 상술과 항해술은 베네치아가 당시 유럽의 가장 부유한 국가로 성장하는 데 이바지하였다.

원래 모래 퇴적주였던 곳에 시가지가 들어섰기 때문에 기초가 약하여 근래에 지반침하현상과 석호의 오염이 공공의 문제가 되고 있다. 이런 이유로 자동차도 시내에는 들어올 수 없으며 도보 구간을 제외하면 수상 버스(바폴레토)와 수상 택시 그리고 곤돌라를 이용한 수상 이동수단이 보편화되어 있다. 이외에 생활하수는 따로 수집하여 육지로 이송하고 있다.

베네토 지역의 특유 현상 아쿠아 알타(Aqua Alta)-높은 물이라는 의미-는 조수간만 차이, 계절풍 그리고 지리적 영향의 복합 작용으로 발생한다. 이 때문에 베네치아는 상습 침수 도시가 된 지 이미 오래다. 1993~2002년에 50차례이니 해마다 수차례씩 침수되고 있다. 가장 심각했던 것은 1966년 11월 발생한 석호 범람으로 수면의 높이가 1.94m 상승해 도시 전체가 침수되고 5,000명의 수재민이 발생했다는 기록이 있다.

무라노 섬의 유리 공예, 유명한 베니스영화제 개최지 및 카지노 등으로 유명한 리도 섬, 산마르코대성당, 산 마르코 광장, 두칼레 궁전, 아카데미아 미술관 등은 그 자체가 문화예술의 거대한 보석이다. 현대미술전시장에서의 국제비엔날레, 페니체 극장에서의 문화활동도 찬란하다.

베네치아의 유리 공예 작업

    베네치아는 도시 전체가 유네스코의 세계문화유산으로 지정되었다. 로마나 피렌체와 마찬가지로 베네치아는 이탈리아 관광자원의 보고이며, 1797년 나폴레옹에게 정복될 때까지 유럽의 문화적 중심도시로 번성했다. '사계'의 작곡가 안토니오 비발디의 고향이며 셰익스피어의 명작 '베니스의 상인'과 '오셀로'의 무대이기도 하다.

그동안 도시 전체가 찬란한 유적과 예술품의 전시장이니 관광 수입도 막대하였다. 이러하니 이런 훌륭한 문화유산을 버리고 대규모 이주를 한다는 것은 더더욱 생각조차 할 수 없는 상황이다. 이런 사정으로 도시의 침수를 막기 위한 '모세 프로젝트'와 지형 개선 사업을 진행하는 등 안간힘을 쓰고 있다.

베네치아의 풍수

이렇듯 단단한 흙이 없이 통나무로 기초한 도시로서 베네치아는 물(바다)의 천국이다. 지리적으로는 아드리아만의 석호에 있는 베네치아를 향하여 브렌타, 피아베, 실레 그리고 보테니가 강이 흐르며 토사도 함께 실어 나르고 있다. 이 네 강의 물길 변화와 범람이 해수면 상승의 원인이 되기도 한다.

또 다른 자연조건으로, 베네치아의 남쪽 4km에 있는 리도 섬은 베네치아의 풍수에 지대한 영향을 주고 있다. 이 섬은 남북으로 12km 정도 길게 늘어서 있어 지도상으로 보면 베네치아가 있는 석호와 바깥 아드리아 해 사이를 꽉 틀어막듯이 관쇄(關鎖)하며 두 영역을 분리하고 있다. 이 또한 베네치아의 빈번한 침수에 결정적 영향을 주고 있다.

위의 네 강에서 석호로 유입된 물이 베네치아를 맴돈 후 아드리아 해로 흘러나가기에는 리도 섬의 양옆의 해협이 너무 협소하다. 이러한 현상으로 석호 내의 수위와 압력이 높아지며 만 내의 모래 한 알도 빠져나가기 어려운 물질의 축적이 있게 된다. 이 물질의 축적은 곧 기의 축장(蓄藏)으로 이어진다.

특히 물에 의한 기의 축장의 결과는 부의 축적으로 그리고 기의 압력이 증가함은 사람들의 사고와 능력을 향상해주는 결과로

베네치아 지형 ⓒ구글 어스

나타난다. 또한, 내륙에서 흘러오는 네 강 유역의 기가 먼 바다로 유출되지 않고 석호 내의 베네치아에 모이니, 단단하고 비옥한 토지를 가진 육지보다 오히려 극도로 열악한 조건을 가진 물 위의 도시로 부와 힘이 집중된다.

이처럼 풍수지리의 원리는 공간이 커서 물질을 쉽게 통과시키거나 서로 같은 방향으로 순행하는 원활한 소통 현상을 매우 흉함으로 본다. 남녀 간의 특히 젊은이들 간의 격렬한 교합(交合)과 같은 음양의 생동감 또는 서로 다른 기운을 붙잡고 뒤섞이며 갈등하는 현상을 길함으로 본다. 세상 이치와는 반대로 풍수지리는 역(逆)을 추구하는 학문이다. 모든 것을 순순히 허락하지 않고 기운을 붙잡아 두려는 산천의 의지를 이용하려 한다.

베네치아 본섬의 대운하(카날 그란데)

그리고 물도 물질이며 기로 이루어져 있으니 물질이 나에게 오거나 주변에 머무는 현상을 부가 쌓이는 귀함으로 여긴다. 또한, 베네치아 본섬을 관통하는 4km의 S자형 대운하(카날 그란데)도 서로 다른 기의 교합을 일으키는 좋은 역할을 한다. 이와는 반대로 직선으로 곧게 뻗은 물질(기)의 통로는 죽은 공간이라 하여 극히 꺼린다.

오늘날 겪고 있는 시가지 침수문제의 심각성과는 반대로, 풍수지리상으로는 석호 내 물의 집중이 베네치아에 재화가 쌓이는 작용을 하고 있다. 사람 기준에서만 보면 분명히 가까운 장래의 재앙이 될 것임이 틀림없다.

영리한 베네치아인들이 물질 기준의 이면에 숨겨진 기의 작용을 간파하여 현명한 판단으로 야누스의 두 얼굴을 하나의 아름다운 모습으로 융합하기를 기대해 본다. 그리하여 르네상스의 진정한 알맹이여……. 건재하기를 바란다.

2010년 8월

동방국과 서방국 사람들

　사람이 출생하면서부터 정해지는 남녀 구분과 태어난 나라 그리고 가족이 있듯이, 풍수적으로도 성별, 소속된 나라 그리고 반려자 등 가족관계가 정해지게 된다.
　이 태생적인 조건과 풍수적으로 타고 난 운명이 일치하는 부분이 많으면 많을수록 그 사람의 생은 술술 잘 풀리는 인생이 전개되는 반면, 양자가 일치하지 않는 부분이 많으면 아무리 노력을 해도 고난스러운 생을 살아갈 수밖에 없는 일생이 되기도 한다.

　앞에서의 태생적 운명과 별도로 타고난 풍수적인 환경의 두 조건 중 가능한 부분을 일치시켜 개인의 미래를 좀 더 순탄하게 개선하려는 분야가 '개인 양택학'이다. 개개인은 중앙과 팔방의 방위에 있는 9개국 중 하나에 소속하여 그 국가로부터 받은 고유의 기운을 지닌 채, 그 나라의 동맹국 또는 적대국의 기운과 섞이고 부대끼며 일생을 시작한다.

　'동방'이라 하는 네 나라는 소년에서부터 장년층에 이르는 혈기왕성한 남녀가 가정을 이루어 아이를 출산할 수 있는 사람들로 구성된 소위 '생방국(生方國)'이라 하고, '서방'이라고 불리는 4개국은 아이의 생산이 불가능한 어린아이나 노인들이 모여서 이루어진 '사방국(死方國)'이라 칭하는데 생산능력이 없지만 나름대로 품위 있고 세련미를 갖춘 국민으로 구성되었다.

네 나라가 모여 '동방연합국'을 만들었으니, 나머지 서방 4개국도 '서방연합국'을 결성하여 서로 적대관계이다. 중앙에 있는 나라는 정부조직만 있을 뿐 서방연합국 중 '곤(坤)국'과 '간(艮)국'의 백성을 공유하여 친서방연합국이다.

각자의 태생 국적과 풍수 국적이 같은 연합국에 속하기만 하여도 100점 만점에 70점의 순풍에 돛단배처럼 별로 어려움이 없는 팔자가 된다.

더 나아가서, 풍수상으로 같은 연합국에서 이성 배우자를 찾아 혼인하면 앞서 말한 70점에 20점을 더하여 90점의 우수한 조건에서 가정을 꾸미게 된다.

각자는 타고난 성별이 아닌 풍수적인 음과 양의 남녀 기운을 따로 받고 출생하니 실제의 남녀 성과 일치하지 않아 여자가 남성을, 남성이 여성의 성을 부여받기도 한다.

마지막으로 우주의 다섯 가지 기운을 9개국에 하나씩 배분하였으니, 같은 연합국 출신의 이성 배우자 중 추가로 서로 도와주는 기운을 가진 배우자를 찾아 혼인하면 다시 10점을 가산하여 100점짜리 부부가 되는 이치이다. 다섯 가지는 木, 火, 土, 金 및 水의 기운이니 순차로 나무는 불의 재료이며 불에 타면 흙이 되고 흙은 금을 머금고 있으며 금속에 물방울이 맺히고 물은 나무를 키우는 조화로움이다.

엄청난 열정으로 노력하지만 잘 풀리지 않는 팔자를 가진 사람도 있으나, 현명하거나 운이 좋은 사람은 자신의 적대국을 잘 파악하여 그 기운을 피하며 순탄하게 살아가기도 한다.

이 세계에서는 가족 간의 이합집산이 자유로우니, 이미 적대국 출신의 배우자 및 부모나 자녀를 둔 경우에도 헤어지고 동맹국 출신 가족을 선택하여 재혼하거나 입양할 수 있도록 문호를 개방해 두고 있다.

북쪽에 있는 동방국인 '감국(坎國)'의 백성을 보면, 남자는 1954년생 밀띠, 1963년생 토끼띠, 1972년생 쥐띠 그리고 1981년생 닭띠이고 여성은 1959년생 돼지띠, 1968년생 원숭이띠, 1977년생 뱀띠 및 1986년생 호랑이띠로 구성되었다. 물론 9년 터울로 출생이 더 빠르거나 늦을 수도 있으며 남녀가 모두 풍수 성별은 형제 중 가운데 사내아이(中男)이고, 특히 이곳은 물이 많은 水의 왕국이다.

동남방에 있는 '손(巽)나라'에는 각각 1953년, 1962년, 1971년과 1980년에 태어난 여자와 1951년, 1960년, 1969년 및 1978년생 남자들이 사회의 주류를 이룬다. 나무가 풍부한 木의 나라이며 풍수상의 성별은 모두가 여자인 장녀(長女)들로 이루어져 있다.

나머지 동방연합국 중, 동쪽에 '진(震)나라'도 나무가 많은 木國이며 남녀 동일하게 1961년을 기준으로 하여 9년 터울로 출생한 사람들이 맏아들(長男)로서 거주한다.

남쪽 나라 '이국(離國)'은 따뜻한 나라답게 불(火)이 많은 지역이며 남자는 1964년 그리고 여자는 1967년에서 역시 9년 터울의 나이로 이루어진 국민이고 전원이 세 자매 중 가운데 딸(中女)이다. '진'과 '이' 두 나라 모두 구성 인원수는 여타 국가와 비등하다.

양택 나경

서방국의 하나이며 서북방에 있는 '건국(乾國)'은 1967년생(양띠) 남자와 1964년생(용띠) 여자를 기준으로 하여 각각 9년씩의 연령차를 이루는 사람들로 이루어져 있다. 이 나라는 金氣가 매우 왕성한 나라이고 풍수상으로 남녀 모두 할아버지(老父)들이 국민이다.

서쪽에 또 하나의 金 기운이 왕성한 '태(兌)나라'는 풍수상 어린 여자아이(少女)로 구성되었고 1957년, 1966년, 1975년과 1984년생 남자와 1956년, 1965년, 1974년 및 1983년 여성을 기준으로 각각 9년의 터울이 지는 백성으로 구성되어 있다.

서남방의 '곤(坤)국'도 1962년생 남성과 1969년생 여성을 기점으로 9년씩의 연령차이가 있는 할머니(老母)들의 나라이다.

또한, 동북방에는 어린 남자 아이(少男)들이 모여 사는 '간국(艮國)'이 있는데, 마찬가지로 1965년생 남자와 1966년생 여자의 나이에서 각각 아홉 살씩을 가감한 해에 태어난 사람들이다. 이들 두 나라의 자산은 풍부한 흙이다.

마지막으로 8개국이 둘러싼 중앙에는 '곤(坤)나라'에 소속된 1968년생 및 위아래 9년 터울의 남자들과 역시 '간(艮)국'에 속해 있는 1963년생 및 9년씩 연령차가 나는 여자들이 국민이다. 즉 두 서방국인 '곤'과 '간' 나라에서 공동으로 건국하였으며 역시 흙이 넘쳐나는 나라이다.

앞서 말했듯이 이 세계에서는 태어나는 즉시 국적-국적은 불변임-과 배우자를 포함한 가족이 결정되는데 본인이 가족을 바꿀 때까지 불변이며 이미 성장하거나 노화한 상태로 태어나거나 또는 아이 상태 그대로 살아가게 된다.

때로는 자신의 선택으로 배우자가 바뀌기도 하는데, 우리 생애 중 많은 시간 동안 머무는 집이나 근무처 또는 잠자리(풍수적인 나, 중앙)가 9개국 중 어느 나라 출신 배우자(출입문)와 가정을 이루었는가에 따라 당사자의 팔자가 바뀌게 된다는 의미이다.

또한 이사하거나 환경이 바뀔 때마다 풍수상의 성별에 따라 남녀 모두 중앙의 위치에서 변방의 배우자를 새로 맞이한다.

최상의 커플 만남 사례를 보자면, 물의 나라 감(坎)국에서 태어난 중간 사내아이는 우여곡절 끝에 木의 나라인 손(巽)국 출신의 조숙한 연상녀인 맏딸과 재혼한 후 그들의 보금자리에서 다시 장녀(長女, 木)와 중남(中男, 水)을 생산하게 된다.

이들은 같은 동방연합국 내에서 상대를 선택하였으니 일시에 70의 풍수 인생 점수를 얻고, 풍수 성별로 남과 여가 만나 음양이 조화를 이루니 추가로 20점, 그리고 우주의 다섯 가지 기운 중 나무(木)가 물(水)을 만나 자녀를 포함한 가족끼리도 서로 생기를 주니 또 10점을 더하여 100점 만점 부부로 가장 이상적 만남을 이루었다.

이와는 반대로 가장 최악의 조합 예로, 金이 많은 태(兌)나라에서 태어난 어린 여아(少女)는 불의 나라 이(離)국 출신의 중간 여아(中女)를 파트너로 만나 처음부터 고난한 삶을 시작한다. '태'는 서방국이요 '이'는 동방국이니 시작부터 막대한 실점(-70점)을 하고 같은 여성끼리 조를 이루었으니 음기만 왕성한 음양 부조화로 생산도 불가능하다. 설상가상으로 불(火)이 金을 녹여버리는 이치이니 빵점(0점)짜리 인생으로, 어린 여자아이 둘이 살림을 꾸려나가야 하는 지극히 어려운 상황이다.

우리가 속한 풍수 세계에서는 앞의 사례 이외에도 많은 경우의 수가 펼쳐지는데, 타고난 운명은 바꿀 수 없지만, 타고난 풍수적 운명은 큰 어려움 없이 바꿀 수 있다. 더구나 동방연합국과 서방연합국 두 판 중 골라잡기 선택만으로도 단숨에 70점짜리 팔자로 개천명(改天命)할 수 있는 멋진 길이 앞에 놓여 있다. 주변을 잘 살핀 후 우주의 기운을 새 식구로 맞이하여 만사형통하시기 바란다.

2010년 10월

광양 옥룡사지

전라남도의 광양시 옥룡면에는 사적 제407호인 옥룡사지(玉龍寺址)가 있다. 신라 말기인 864년 선각국사 도선이 이곳에 옥룡사를 창건하였는데, 임진왜란 이후 폐사되어 개인의 선산에 편입되었다가 일제강점기 이후 동백사(冬栢寺)와 백계사(白鷄寺)로 불렸다. 그 후 다시 법왕사(法王寺)를 거쳐 도선의 호인 '옥룡자'를 따서 옥룡사로 명칭을 바꾸게 된다.

도선은 그의 책 <도선비기(道詵秘記)>에서 지리쇠왕설(地理衰旺說)·산천순역설(山川順逆說) 및 비보설(裨補說)을 주장하였다. 고려사(高麗史)의 기록에 의하면, 고려 태도 왕건은 "도선선사가 지정하지 않는 곳에 함부로 절을 짓지 말라."하는 내용을 훈요십조(訓要十條)에 남길 정도로 도선의 풍수사상을 신뢰하였다.

절터 입구 한참 전부터 동백나무 숲이 울창하게 이어진다. 광양시에서 세운 안내문에는 동백의 기운에 의한 지기 보충이라는 막연한 기록을 하였지만, 산 8부 능선쯤에 있는 터의 허술한 청룡 백호를 보다 조밀하게 보완하여 산 밑에서 올라오는 골바람을 막고 물흐름도 좀 더 역수(逆水)하게 하고 느리게 하려는 비보풍수 전문가인 도선의 의도를 간과하지 않음이 더 중요하리라는 생각이다.

동백나무 숲으로 비보한 청룡백호

풍수에서의 백미는 무어라 해도 정혈(定穴)-혈처를 정확히 찾아 정함-이다. 보통 사람이나 풍수를 어지간히 공부한 사람의 수준으로는 정혈하기가 불가함이 보통이니, 수천 년의 시간이 흘러도 땅속의 혈을 찾고 취하는 것을 커다란 행운으로 치부함은 불변의 진리이다. 이를 달리 설명하자면, 범안(凡眼)을 가진 사람은 혈을 옆에 두고도 알아보지 못한다는 뜻이다.

풍수에서는 높은 곳, 급경사, 좁은 장소, 날카로운 지형을 흐르는 생기는 드러나지 않고 땅속 깊게 흘러 눈에 잘 띄지 않으니 여성에 비유하여 음산(陰山)으로 본다. 반대로, 낮은 곳, 완경사, 넓은 장소, 곱고 부드러운 곳에서는 생기가 지표 가깝게 흘러 그 움직임이 잘 보이므로 이를 남성으로 보아 양지(陽地)로 분류한다. 즉, 음(陰)과 양(陽)의 성상이 세상의 그것과는 정반대이다.

또한, 하늘은 모나지 않고 평평하고 부드러우니 양이요, 땅과 산은 거칠고 날카로운 곳이 있고 높고 낮은 변화가 심한 지형이 있으니 음이다. 따라서 세상의 상식을 지닌 사람으로서는, 음의 지세에서 양의 형태로 때로는 그 반대로 변화하는 지형에 생기가 흐르고 혈이 맺히는 변화무쌍한 풍수의 이치가 난해함이 당연하리라 본다.

혈(穴)은 형태에 따라 새 둥지(窩) 모양 또는 두 다리(鉗) 형상으로 양(陽)의 지형에서 변화하여 솟은 음(陰)의 지점에 맺히는 혈형이 있으며, 이와 달리 늘어진 젖(乳)이나 솥단지를 엎어 놓은 형상(突)의 음의 지형에서 양의 모양으로 변하여 결혈하는 형태가 있다. 이와 같이 풍수에 있어서의 혈을 네 가지 형태로 분류한다. 이 중 상대적으로 높은 지형인 유(乳)형과 돌(突)형 혈은 바람을 막아주는 주위 산이 없을 때는 결혈하지 못한다.

이곳 옥룡사지는 산의 8부 능선에 있어 바람에 생기가 흩어질 수 있는 취약함을 안고 있으니 방풍이 잘 되는 새 둥지 와(窩)혈 또는 양 다리(또는 부젓가락)형의 겸(鉗)혈이 있을 가능성이 많아 보인다. 이런 이유로 도선도 터를 잡을 당시 바람에 허한 점을 보완하고자 청룡과 백호 자락에 동백나무를 조밀하게 식재하였을 것이다.

이곳 절터를 여러 권역으로 나누어 5차례의 발굴조사를 거쳤는데 발굴지 중 유독 한 곳에서 평범치 않은 기운이 느껴진다. 바로 도선국사의 유골이 발굴된 부도탑(浮屠塔)이 있었던 곳으로 보이는 지점으로 현재는 잔디로 덮여 있다. 이곳을 발굴조사한 후 복원할 때 석물들의 위치가 변경되었으리라는 생각이다.

  혈을 맺게 하는 땅속 생기(生氣)는 따뜻한 성질이 있어 대체로 생물의 성장을 왕성하게 하지만, 바람을 잘 가두는 지형에서는 지나치게 더운 기운이 되어 초목이 잘 자라지 못한다.
  이 터는 높은 곳이지만 주위 산들이 잘 감싸 장풍이 잘되는 결과 겨울철에도 그 일대에 온기가 감돌고 여기에 혈의 기운이 더하여지며 지온이 올라가 혈처 잔디가 불에 덴 것처럼 잘 자라지 못함을 육안으로도 볼 수 있는 상태이다. 한겨울의 눈 내린 들판이나 야산에서는, 유독 한 지점의 눈이 녹아 맨땅을 드러내며 혈처가 보이기도 한다.

잔디 위 혈흔(穴痕)

부풀어 오른 혈처

대웅전 터로 보이는 곳에서는 주위 땅보다 미미하게 솟아 있는 또 다른 혈처가 보인다. 평평하게 양(陽)으로 온 지기가 음(陰)으로 변화하는 자리에 땅의 생기가 회전하면서 혈을 맺었는데, 회전 지름이 4~5미터의 중형크기로 새 둥지(窩)형 혈이 터 고르기와 퇴적작용을 거친 후 변형되었을 것으로 보인다.

풍수의 이치를 토대로 땅을 보면 이제까지 느끼지 못하고 보지 못하던 여러 사실을 알게 된다. 도선국사의 부도 자리에서는 산자락이 감싼 정중앙의 균형 잡히고 치우침이 없는 안정된 곳에 혈을 맺고 있다.

또한, 대웅전 터는 생기가 스스로 흐르다 바람과 연못(물)을 피하여 편안함이 느껴지는 평탄한 장소에 머물러 혈을 맺었다. 이를 다른 각도에서 표현하자면, 산은 살아 있는 엄연한 생명체라는 사실이다.

　사람들은 자신들의 이익과 편리함을 추구하여 산과 자원을 훼손하고 파괴하고 있다. 따라서 산은 왕성한 활동을 하는 한 생명체 임을 인식함과 아울러, 사람과 자연이 서로 공존하고 배려함이 아쉬울 뿐이다. 더 나아가 땅이 주는 혜택에 대한 보상 차원에서 그 허술함을 보완할 뿐만 아니라 자연을 치유하는 신개념의 비보풍수(裨補風水)가 더욱 절실함으로 다가온다.

2011년 3월

풍수 주변 분야의 통섭을 위하여(지전류)

첩보를 잘 추리하여 파악하고 전달하는 수단이며
신속하고 광범위한 공감대를 형성하는 인터넷의 역할로,
권모술수를 잘하던 정치인이 승자였던 정치 풍토는
사라지고, 나름 정직해 보이는 정치인이 선호 대상이다.

아마도 미국 정계의 핵심 배후 세력은 자국 내
상황 변화에 따른 필요로 오바마를 대통령으로
내세울 수밖에 없었을 것이다. 꽤 오랫동안
미국은 국제경찰을 자처하며 군벌이 강요하는 대로
무기 판매로 호황을 누렸으나, 세계 경제 변화의
흐름에 합류하지 못하였다.

즉 융합과 변종의 미학을 외면한 채
권위와 기득권을 지나치게 오랫동안 고수한 결과
패권국으로서의 위상에 심각한 손상을 입게 되었다.

그 후 자본주의의 약점인 경제적 불균형의 심화 현상에
뒤이어 예기치 못했던 월가의 시위가 확산중이다.
불평등의 확대에 항의하여 '보다 나은 윤택한 삶'을 위한
시민운동으로 대학 중퇴자들과 청년 실직자들을
주축으로 시작한 시위는 일반 시민과 노동계 및

시민단체들까지 점차 가세하는 양상이다.

인터넷의 발전은 정보 저장과 처리 및
소통에 막힘이 없는 인공두뇌 수준의 지능을
널리 보급하려는 문턱에 와 있다.

프로세스 클라우딩, 커뮤니케이션 클라우딩……,
바로 차세대 IT 패러다임인 '클라우드 컴퓨팅'과
인터넷을 결합하기 시작한 것이다.

영화의 줄거리처럼, 멀지 않은 장래에 두뇌 기능을
가진 컴퓨터가 고도의 지능을 겸비한 후 자각 능력까지
갖춘다면 '인간에게 호의적일까? 적대적일까?
아니면 사람을 자기의 하수인쯤으로 볼까?'라는
고뇌를 할 때이다.
당연히 '보다 나은 윤택한 삶'을 캐치프레이즈로 하는
자본주의적인 욕망이 그 고뇌를 압도할 것이다.

최근 술자리 같은 사석에서 흔히 있었던 대화이다.
"어쨌든 나경원 찍을 수밖에 없을 것 같다."
"어허 형님 또 나경원이라니요. 이번에는……."
"아휴~ 그렇게도 모르겠냐? 박원순은 빨갱이야."

나이와 빈부의 차이에 따라 보수와 개혁의
예리한 대립각을 세웠던 선거판에서 각자의
소신에 따라 '보다 나은 윤택한 삶'에 대한
욕망을 극명하게 보여주었다.

결과는 몇 개의 야당과 재야 시민단체가 합작하여
만들어 낸 박원순 서울시장, 일명 '소통령'의
출현이었다.

대한민국의 국운이 무궁하게 열리는 시점인 것 같다.
때맞춰 K-POP이 세계 곳곳에서 국위 선양을 하고 있다.
하지만, 어딘가 불안한 구석을 느끼게 한다.

특히 문화적 자긍심이 강한 해당국들의 내셔널리즘을
고려하면 과연 그 인기를 지속할 수 있을까?
하는 노파심이다.

근대화 시대 서양 국들은 동양으로의 진출 당시
자기들의 문화에 동양 고유의 것을 파악하고 접목하는
절차를 거쳐, 비록 '잡종'이지만 과거와는 또 다른
문화를 탄생시켰다.

반면, 일본이나 중국과 같은 동양의 강국들은
서양으로 들고 가는 그들의 가방에 그들의 것만
가득 담아 간 결과를 우리는 지금도 보고 있는 것이다.

K-POP도 쌍방향 소통과 융합의 마법이
절실하게 필요해 보인다.
아니면 그들을 월등하게 매료시켜
불순(?)한 생각을 전혀 못하게 하거나.

앞서 말한 사례에 못지않게 풍수에서도 주변 팩터들과의 소통, 합작, 결합, 융합이 절실한 단계이다. 지금까지는 지하의 생기와 수맥 그리고 지상의 응기를 매개 인자로 한정하고 산과 물을 융합한 결과를 길흉화복의 예측에 활용하였다.

수맥이나 지전류는 같은 기감응 도구를 이용하여 측정할 수 있으나, 각각 수맥과 지전류의 감응 위치가 달리 나타난다. 문제는 지전류의 지식이 없는 상태에서 측정하면 수맥과 지전류 모두에서 감응하므로 지하수개발 목적의 수맥탐사 후 지전류가 흐르는 엉뚱한 곳을 파 내려가는 낭패를 겪을 수 있다는 것이다.

땅속 생기가 뭉쳐 있는 혈장은 마치 단단한 그릇에 담긴 듯한 지질구조로 수맥파가 침투하지 못한다. 지금까지는 지전류를 수맥과 동일하게 취급하기도 하였으나, 중요한 점은 전류가 딱딱하고 부드러운 물체에 구애받지 않고 거침없이 흐르니 당연히 지전류도 풍수에서 불가침의 보물단지인 혈처를 자유롭게 흐를 수 있다는 잠정 결론에 도달한다. 실상은 지하 광물-전기 전도도가 높음-이 많이 섞인 단단한 땅에서는 지전류가 증폭되어 흐르므로 그 영향도 커짐을 알 수 있다.

지하 광도

실제로 유능한 지관이 점한 혈처에 조상의 음택을 정한 자손이 모든 일이 술술 잘 풀리는 발음 현상이 있었으나, 시간이 갈수록 질병에 시달리게 된 후 그 혈처에 지전류의 흐름이 있음을 알고 나름의 대책을 마련하는 사례를 보기도 하였다.

큰 건물에 낙뢰 방지용 피뢰침을 반드시 시설하는 것으로 보아, 사람에게 지속적으로 해로운 영향을 끼치는 지전류는 더욱 건축학에서 중요하게 다루어야 할 과제이리라 생각한다. 지하광물탐사, 지질학, 건축과 토목, 전기학, 지진 예지(豫知), 지자기, 생리학과 면역학의 의학 분야 등에서 널리 지전류 이론을 활용하고 있다.

 아마도 인간의 '보다 나은 윤택한 '을 위하여 극복하여야 할 더 많은 미지의 땅속 인자들이 도사리고 있을 것이다. 우선은 주변 분야와 손을 잡고 지전류의 정체를 확실히 규명하여야 하는 숙제가 있다. 뒷짐 지고 산천을 살피던 풍수도사의 모습과는 격세지감이다.

 밖에서는 풍수에 대한 '몽환적 시각'을 버리고, 내부에서 또한 밖의 요소들을 유연하게 받아들여 선입견과 문화의 장벽을 허물어야 할 때이다. 앞으로 모든 기준이 되는 키워드는 소통, 합작, 결합, 융합이다. 달리 말하면, 사물에 널리 통하여 서로 사귀고 오가는 통섭(通涉)과 전체를 도맡아 다스리는 통섭(統攝)이다.

2011년 11월

마음이 흐르는 강(Moon River)

풍수에서의 물은 재물과도 같으며 만물을 생하게 하는 기를 실어 나른다 하여 처음부터 끝까지 땅의 길흉을 좌우한다. 풍수의 '수(水)'자만 보아도 수법(水法)이 대단히 중요함을 알 수 있다. 고여 있거나 완만하게 흐르는 물, 땅을 휘감아 흐르는 요대수(腰帶水), 나에게로 흘러오는 창판수(倉板水), 구불구불 흐르는 구곡수(九曲水), 합류하는 물(合水), 그리고 냄새 없는 맑은 물이 땅과 어우러져 좋은 자리를 만든다.

국토를 가로지르며 흐르는 강은 국운과 민심의 길흉을 판단하는 대상이다. 물길 따라 국부(國富)와 민심(民心)이 같이 흐르고 있기 때문이다. 술을 뜻하는 주(酒)의 한자는 '같은 병 속에 있는 물'을 마시며 의기투합한다는 의미가 있고, 마을을 의미하는 동(洞)은 '같은 물을 마신다.'라는 뜻으로, 물을 통하여 동류의식을 느끼고 상부상조하는 정서를 조성한다.

기의 흐름을 파악하고 이용함이 풍수의 본질인데, 물질보다 기가 선행한다. 기가 모이는 현상은 뒤이어 재물이 쌓이고 사람의 마음을 모으게 하며, 반대로 기가 분리되고 흩어지면 머지않아 사람끼리 다투고 재물이 빠져나가기 시작한다. 또한, 들어오는 물은 적은데 나가는 물이 더 많이 여러 방향으로 흘러나가면 수입보다 지출이 많아지는 적자 살림으로 재물 손실이 있고 인심도 떠나게 된다.

先人 曰 "兩水兩破 骨肉相爭"(양수양파 골육상쟁)이라 하였다. 즉 두 물줄기가 합류하지 못하고 각각 따로 흐르면 한 울에서 서로 다툼이 있다는 뜻이다. 반면, 산맥이 물줄기를 감싸고 돌면 그 일대 기운을 파구처-물 빠지는 곳-에 모이게 하니 그곳을 번성하게 한다.

우리나라 강산의 풍수

우리나라의 한강은 백두대간과 한북정맥, 한남금북정맥, 한남정맥에 둘러싸여 남북에서 각각 남한강과 북한강이 발원하여 양수리에서 합류한다. 광대한 지역에서 흘러 모인 한강은 거대한 기를 끊임없이 실어 나르며 파구처의 서울을 먹여 살리는 역할을 한다. 처지를 바꾸어 보면, 풍수적으로 퍼주기만 하는 강원도에 대한 정책 배려(?)가 아쉬운 대목이다.

한편, 백두대간과 낙동정맥, 낙남정맥은 조밀하게 경상남북도를 둘러 쌓아 수도권과 강원지역 면적에 버금가는 광활한 기의 공급처를 작국하였다. 낙강과 동강이 합류한 낙동강은 최종 물 빠지는 지역에서 부와 인심이 부산이라는 대도시로 모이게 하는 임무를 변함없이 수행 중이다.

충청권의 초미의 관심사이던 행정도시는 금북정맥, 한남금북정맥, 속리산에서 영취산에 이르는 백두대간 그리고 금남정맥이 둘러 만든 금강의 파구처에 자리한다. 유일하게 북쪽 서울을 향하여 역류하는 물줄기와 산세로 말미암아 고려 태조가 훈요십조에서 "본주를 배역"한다 하여 차령 이남의 인재등용을 경계하기도 하였다. 한강이나 낙동강과 비교하면 지역 범위가 좁고 하류의 관쇄가 허술하여 기의 축장이 부실하다.

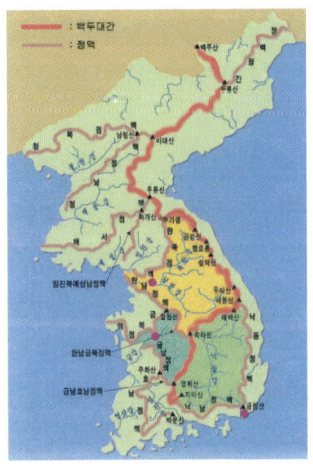

대간과 정맥도

영산강은 주위에 이렇다 할 산맥이 없어 기가 가장 흩어지기 쉬운 지형이고, 백두대간 끝자락과 호남정맥, 금남호남정맥이 환포하여 작국한 지역을 흐르는 섬진강은 그 하류의 하동, 광양 및 여수 일원, 남해에 기의 공급자 역할을 하고 있을 뿐이다.

국토의 강줄기가 서로 등을 돌리고 제멋대로 달아나니, 삼국시대로부터 이어진 분단과 상쟁의 역사가 지속할 것 같은 상념을 애써 떨쳐내야 할 것 같다. 또 강물 따라 흐르는 민심이 고스란히 반영되어 선거 때마다 어김없이 나타나는 지역감정과 이기주의를 일부 정치인들이 이용하고 있으니 이를 타파하기 위하여 진지하게 고민해야 하지 않겠는가.

오드리 헵번의 Moon River

이쯤에서 생각나는 사람이 있다. 청순가련하면서도 기품 있는 이미지의 '오드리 헵번'은 영화배우로서 대성하여 활동하다가 돌연 유니세프 친선대사로 변신하였다. 아프리카에서 난민 봉사에 진정한 행복을 느끼고 참여하다가 60대 초반의 비교적 젊은 나이에 청초하였던 생을 마감한다.

그녀가 젊은 시절 출연한 영화 '티파니에서 아침을'에서는 자기 내면의 소리에 귀 기울이기보다 속세에 젖어 사는 여주인공 연기를 하였지만, 창가에 걸터앉아 부르는 노래를 통하여, 흐르는 강처럼 머지않아 인간적인 면모로 회귀하자는 암시를 보내고 있었으리라.

다소곳하면서도 품격 있는 헵번의 모습이 차라리 흩어진 산천의 흐름을 넘어서, 인심을 한줄기로 모으는 정서적인 방법이 되지 않을까 생각해 본다. 이제는 우리의 마음이 흘러 모여 하나로 융화(融和)하는 장구한 강을 만들 때인 것 같다. 헵번의 유니세프 강에 합류하고 안 하고는 자유의사이다.

Moon river, wider than a mile
I'm crossing you in style some day
Oh, dream maker, you heart breaker
wherever you're going, I'm going your way

Two drifters, off to see the world
There's such a lot of world to see
We're after the same rainbow's end
Waiting round the band my Huckleberry friend
Moon river and me

달빛 흐르는 광활한 강
언젠가는 합류하리라.
꿈꾸게 하는 강이여, 무정한 강이여
어디로 흘리기든지 당신을 따라 흐르리

세상 구경나선 두 표류자
세상 많은 것들과 만나리라.
결국은 같은 무지개 끝자락을 향하네
그리운 동고동락 친구가 기다리는 곳으로
달빛 비추는 강 따라 흐르는 나

      2011년 11월

착한 황사

　자연의 생기는 '하늘의 양기와 땅의 음기가 서로 어울려 바람이 되고 상승하면 구름으로 변하며, 구름은 다시 비가 되어 땅속에서 흘러 만물을 성장시키는 중요한 역할을 한다.'라고 장경(葬經)은 기록하였다.

　또한, 생기는 땅속의 맥을 따라 흐르다 물을 만나면 더 이상 진행하지 못하고 혈처를 만드는데, 이러한 역동하고 변화하는 지맥과 같은 음의 이치와 물과 같은 고요하고 정적인 양의 이치를 활용하여 홍익인간함이 협의의 풍수지리 목적이다.
　좀 더 넓은 의미로는 인간과 자연의 적절한 균형과 조화를 이루어 공생하는 형태로 지리를 보고 땅을 선택하는 형태이다.

　사람은 하늘과 땅의 기운에 의하여 성장한다고 한다면, 아버지와 같은 하늘의 기운과 어머니와 같은 포용과 희생을 베푸는 땅의 따스함의 섭리를 통하여, 풍수지리의 실체를 파악하고 스스로 우리가 살아갈 땅을 고를 수 있는 슬기로움이 필요하다.

　풍수에서의 기운은 앞에서의 '생기'와는 별도로 공중을 통하여 서로 교감하는 '응기(應氣)'가 있다. 이제까지는 묘 또는 집터와 주변 풍수 환경과의 공중을 통한 상호 교감작용을 응기로써 논하여 왔으며, 육안과 촉각 등 오감으로는 느끼지 못하는 움직임을 그 범위로 한정하고 있다. 그러나 더 넓은 의미의 응기는 천기(天氣)로서 우리나라에 광범위하게 영향을 주는 무역풍, 계절풍, 편서풍 및 태풍과 국지적 규모의 높새바람, 산곡풍, 해륙풍 등의 바람을 포함하여야 한다.

겨울에 북동기류는 영동지방에 많은 눈을 내리게 하며, 서고동 저형의 기압배치는 영서지방에 강한 북서계절풍을 보낸다. 여름에는 북태평양 고기압에서 유입되는 남서기류가 있어 많은 비를 뿌리는 장마전선을 형성하며, 초여름에는 오호츠크 해 고기압에서 동해안으로 부는 높새바람이 있다.

얼마 전 일본 대지진에 이어 원전사고가 있었던 후 '편서풍'이라는 말은 '말 바꾸기'와 '무사안일'을 연상케 하는 말이 되었다. 후쿠시마 원자력발전소의 방사성 물질 유출의 공포가 전 세계를 떨게 했을 때, 우리나라의 일부 전문가를 포함한 정부는 편서풍이 방사능 유입을 차단한다는 낙관론을 국민에게 펼쳤다. 기상청은 "편서풍의 역할로 방사성 물질의 한반도 직접 유입 가능성은 없다."라고 하였고, 방사성 물질이 편서풍을 타고 지구를 한 바퀴 돌아 한반도에 오는 데는 시간도 오래 걸리고 그 과정에서 방사능 농도도 엷어져 걱정할 게 없다고도 하였다.

그러나 당시 다른 나라의 관측기관에서는 우리나라에 방사성 낙진이 유입될 여지가 있다 하였으며 그 여지가 현실이 되어 곳곳에서 방사성 물질의 검출 소식이 들리기 시작하였다. 이후 편서풍 대신 '북동풍' 또는 '남동풍'도 있을 수 있다는 번복 발표를 하고 인체에 해로운 수준이 아니라는 발표를 하기도 하였다, 보수언론은 일부 좌파 세력들이 방사능 공포를 조장한다는 등 좌우 성향 세력의 갈등으로 이어졌다.

적벽대전에서 항상 부는 편서풍이 전혀 예상치 못했던 동남풍으로 바뀌면서 제갈량이 미처 대비하지 못한 조조의 수군을 궤멸시키는 삼국지의 한 장면을 연상시키는 대목이다.

생물을 생육하게 하는 역할 비율은 하늘의 기운이 90%이고 땅의 기가 10%이라고 한다. 이처럼 하늘의 기류는 인간의 길흉과 생활 전반에 더욱 광범위하게 지대한 영향을 주고 있으니, 바람과 물의 상호작용과 지리적 여건을 살펴 사람과의 조화를 꾀하고 추길피흉(取吉避凶)함이 풍수지리의 추구함이라면, 그 영역을 확대할 필요가 있다는 생각이다.

한반도에 가장 많은 영향을 주는 기류는 황사를 동반한 편서풍이다. 우리가 흔히 몇 시간 앞서 미리 날씨를 보는 방편으로 서쪽 하늘의 상태를 살피는 이치가 바로 편서풍 때문이다. 한편, 봄철에 나타나는 황사는 비염, 기관지염, 천식, 감기 등 호흡기 질환과 눈병 등 여러 질병을 유발하며, 항공기나 반도체 등의 정밀기기의 고장을 일으킨다.

이 밖에도 폐해가 심하지만, 황사에는 마그네슘·규소·알루미늄·철·칼륨·칼슘 나트륨 같은 산화물이 포함되어 있다. 황사가 접지하여 땅과 어울리게 되면 생명력이 풍부한 갯벌의 생성에 기여하고, 장구한 세월에 걸쳐 쌓이며 황토층을 형성하는데 산화철을 함유한 황토는 생명체에 유익한 원적외선을 방출하여 세포의 생리작용을 촉진하고 인체의 독성을 제거해주는 제독제나 해독제로서 효능이 있다.

황사는 고비 사막이나 타클라마칸 사막 같은 황량한 건조지대에서 기를 머금은 흙 입자로 출발하여 우리나라의 서해안과 같은 곳의 물을 만나 안착하는데, 물이 기를 수반하고 흐르다 멈추어 길한 땅을 만드는 이치와 같다. 이런 이유에서인지 우리나라 서해안 갯벌의 천일염은 나트륨이 적고 마그네슘 및 칼륨은 월등히

많아 세계 최상의 품질이고 갯벌 역시 그 성분이 우수하여 훌륭한 미용 재료이다.

 편서풍 기류는 대륙 깊은 곳의 기운을 운반하여 백령도의 전복, 당진의 바지락, 서산의 어리굴젓, 고창의 복분자, 신안의 천일염, 목포의 세발낙지, 완도의 김 그리고 해남의 월동배추 같은 맛깔스러운 지역 특산물을 키워 낸다. 당연히 그 지방 사람들도 특색있게 성장시키고 건강하게 살 수 있는 기운을 쉼 없이 실어 나를 것이다.

 만일 우리가 현상만을 본다면 본질을 놓치는 것이다. 우리는 늘 본질을 상상해야 한다는 생각이다. 기류나 대류는 지역 간 물질을 교류시키는 역할을 훌륭히 수행하며, 사람을 포함한 모든 생명체를 성장시키고 그 길흉화복에도 간여하고 있는 것이다.

  여하튼 짜증 나는 황사이지만 한편, 고마운 편서풍이고 착한 황사이기도 하다. 하늘 기운의 순환체계를 만드신 분께 감사드려야 하지 않겠는가.

2011년 12월

교(巧)와 졸(拙)

간이집 제9권 희년록(稀年錄) 용졸재기(用拙齋記)에 다음과 같은 내용이 있다.

"사람이라고 해서 모두 같지 않은 이유는 그들 속에 내재한 기(氣)와 이(理)가 서로 꼭 합치되지는 않기 때문이다. 기라는 것은 원래 사람이 태어날 때 넉넉하게 받을 수도 있고 부족하게 받을 수도 있는 반면에, 이라는 것은 처음에는 중(中)의 상태가 못 되었던 것이라도 중의 상태로 되돌아가게 할 수 있는 속성을 지니고 있다.

그런데 가령 교(巧)와 졸(拙)을 쓰는 것으로 말하면, 선천적인 사람의 후천적인 행위 여하에 달려 있다고 할 수 있다. 그러나 교졸(巧拙)이라고 흔히 병칭하기는 하지만, 그것은 강유(剛柔)나 강약(强弱)과 같은 상대적인 개념을 지닌 명칭은 아니다. 교(巧)라는 것은 보기 좋게 합리화하여 꾸미면서 장난을 치려고 하는 데에서 일어나는 것이니, 필경에는 사람의 거짓된 행동이라고 할 수 있다.

반면에 졸(拙)이라는 것은 뭔가 모자란 상태에서 일어나는 것처럼 보일지는 몰라도, 그것은 어디까지나 하늘의 작용(天機)에서 전혀 이탈되지 않는 순진(純眞)한 행동이라고 할 것이다."

이처럼 교(巧)는 동적으로 변화를 잘하며 꾸미는 성질이고, 졸(拙)은 존재 자체의 정적인 정체성을 변화 없고 꾸밈없이 표현한다. 이런 이유로 옛사람들은 자신을 교(巧)하다라기보다는 졸(拙)하다라는 평을 아주 좋아하였음을 고서의 기록을 보아 알 수 있다. 더 나아가 선인들이 졸(拙)과 교(巧)를 유추해서 선과 악에 비유하여 판별하려 하였으나, 예나 지금이나 세상을 합당하게 사는 데는 졸(拙)과 함께 교(巧)의 역할을 무시할 수 없으리라 본다. 다만, 지나친 교(巧)를 경계할 뿐이다.

산(山: 拙)과 물(水: 巧)

지리를 논할 때, 산은 바람을 막아주며 들판과 같은 평지는 물로 보니, '산'과 '물'이 풍수의 주된 연구 대상이다. 산은 변함없이 졸(拙)하기 때문에 그 형상과 면배(앞뒤)를 잘 살펴야 하고, 물은 변화와 꾸밈이 많아 교(巧)하기 때문에 그 흐름의 양상과 장소를 면밀히 파악하여야 함이 자리를 구하는 이치이다.

산의 면(오른쪽, 앞)과 배(왼쪽, 뒤)

그러므로 지리를 볼 때는 산의 앞면(面)을 보고 포근하게 품은 자리를 찾음이 으뜸이니 등줄기(背)에 자리하여 한파에 시달리듯 낭패를 보지 말아야 한다. 또한, 물이 도망치듯 흘러나가는 자리를 피하여 평지를 만나 여장을 푸는 듯하며 쉬이 자리를 떠나지 않고 맴도는 곳을 택하여야 한다. 작은 흐름의 물이 무정한 경우에는 인작(人作)-사람의 힘으로-으로 유정하게 바꾸기도 한다.

하지만 졸(拙) 중에는 작은 교(巧)가 있을 수밖에 없으며, 물이 교(巧)하게 흐르는 가운데 작은 졸(拙)이 있어 그 흐름을 변화시키기도 하니, 어느 것이 우월하고 바람직하다는 기준을 세우기가 쉽지 않다. 그리고 산은 그저 졸(拙)하게 고고한 모습으로 서 있을 뿐, 이를 일깨우고 재능을 발휘하게 하는 교(巧)로서 물의 역할이 있다. 그러므로 둘은 서로 견제하지 않고 보완하는 동반자 관계이다.

임실 삼계면 박사마을의 산과 물

귀(貴: 拙)와 재(財: 巧)

　유교사상의 영향으로 옛사람들은 벼슬과 문장 잘함 또는 명석함 등 졸(拙)함을 귀하게 생각하고 재물 즉, 교(巧)함을 상대적으로 천하게 여겼다. 현대에서는 이와 반대로 교(巧)함을 더 선호하는 경향이 있어 터를 구하러 찾아오는 사람의 첫 일성이 "부자 될 자리를 찾아 달라."이다.

　이렇듯 졸(拙)로서의 산은 사람에 대한 개성과 적성, 현명함과 우둔함 그리고 지위(신분)의 귀하고 천함을, 그리고 사람 간의 위계질서와 호감 또는 비호감 등 정적인 상태를 주로 표현한다. 즉, 사람이 평생 지니는 정체성(正體性)을 짐작게 한다.

　한편, 교(巧)인 물은 산(拙)의 생김새대로 휘돌아 흐르기도 하고 고여 있기도 하니 풍수에서는 동적이고 변화하는 성질로 파악하여 재물로 본다. 돈이나 재산이 생기기도 하며 없어지기도 하는 이치이다. 그러하니 교(巧)로서의 물은 졸(拙)인 산보다 사람의 길흉화복에 빠르게 작용한다.

　궁극적으로는 졸(拙)로서의 귀(貴)와 교(巧)로서의 재(財)는 사람들이 모두 가지고 싶어 하는 가치관이 되니, 현대에서는 귀가 재를 부르고 재로 말미암아 귀가 들어오는 이치가 상통하여 서로 동업자로서의 역할을 주고받는 것이다. 이치가 이와 같으니 지리를 볼 때는 둘 중 어느 한 쪽에 치우치지 않고 교와 졸을 형평 있게 보되, 화장한 여인을 감상하는 경우와 같이 교(巧)인 물길을 먼저 본 후 그 여인의 내면인 졸(拙)로서의 산을 반드시 파악하는 순서를 밟아야 함이 바람직하다.

겸손(拙)과 교만(巧)

졸(拙)로서의 산은 교(巧)에 비하면 겸손하다고 할 수 있는데 더욱더 겸손하기를 원한다면 자신을 허물어뜨려 평지가 되어야 한다. 하지만 평지는 더 이상의 졸(拙)이 아니고 교(巧)의 겸손한 모습이다. 이처럼 지나친 겸손은 참다운 겸손이 아니니, 산으로서의 자세를 변함없이 유지해야 한다.

교(巧)로서의 물은 그 교만함을 속히 벗으려 빠르게 흘러 내려와 평지를 만나며 흐름이 느려지고 고요해지면서 비로소 겸손해진다. 즉, 처음에는 요란하게 흐르면서 주위의 기운을 빼앗아 교만하게 흐르다가 평평한 곳에 이르러 고요하게 흐르며 주변에 겸손하게 그 기운을 전해 주는 속성이 있다.

따라서 이러한 이치로 지리를 볼 때 물이 떠나기 싫어하거나 머물러 있기를 좋아하는 자리를 길한 곳으로 본다. 더 나아가 남녀가 격렬히 교합하며 놓아주지 않으려는 듯, 졸(拙)한 산이 교(巧)한 물길을 거슬러 막아서며 보내지 않으려는 듯한 자리가 대길한 것이다.

사실(巧)과 진실(拙)

사실은 꾸밈이 많으며 변화가 잦고 거짓됨을 포함하며, 진실은 하늘의 작용(天機)에서 전혀 이탈되지 않는 순진(純眞)한 행동이요 변화가 없다 하였다. 그러므로 사실은 교(巧)이고 진실은 졸(拙)에 해당한다.

낮에는 태양이 그리고 밤에는 달이
하늘에서 번갈아 뜨고 진다.

이는 우리가 눈으로 보는 '사실'이다.
하지만 진실은 아니다.
우리가 보지 못하는 '진실'은 어떠한가?
지구가 자전하고 있는 것이다.
풍수를 포함한 세상사는 모두
사실(巧)과 진실(拙)의 갈등과 조화이다.

우리를 포함한 모든 것은
눈으로 볼 수 있는 사실(巧)의 영역과
보이지 않는 진실(拙)의 영역이 병존한다.
산이 거기에 있고 물이 흐르는 모습을
우리는 사실로써 볼 뿐이다.
대자연은 낮출 대로 낮춘 산(拙)의 모습과
낮은 곳으로 흐른 후 높아지는 물(巧)의 이치로
보이지 않는 진실을 깨닫게 하는 것이다.

하늘에서나 지상에서나
보이는 세상에서나 보이지 않는 세상에서나
가장 경계해야 할 것은 교만함에 머물거나
그 자체를 깨닫지 못하는 것이다.

2012년 1월

프랑스의 농룡(弄龍)

흑룡의 해

큰 인물이 난다는 임진년 흑룡의 해라고 하여 출산율이 상승할 태세이다. 올해가 흑룡의 해이니 12년 후인 갑진년은 청룡의 해, 24년 후인 병진년은 홍룡의 해, 36년 후인 무진년은 황룡의 해, 48년 후인 경진년은 백룡의 해이다.

그중 가장 강한 최고는 황룡이고, 흑룡은 황룡의 등 뒤에서 반란을 일으킬 정도로 그 힘과 역(逆)의 기운이 강하다고 한다. 용이 하늘, 땅, 물속을 자유자재로 넘나들며 변화무쌍한 활동을 하니, 유독 흑룡의 해에는 몽골의 침입과 임진왜란 등 역사상 큰 사건이 많기도 하였다.

특히 흑룡은 어둠을 상징하고 두려움의 대상으로 이제까지 좋은 이미지를 부여하지 않았으나, 사람들이 '흑룡이 용 중의 용이라 하고, 임진년에는 세상을 구하는 영웅이 출현한다.'하여 상술에 이용하는 측면이 강하다. 절기상으로 임진년의 시작은 입춘인 2월 4일 19시 22분이며 봄이 시작되는 계절이라고 하지만 아직은 추운 시기이다. 바야흐로 십이지 동물 중 인간의 길흉화복에 가장 많은 영향을 준다는 용의 해가 막 시작되었다.

풍수지리에서는 땅이 굴곡하고 융기하여 만들어진 산맥이나 구릉을 그 모양과 역할로 보아 '용'이라 한다. 용을 보고 땅속에서 흐르는 정기의 양과 질, 내용을 추측하고 진룡(眞龍)을 선택하여 용두(龍頭)의 명당을 찾는 간룡(看龍)-맥을 살핌-을 한다. 그러므로 정기의 진달 통로인 용(龍)을 체(體)로 하고, 체 속을 흐르는 기운을 용(用)으로 보아 그 형세와 기운의 길흉을 판단하고 혈처를 찾게 된다.

비유하자면, 어떤 작용이나 정보를 운반하고 축적하는 수단인 '미디어'는 체(體)로서의 임무 수행을 하고, 체를 매개로 전달되는 '콘텐츠'가 주된 역할을 하는 것이다. 근래에 삼성과 애플이 미디어의 한 분야인 글로벌 모바일 시장에서 치열한 소송전을 하는 결과, 미디어(體)가 주이고 콘텐츠(用)가 종인 것처럼 착각을 일으키는 경향이 나타나기도 한다. 그러나 어디까지나 중요한 것은 콘텐츠이지 미디어는 그다음이다.

마찬가지로 풍수지리에서는 상지법(相地法)-풍수지리의 원리에 따라 땅의 형세와 기운을 해석하는 법-으로 체(體)인 산맥을 살펴 용(用)인 기맥을 판단한다. 산맥의 성상으로 기맥인 콘텐츠를 미루어 판단하다 보니, 높고 험한 준령을 기가 센 좋은 용(龍)으로 평가하는 실수를 흔히 범하기도 한다. 실상 기맥이 많이 흐르는 용은 들판에 즐비한 구릉처럼 낮더라도 둔중하여 많은 양의 흙으로 이루어져야 한다.

프랑스의 농룡(竜龍)

파리에서 남부 알프스 준령을 향하여 출발하다 보면, 시가지를 벗어난 교외에서부터 펼쳐지는 들판 경작지에서 무수한 '농룡'을 볼 수 있다. 들판의 구릉 또는 언덕을 뜻하는 농룡은 이곳에서 풍성하고 힘 있게 꿈틀대며 서로 휘감는 장관을 연출한다.

들판의 농룡(體)

파리 시내 곳곳에 가득한 예술 작품과 건축물들, 프랑스의 국력과 자긍심, 사람들의 생기발랄한 낙천성 등 이 모든 것들을 유지하고 지원하는 에너지는 과연 어디에서 나오는 것일까? 라는 의문을 풀어 줄 해답이 파리 교외의 '농룡'이리라 본다. 용이 들판의 풍부한 흙에서 만들어지는 기를 쉼 없이 흡수하면서 통과하니 콘텐츠로서의 기맥은 고지대의 험한 준령 같은 체(體)를 흐르는 경우보다 더욱 풍부하고 강한 맥(用)을 형성한다.

프랑스 사람들은 이 힘찬 기운을 받아 찬란한 문화예술을 꽃피웠을 것이지만, 또한, 약소국의 문화재 약탈에도 열을 올렸던 과거가 있다. 자연이 이렇게 선악과 시비를 따지지 않고 인간에게 베풀고 있는 이유는 인간만이 의(義)를 갖추어 영(靈)하고 선(善)한 마음을 지니고 있기 때문이다. 농룡의 기운을 바르게 활용하여 지금의 유럽 경제위기를 타개하는 주도자의 역할을 하기 바란다.

2012년 2월

『이 책 후천풍수 4장 풍수지리의 명칭에서 밝힌 대로, 세상이 후천이 되어 '용'과 같이 사납고 힘센 동물을 연상하는 명칭을 쓰지 말자고 하였다. 또한, 이 책 후천에 입각한 제반 이론에서 사람의 운명에 작용하는 요인 중 12 동물에 의한 띠 체계도 점차 사용을 삼가야 할 것이다.

왜냐하면 그 명칭을 부르거나 생각하면 할수록 그에 해당하는 선천의 기운(신)이 발생하여 사람을 속박하는 현상이 있게 되기 때문이다.

다만, 여기에서는 원고 내용을 익숙지 않은 새 이름으로 변형하기가 부자연스럽고, 풍수 명칭에 관한 실상을 거울에 비춰보듯이 다시 한 번 각성할 기회로 삼고자 수정 없이 게재하였다.』

경주, 천 년 번영의 비밀

 풍수지리는 내 것을 가능한 한 빼앗기지 않고 남의 것을 취하는 이치를 추구하기도 하며, 약한 것을 철저히 외면하고 강한 자를 향하여 따르는 속성이 있으니, 대단히 이기적이고 편협한 삶의 기술이기도 하다.

 약한 자를 외면하고 강한 자를 따른다고 함은, 자신 주변의 빈약한 사(砂)를 피하고 강하면서도 자신에게 유리한 砂를 선택함으로써 그 강하고 유정한 기운을 받아 자신을 스스로 이롭게 하는, 자리와 향의 선정을 논하는 풍수상 이론을 말한다.

 그리고 내 것을 주지 않으면서 남의 것을 취함을 추구한다는 뜻은, 주로 주변의 물길이 자신의 영역에 유입됨을 좋은 것으로 보고, 내 안의 물이 밖으로 쉽게 빠져나가지 못하게 하는 수구사(水口砂)-물 흘러나가는 곳을 막는 산이나 바위 등 지형지물-나 하수사(下水砂)-수구에서 물이 직출하거나 급히 흐르지 않도록 거스르는 지형-를 대단히 중시함을 의미한다.

 따라서 집터나 음택 또는 도시의 입지나 국토에 이르기까지 광범위하게, 물 유입과 파구처-물 빠지는 곳-의 수세(水勢)를 먼저 살펴 지리의 길흉을 판단하는 과정은 아주 긴요하다. 또한, 물이 쉬이 흘러나가지 못하게 하는 수문장 역을 하는 수구사에 관한 판단이 물 유입을 살핌보다 상대적으로 쉬우며 더 효율적이다.

수구사(水口砂)

수구사는 파구처에서의 물 흐름 폭을 좁히거나 곧바로 흘러나가는 물을 가로막아 굴곡하고 느리게 흐르게 하는 역할을 한다. 그 종류로는 수구에 우뚝 선 바위산인 화표(華表), 수구의 양쪽에 마주 보고 보초병처럼 지키는 모습의 한문(捍門), 수구에서 험준하게 솟아 위압감과 두려움을 주는 바위산을 뜻하는 북신(北辰) 그리고 수구의 나지막하고 작은 섬으로 물길을 거스르는 나성(羅星)이 있다.

이중 북신(北辰)이 지키는 대지는 이를 데 없이 귀한 지리로 평가한다. '辰'은 별을 뜻하는 한자이니 곧 '북극성'을 일컬음이다. 북극성이 하늘의 모든 별 중 제왕이듯이 풍수에서도 극히 존귀함을 상징한다.

ⓒ구글 지형도

경주의 풍수

백두대간의 정기가 낙동정맥을 통하여 흘러 와 경주를 작국(作局)하였다. 하천은 보문호에서 흘러내리는 북천(閼川, 알내), 남산과 토함산 기슭에서 발원하는 남천(蚊川, 모기내), 그리고 서천(荒川, 거칠내)이 형산강과 합류한다. 또한, 경주의 북쪽에서는 기계천에 이어진 안락천이 형산강과 만나 그 세를 더하며 동해로 흘러나간다.

그 밖의 물줄기를 합하면 서울의 한강으로 합류하는 하천의 숫자에 뒤지지 않으니, 그야말로 경주는 사방에서 모여드는 수세(水勢)에 의하여 천 년간 번성하던 도시라고 할 수 있다. 따라서 앞서 말한 바와 같이 수구처-물이 흘러나가는 곳-의 지리를 면밀하게 살필 필요가 있다.

경주 일원의 수구처에는 '북신(北辰)'으로서의 형제봉산(兄弟峰山)이 인근 포항시로 흐르는 형산강의 허리를 옥죄고 있다. 그 결과로 여름의 우기에는 미처 강물이 빠지지 못하여 농경지와 인명이 홍수 피해를 보곤 한다. 이 때문에 일대를 일명 '죽음의 들'이라 하지만, 풍수적인 수세로 보아 생기가 머무는 길한 곳이다 보니 사람들이 쉽사리 다른 곳으로 이주하지 않는다고 한다. 또한, 우리나라 제일의 '勿' 자형 양택지로 평가받는 양동마을이 이곳에 있다.

수문장 역할의 형제봉산이 물(생기)을 흘러나가지 못하게 한 결과, 경주 땅이 천 년 동안 번영을 누리는데 크게 작용하였을 것이다. 그러나 차라리 답답하다 할 정도로 형산강 물줄기를 가로막는 양상은, 서로 주고받는 우리네 인생사와는 동떨어진 '왕소태'라는 속어를 연상시킨다. 즉, 받기만 하고 베풀지 않는다는 의미이다.

양동마을

형산강과 형제봉산(우측 형산, 좌측 제산)

천년고도 하천의 물이 지금은 풍부하지 못하고 메마른 듯하니, 치수에 힘써 부드러운 수기가 땅을 적시고 생기가 충만한 터로 다시 회귀하였으면 하는 바람이다. 그리하여 외부와 교감하는 생동감과 정감 넘치는 도시로 다시 변화한 모습을 기대해 본다.

2012년 3월

잘 가시오(送), 어서 오시오(迎)

어렸을 적 부모 사이를 오가며 배우던 걸음마의 추억을 많은 사람이 간직하고 있으리라. 이때 아버지는 아이에게 넘어지지 말고 무사히 걸어서 엄마의 품에 안기라는 바람을, 그리고 엄마는 아이가 어려움을 헤치고 안전하게 품에 안기도록 두 팔 벌려 맞이하는 애틋한 몸짓을 표현한다.

흙 속에서 만들어지는 생기는 맥을 따라 진행한다. 생기는 바람을 만나면 흩어지고, 물에 흡수당하니, 당연히 바람과 물을 피해 이동한다. 따라서 산봉우리 사이의 잘록한 과협처(過峽處)는 바람과 빗물에 노출되기 쉬운 기맥처이다. 그리고 드물게는 육지와 섬 사이의 해저 땅속을 통과하는 생기맥도 있다.

항상 뭉치고 흩어지며 흐르는 생기로서는 이 과협처나 바닷속 지하를 통과하기가 극히 어려운 진행 경로이다. 그러므로 풍수사는 생기맥이 건너편 산으로 진행하였는지 또는 여러 산줄기 중 어느 산맥으로 생기가 이어지는지를 살피게 되는 바, 바로 부모가 양쪽에서 팔 벌려 환송하고 맞이하는 듯한 형국인 송영사(送迎砂)의 유무를 관찰한다.

이처럼 봉우리에서 양쪽으로 뻗어 내린 송영사는 생기를 보호하고 맞이하기도 하지만 한편으로는 산이 유정하게 개면(開面)-얼굴을 돌려 반기는 모습-한 형상으로 심리적인 편안함을 주며 기맥을 유인하기도 한다.

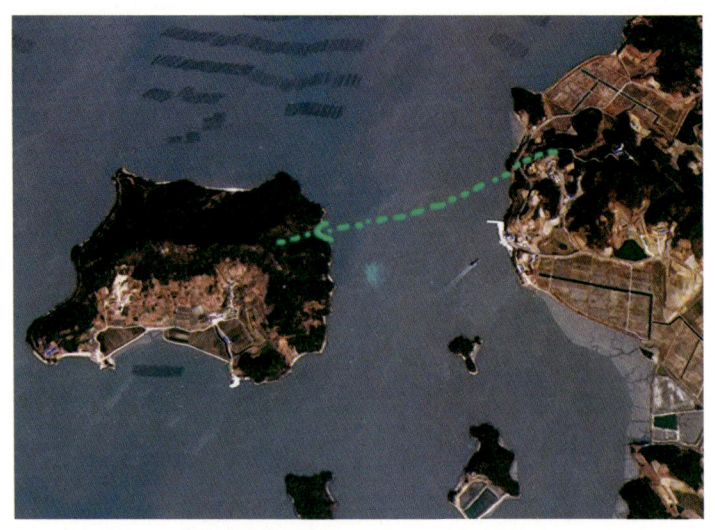

신안 앞바다의 섬으로 생기가 연결됨

섬의 송영사

풍수란 장풍득수(藏風得水), 즉 바람을 갈무리하고 물을 얻는 이치이다. 더구나 '금낭경'에서는 물을 얻음이 으뜸이라 하여 생기가 물을 만나면 더 진행하지 못하고 길한 자리를 만드는 이치를 금과 옥조시하였다.

일제는 1903년 조선 점령과 통치를 기정사실로 진행하던 중 지질학자 고토 분지로에 의한 '산맥' 개념의 지질분포도를 만들었다. 자원을 보다 효율적으로 약탈하기 위한 목적의 지하자원 분포도이다. 이 '산맥'의 개념에 의하면 지금의 백두대간이 '낭림산맥', '태백산맥'과 같이 단절된 형태로 나타난다.

조선 후기 여암 신경준(申景濬)의 저서인 산경표(山經表)의 내용으로 산은 인간을 나누고 물은 인간을 모은다는 원칙이 있다. 또한, 물은 산을 넘을 수 없고 산줄기는 개울이나 강을 건너지 않는다는 산자분수령(山自分水嶺)의 원리가 있다. 이에 따르면 백두산에서 지리산까지 연결된 '백두대간'이 있고 그 밖의 산줄기를 '정간'과 '정맥'으로 분류하고 있다.

금낭경과 일제의 '산맥' 개념 그리고 산자분수령의 원리를 살펴보면 모두 겉으로 보이는 산줄기의 형상에 대한 연속성을 판단하는 기준이다.
이제는 이 기준을 바꿔 내재한 기의 흐름으로 산의 연결 여부를 판단함이 타당하다. 왜냐면 기맥이 연결된 산줄기는 하나의 몸체를 가진 생명체이기 때문이다. 때로는 그 산맥이 물에 잠겨 있으니 산이 단절된 것처럼 보일 뿐이다. 따라서 육지의 산과 기로 연결된 바다 건너 섬은 하나로 이어진 산맥, 즉 하나의 생명체로 봄이 당연하다 하겠다.

생기맥이 바다(물)를 건너 이동할 수 있는 지형조건은 송영사가 있느냐가 필수이다. 과협처에서는 호종사-산맥을 호종하듯이 좌우에서 바람을 막아 주는 산-의 역할 또한 긴요하다. 얼핏 무작위한 것처럼 보이지만, 이처럼 산천의 기운은 짜인 질서와 일정한 조건에 따라 운행한다.

자연은 태초이래 줄곧 '타(他)'를 보호하려는 '본디의 마음'을 지니고 있다. 즉 '갑'과 '을'의 관계에서 '을'의 역할을 기꺼이 수행하는 순수함과 베풂의 품성을 지니고 있다. 특히 요즈음 우리 사회에서 심화하는 양극화 현상과 정치인들의 행태에 비추어 볼 때 산천의 이치가 돋보이는 대목이다.

2012년 11월

마치는 글

사람과 우주를 비롯한 만물은
창조되었는가 진화하였는가,

우주의 시작과 구조 그리고
규모는 어떠한가,

육을 가진 생이 전부인가,
아니면 태어나기 전과 사후에도
우리의 생이 연속해 있다면
어떠한 모습인가,

육을 떠난 후를 인정한다면
그 세계도 역시 우리가
만물의 영장으로서 대접받는
세상인가, 아니면 사람은
극히 미약한 존재인가,

또한, 사람의 본질과
생명의 원천은 무엇인가,

우리의 언행은 지극히
우리의 의지를 반영하고 있는가,

지금까지 의심 없이 따르던
관습과 전통은 모순이 없는가,

우리가 아는 역사는
올바른 기록인가,

사람들끼리의 불공평의
원천은 무엇인가,

이 모든 의문(숨겨진 지식)에 대한 답을 신화를 인용하여 이 책에 밝혀 놓았습니다.

본문에서 밝힌 내용대로, 수조 억년의 역사 속에서 사람은 태초에도 사람의 형상으로 창조되어, 처음에는 한 생 동안 십만 년을 살던 그런 존재였습니다. 그리고 사람의 역사는 처음 우주의 시작과도 큰 차이가 없는 상상하기 어려운 긴 시간 속에서 변화무쌍한 과정을 겪어 왔습니다.

우리네 삶의 장인 우주 또한 창조되고 끊임없이 확장되어 광활하기가 이를 데 없으니, 우리가 속한 우주에서 지구는 먼지보다도 미세한 규모이며, 그런 우주 72개가 전체 우주를 구성하고 있다고 하였습니다. 그리고 지구의 역사만 해도 800억 년이라고 하였습니다.

또한, 만물은 우리가 보는 모습이 전부가 아니고, 그 모습대로의 신이 공존하며, 그 신 안에 영이 깃들어 있음을 기록하였습니다. 그리고 영이야 말로 '진정한 나'임을 설명하였습니다.
또한, 대부분 사람들이 자기의 지난 생을 돌아보며 억울해하거나 세상이 불공평하다고 한탄하며 그 해답을 찾지 못하고 있음에 대하여, 각자의 영이 윤회하면서 지은 연, 업, 살의 영향이 현생에 작용하는 메커니즘에 관하여도 이 책에 기록하였습니다.

　창조된 이래로 사람은 평화롭게 살다가 뜻하지 않게 선천시대에 편입되어 태초의 고귀한 품격을 잃고 생각을 통제당하는 초라한 존재로 전락하였습니다. 또한, 유불선의 선천시대를 통하여 태천의 역사가 숨겨지는 등 장구한 역사는 왜곡될 수밖에 없는 숙명이었습니다. 따라서 사람들은 유불선보다 수조 억 년 앞선 태천 세상을 전혀 모르는 채 볼품없이 살아가고 있습니다.

　실상이 이와 같은데도 그동안 우리는 모든 것에 관한 엄청난 분량의 숨겨진 지식이 있음을 상상도 하지 못한 채 한없이 왜소한 모습으로 만물의 영장임을 자처해 왔습니다.
　선천의 굴레와 덫이 너무도 오래 지속한 이유로 지금의 것이 지극히 정상인 것처럼 세뇌되어 있으니, 그 굴레와 덫 너머에는 본질적이고도 방대한 지식이 숨겨져 있다는 호소를 고이 수긍하기 어려우리라 짐작해봅니다.

　온 세상이 후천의 벽두를 맞이하였으나, 오직 사람만이 선천의 잔재를 담고 있다고 하였습니다. 그리고 그 잔재를 일소하는 과업은 새벽이 되어 동녘이 밝아오는 것과 같은 시간문제일 뿐입니다. 하지만 이러한 과업은 과학의 힘으로는 이루기 불가능한 난제이니, 집필 처음에는 신화를 통하여 과학에 접근한 후 사람을 설득하는 순서를 밟기로 하였습니다.
　그러나 과학적인 것이 아니면 눈길도 주지 않는 사람들이 수긍하는 길은, 신화적인 재료를 그들이 원하는 대로 과학성 있게 바꾸어야 하는 불가능에 가까운 난제에 해당함으로, 우선 그들 중 유연한 사고를 하는 사람들을 대상으로 신화적이면서도 초과학적인 영역에 관하여 '상상할 수 있는 자료'를 제공하는 전략으로 변환하였습니다.

한편으로는 일부 과학의 업적이 신화적인 영역의 기초 단계를 해석하는 수준에 도달한 부분도 있어 다행이라는 생각도 하였습니다.

또 하나, 후천의 일출을 앞당기기 위하여 정립해야 할 선결 사항이 있습니다.

서로 사랑하라,
자비를 베풀어라,
오직 나를 통한 구원이
있을 뿐이다.
신은 우리를 사랑하신다,
더 알려 하지 말라,
신앙으로 갈구하라,
우리를 위하여 희생하셨다,
네 안에 구원자를 찾아라,
영생하리라,
진리를 깨닫는 데 이분법적으로
생각하지 마라,
궁극은 무아(無我)이다.

이와 같은 지엽적이고 애매한 선천 성현의 가르침에 사람들이 현혹되어 있습니다.
처음의 의도가 잘못된 교의는 그 출발과 과정을 필연적으로 숨길 수밖에 없다는 점이 문제입니다. 만약 참하늘이시라면 모호하지 않고 숨김이 없는 가르침을 주실 것입니다.

  그리고 진리를 아는 데는 사랑, 자비와 같은 미사여구는 수단일 뿐 근본은 될 수 없습니다. 사랑하고 자비를 베풀라는 그럴듯한 단어 뒤에 **자신부터 구제중생해야 하는 근본적인 절실함**을 숨기고 있는 것입니다.

  모든 것의 본질과 태생에 관하여, 힘의 논리에 따라 꾸며지고 숨겨진 지식의 실상을 여러분에게 귀띔하였습니다. 또한, 그 실상을 믿지 못하면 상상이라도 하시라고 이 책의 처음에 기록하였습니다.

  종내에는 우리 모두가 오래전에 빼앗겼던 본래의 모습과 지위로 원시반본(原始返本)하여 이상향(理想鄕)을 이루고 사는 모습을, 집필하는 내내 그려보았습니다.

자운 신 종 원

주석

제1부 숨겨진 지식

2장. 과학과 도의 만남
 1. <슈뢰딩거의 고양이>, 에른스트 페테 피셔 저, 박규호 역, 들녘, 2009
 2. <슈뢰딩거의 고양이>, 에른스트 페테 피셔 저, 박규호 역, 들녘, 2009
 3. <슈뢰딩거의 고양이>, 에른스트 페테 피셔 저, 박규호 역, 들녘, 2009

3장. 우주에 관하여
 4. <천비록> 2013년, 도서출판 대도대한

4장. 정신과학의 딜레마
 5. <Consciousness: An Introduction>, Blackmore, Susan 저, Oxford University Press, 2003
 6. <Consciousness: An Introduction>, Blackmore, Susan 저, Oxford University Press, 2003
 7. <브레인 스토리>, 수전 그린필드 저, 정병선 역, 지호, 2004
 8. <천비록> 2013년, 도서출판 대도대한
 9. <천비록> 2013년, 도서출판 대도대한
 10. <천비록> 2013년, 도서출판 대도대한

5장. 사람에 관하여
 11. <천비록> 2013년, 도서출판 대도대한

12. <천비록> 2013년, 도서출판 대도대한
13. <천비록> 2013년, 도서출판 대도대한
14. <천비록> 2013년, 도서출판 대도대한
15. <천비록> 2013년, 도서출판 대도대한

7장. 후천에 입각한 제반 이론
16. <천비록> 2013년, 도서출판 대도대한

제3부 풍수 이야기

구름 속에 사는 새의 지혜
17. <한국의 풍수>, 村山智順 저, 鄭鉉祐 역, 2009년, 명문당

숨겨진 지식
- 후천 풍수

2014년 3월 20일 ㅣ 초판 발행

지은이 ㅣ 자운 신종원
펴낸곳 ㅣ 컬처스토리
      등록 : 2013년 7월 31일
      주소 : 서울 특별시 강남구 학동로 30길 43-13 401호
          (논현동)
      전화 : 070-8673-8870
      팩스 : 02-6442-4270

ISBN ㅣ 979-11-950904-0-2 03300

ⓒ 자운 신종원

저작권법에 의해 보호를 받는 저작물이므로,
지은이와 출판사의 동의 없이 무단 전재 및 복제를 금합니다.

잘못 만들어진 책은 교환해 드립니다.

가격 25,000원